Inhaltsverzeichnis

Erster Teil: Planung von Sportunterricht

Zweiter Teil: Grundlagen für die Planung von Sportunterricht

Vorwort

Für dieses Handbuch zur Planung von Sportunterricht ist die nun vorliegende 4. Auflage wiederum völlig überarbeitet worden. Diese Überarbeitung hat keine konzeptionellen, sondern notwendig gewordene inhaltliche Veränderungen gebracht. Diese inhaltlichen Veränderungen sind sowohl im ersten Teil als auch im zweiten Teil des Buches vorgenommen worden, um den neuesten Entwicklungen in der Sportdidaktik gerecht zu werden.

Das vorliegende Buch ist weiterhin als Arbeitsbuch für die Planung von Sportunterricht konzipiert. Jahrelange Erfahrungen in der Sportlehrerausbildung und eigene Unterrichtstätigkeit haben den Charakter des Buches geprägt. Es soll nicht als eine allgemeine Darstellung der Sportdidaktik verstanden werden, sondern vielmehr als konkrete Arbeitsanleitung für die Unterrichtsplanung. Damit wird der Anspruch erhoben, dass der gesamte Planungsprozess abgebildet ist und dass hinreichende Hinweise zur selbständigen Unterrichtsplanung gegeben werden. Dies gilt insbesondere für den ersten Teil des Buches, in dem jeder Arbeitsschritt detailliert dargestellt und durch Beispiele veranschaulicht wird.

Die starke Heraushebung des motorischen Bereichs erfolgte in voller Absicht. Der motorische Bereich wurde – wenn auch nicht ausschließlich – in den Mittelpunkt der Beispiele gestellt, da dies der charakteristische Bereich der Didaktik dieses Fachs ist, denn die kognitiven, affektiven und „sozialen" Lernzielbereiche sind mit anderen Inhalten auch Gegenstand anderer Fachdidaktiken und der „Allgemeinen Didaktik", so dass Kenntnisse und Fertigkeiten für den Unterricht in diesen Lernzielbereichen auch an anderen Stellen erworben werden können und erworben werden. Darüber hinaus sind im zweiten Teil die theoretischen Grundlagen der Planung von Sportunterricht zusammengefasst dargestellt, um Anregungen zu einem vertiefenden Grundlagenstudium zu geben.

Eine formale Anmerkung der Autoren:

Wir meinen mit solchen Begriffen wie »Lehrer«, »Schüler« oder »man« wahlweise weibliche oder männliche Personen. Um den Text leserlich zu erhalten, möchten wir aber darauf verzichten, dies bei jeder Verwendung erneut auszudrücken.

0 Struktur der Unterrichtsplanung

Davon ausgehend, dass Unterricht in jedweder Form grundsätzlich der Planung bedarf, ist im folgenden eine Planungsstruktur entworfen worden, die sowohl für geschlossene als auch für offene, sowohl für schülerzentrierte als auch für lehrerzentrierte Konzeptionen von Sportunterricht gültig ist.

Unterrichtsplanung wird verstanden als eine Hypothese über den möglichen Unterrichtsablauf, die im Unterricht selbst überprüft wird und – je nach Situation – auch während des Unterrichts variiert werden kann. Der Perfektionsgrad der Planung wird dadurch bestimmt, inwieweit der planende Lehrer aufgrund seiner Kenntnis der Bedingungen den Unterrichtsprozess antizipieren und dabei auch bereits in der Planung bestimmte Varianten berücksichtigen kann. Bei geschlossenen und lehrerzentrierten Konzepten wird der Detaillierungsgrad der Planung notwendigerweise höher sein als bei offenen und schülerzentrierten Konzepten.

Die Gültigkeit der im folgenden dargestellten Planungsstruktur bezieht sich auf die grundsätzliche Berücksichtigung der Arbeitsschritte und Entscheidungen bei durchaus unterschiedlicher Ausfüllung der Details.

Die Planung von Sportunterricht ist ein Vorgang von hoher Komplexität, in dem eine Vielzahl von gegenseitig abhängigen Faktoren (Interdependenz) zu beachten ist. Der Grad dieser Interdependenz ist weitestgehend unerforscht, und die Faktorenkomplexität ist nahezu unüberschaubar. Wegen der hohen Komplexität des Planungsvorganges ist sowohl für die Forschung als auch für die Ausbildung und konkrete Unterrichtsplanung eine zumindest zeitweilig isolierte Betrachtung einzelner Faktoren unumgänglich. Es ist deshalb hier versucht worden, den gesamten Planungsprozess in abgrenzbare und überschaubare Arbeitsvorgänge aufzugliedern und linear darzustellen. Diese Linearität hängt zusammen mit der gegenseitigen Abhängigkeit der Planungsschritte. In der Praxis wird die lineare Folge dieser Planungsschritte jedoch nicht streng eingehalten, da bei einem Planungsschritt ohne Zweifel schon Vorüberlegungen nicht nur für den nachfolgenden, sondern auch für weitere Planungsschritte angestellt werden.

In der dargestellten Struktur (Abb. 1) ist von der linearen Anordnung an den Stellen abgewichen worden, an denen eine parallele Anordnung zwingend ist.

Der Gesamtplanungsvorgang ist in drei Teilkomplexe aufgegliedert:

Erhebung der allgemeinen Bedingungen

Auf dieser Planungsebene geht es um die Gewinnung von Klarheit über die Voraussetzungen für den Unterricht an einer Schule und für eine bestimmte Lerngruppe, damit überhaupt sinnvolle Planungsentscheidungen getroffen werden können. Die dafür vorgeschlagenen Datenerhebungen sind in der Regel nur in neuen Situationen erforderlich, wie z.B. bei Aufnahme der Lehrtätigkeit an einer neuen Schule oder bei einer neuen Klasse. Im Normalfall verfügt der Lehrer

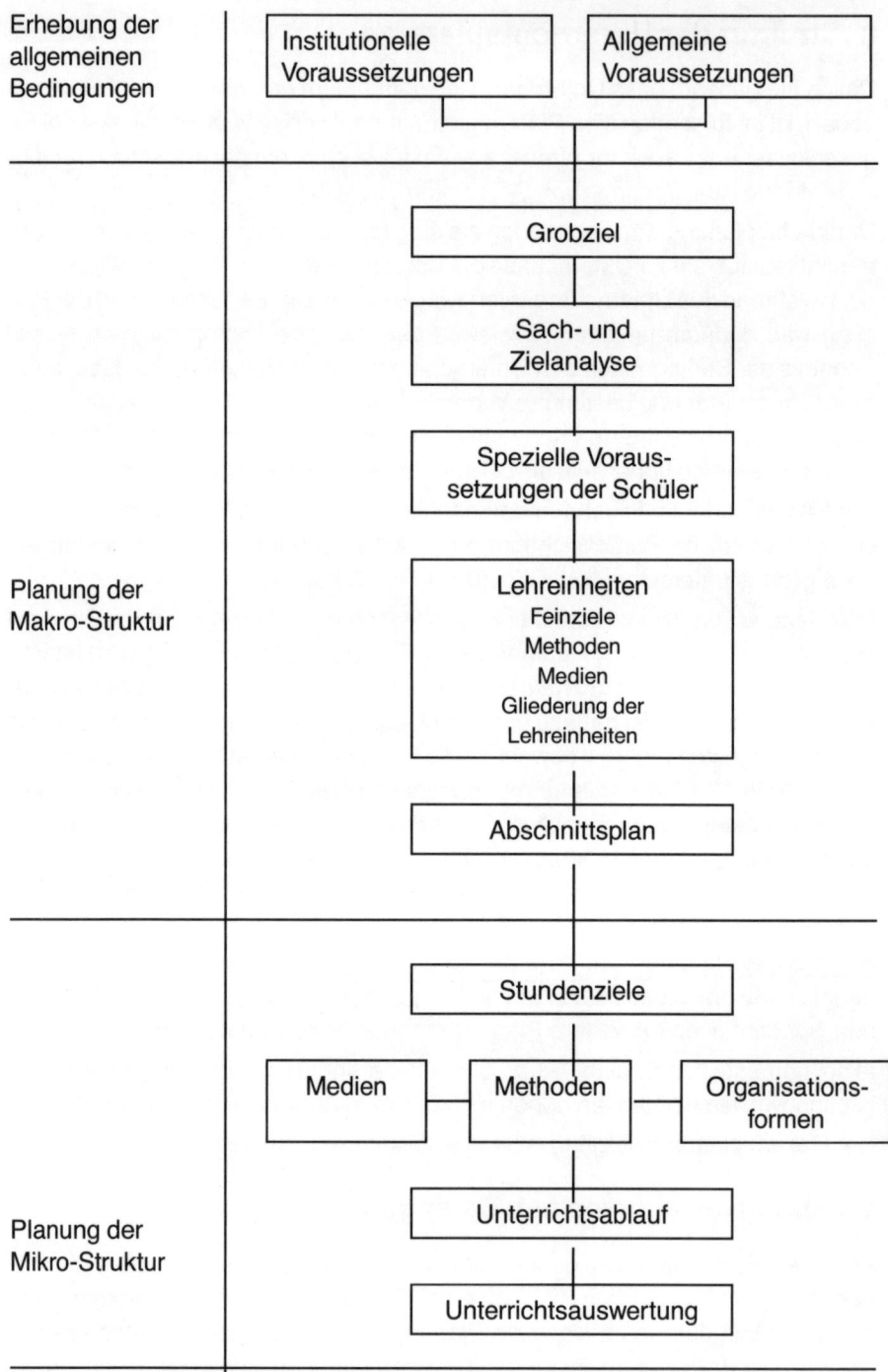

Abb. 1 Struktur der Unterrichtsplanung

bereits über die entsprechenden Kenntnisse und braucht daher nur noch die erforderlichen Schlussfolgerungen zu ziehen.

Planung der Makrostruktur

Ziel dieser Ebene ist die Planung ganzer Lehreinheiten mit Entscheidungen über Ziele und grundsätzlichen Festlegungen der Methode. Mehrere Lehreinheiten werden miteinander verbunden oder ineinander verzahnt, so dass die Planung für einen Schuljahresabschnitt vorliegt.

Planung der Mikrostruktur

Auf dieser Ebene erfolgt die Planung einzelner Unterrichtsstunden.

Bei der Darstellung der einzelnen Planungsschritte wurde eine einheitliche Gliederung gewählt, um die Übersichtlichkeit des Arbeitsbuches zu erhöhen. Es wird jeweils die Funktion des Planungsschrittes innerhalb der Gesamtplanung erläutert, danach werden Hinweise zur Bearbeitung gegeben und in konkreten Beispielen verdeutlicht. Anhand der durchgängig benutzten Beispiele kann die Entstehung mehrerer Unterrichtsentwürfe mitverfolgt werden.

1   Institutionelle Voraussetzungen beschreiben

1.1 Funktion der Beschreibung

Viele Entscheidungen, die bei der Planung von Sportunterricht zu treffen sind, hängen von den Bedingungen ab, die durch die Institution Schule vorgegeben sind. Es sind dies z.B. die Anzahl der Sportstunden und die zur Verfügung stehenden Sportflächen und Geräte. Die vorgegebenen Bedingungen beeinflussen den Planungsprozess im Bereich der Zielfestlegung, der Methoden- und Medienentscheidungen und der Festlegung von Organisationsformen.

Funktion der Beschreibung der institutionellen Voraussetzungen ist es, Fehlentscheidungen bei der Unterrichtsplanung zu verhindern.

Für eine konkrete Unterrichtsplanung ist es wenig hilfreich, die Institution Schule mit ihrem Umfeld insgesamt zu beschreiben. Es kommt vielmehr darauf an, die Datenmenge so begrenzt zu halten, dass sie noch übersichtlich ist, und die Daten so auszuwählen, dass sie für die Entscheidungsprozesse direkt verwertbar sind. Nicht direkt verwertbar sind z.B. Daten über das soziale Umfeld der Schule (soziale Schichtung etc.).

Institutionelle Voraussetzungen sollen hier als die **räumlichen, materiellen** und **organisatorischen Gegebenheiten** verstanden werden, soweit sie die unterrichtlichen Entscheidungen beeinflussen. Unter räumlichen Bedingungen sind das Vorhandensein und die Beschaffenheit (Größenordnung) von Halle, Sportplatz, Schulhof, Schwimmhalle und eventuell weiterer Sportanlagen sowie von Umkleideräumen und sanitären Anlagen zu verstehen.

Unter materiellen Voraussetzungen werden hier Anzahl und Zustand von Sportgeräten und Unterrichtsmedien verstanden. Die Kenntnis dieser Bedingungen ist Voraussetzung für organisatorische und methodische Entscheidungen.

Der dritte Punkt einer Beschreibung institutioneller Voraussetzungen beschäftigt sich mit den organisatorischen Faktoren, die auf die Unterrichtsplanung Einfluss nehmen. Hierzu gehören die Anzahl der zu unterrichtenden Schüler, Einzel- oder Mehrfachbelegung der Sportstätten, Entfernung zu den außerhalb liegenden Sportanlagen sowie die Lage der Stunde innerhalb des Stundenplans. So werden z.B. bei hoher Schülerzahl und einer daraus folgenden Mehrfachbelegung der Sportstätten besondere Maßnahmen erforderlich, um die nötige Lernatmosphäre herzustellen und aufrechtzuerhalten. Die Entfernungen zu den Anlagen und die Lage der Stunden stellen ebenso wichtige Faktoren dar, die für Dauer und Verlauf einer Sportstunde mitbestimmend sein können. Die Belastung der Schüler in vorangegangenen und nachfolgenden Stunden ist zu berücksichtigen.

1.2 Hinweise zum Beschreiben der institutionellen Voraussetzungen

Nachdem die Funktion der Beschreibung von institutionellen Voraussetzungen erklärt wurde, sollen hier Hinweise für die Erstellung einer solchen Beschreibung gegeben werden.

Dies soll in Form einer Auflistung geschehen, so dass lediglich nachgeprüft werden muss, ob alle Faktoren der räumlichen, materiellen und organisatorischen Gegebenheiten berücksichtigt wurden. Zusätzlich soll begründet werden, warum das Erfassen der einzelnen Daten notwendig ist.

Zur Erfassung der **räumlichen Voraussetzungen** gehört die Beantwortung folgender vier Fragenkomplexe:

1. Wo liegt die Schule und welches Einzugsgebiet hat sie?
   Hier spielt insbesondere die Entfernung Elternhaus – Schule eine Rolle, die für die Belastbarkeit der Schüler im Sportunterricht von Bedeutung sein kann.

2. Um die räumlichen Gegebenheiten des Sportplatzes zu klären, müssen folgende Fragen beantwortet werden:
   a) Sind Umkleidemöglichkeiten vorhanden?
   b) Bestehen Wasch- bzw. Duschmöglichkeiten?
   c) Welche Ausmaße hat der Sportplatz, welche leichtathletischen Disziplinen können auf jeweils wie vielen Anlagen durchgeführt werden?
   d) Gibt es Spielfelder (Schotter oder Rasen) für große Sportspiele mit entsprechenden Markierungen und Toren?
   e) Wo werden die Kleingeräte gelagert?
   f) Steht ein Raum zur Verfügung, um z.B. Lehrfilme zeigen zu können?
   g) Ist der Zugang zum Erste-Hilfe-Material und zum Telefon jederzeit möglich?

Die Klärung der ersten beiden Fragen ist für den Sportlehrer aus vielerlei Hinsicht von Bedeutung. Wenn es auf dem Sportplatz keine Umkleidemöglichkeiten gibt, wird bei ungünstigeren Witterungsbedingungen der Unterricht kaum im Freien durchgeführt werden können, da man unter diesen Umständen den Schülern den Hin- und Rückweg zu den Sportstätten im Sportdreß nicht zumuten kann (Erkältungsgefahr). Bestehen keine Wasch- bzw. Duschmöglichkeiten, so muss der Sportlehrer darauf achten, dass das Stundenende beruhigend und weniger bewegungsintensiv ist, um die Schüler nicht verschwitzt und total erschöpft auf den Rückweg zur Schule zu schicken. Weiterhin sind diese Punkte bedeutend für die zeitliche Planung der Stunde.

Die Bestandsaufnahme der Punkte c, d und e ist sowohl für die detaillierte Planung von Einzelstunden als auch für die Planung über einen längeren Zeitraum

von großer Bedeutung. Das Vorhandensein bzw. Nichtvorhandensein von leichtathletischen Anlagen und Spielfeldern ist ausschlaggebend für die Auswahl der
Inhalte des Sportunterrichts. Das Wissen um die Anzahl der einzelnen Anlagen
ist Voraussetzung für die Entscheidung, welche Verfahren des Übungsablaufs
wie z.B. Frontalbetrieb, Riegenbetrieb oder Stationsbetrieb gewählt werden, ob
man die Klasse nach Neigungen und Interessen aufteilen und schließlich auch,
ob man den Unterricht leistungsdifferenziert durchführen kann. Ob der Sportlehrer einen Raum zur Verfügung hat, um audio-visuelle Medien einzusetzen, wird
hinsichtlich seiner Planung im methodischen Bereich Konsequenzen haben. Die
Klärung des Punktes g ist unbedingt notwendig, um bei eventuellen Unfällen sofort die erforderlichen Hilfemaßnahmen treffen zu können.

3. Um die räumlichen Gegebenheiten der Sporthalle zu klären, müssen folgende Fragen beantwortet werden:

   a) Sind ausreichende Umkleidemöglichkeiten vorhanden?
   b) Wie viele Duschen und Waschbecken gibt es?
   c) Welche Ausmaße hat die Halle?
   d) Ist die Halle durch Trennwände teilbar?
   e) Welche Spielfeldmarkierungen sind in der Halle eingezeichnet?
   f) Wie ist der Zugang zu den Groß- und Kleingeräten?
   g) Ist eine Uhr in der Halle installiert?
   h) Ist der Zugang zum Erste-Hilfe-Material und zum Telefon jederzeit mög-
      lich?

Die Beantwortung der ersten beiden Fragen ist notwendig, um entsprechend
Zeit vor und nach der Stunde einzuplanen, damit der hygienische Aspekt ausreichend Berücksichtigung findet. Die detaillierte Beantwortung der Punkte c bis h
erübrigt sich, da sie im Fragenkomplex 2 schon begründet wurden.

4. Besteht die Möglichkeit, in der näheren Umgebung Schwimmunterricht zu er-
   teilen?

Diese Frage ist für die langfristige Planung des Sportunterrichts von Bedeutung.

Zu den **materiellen Voraussetzungen** sind folgende Punkte zu klären:

1. Welche und wie viele Geräte stehen auf dem Sportplatz bzw. in der Halle zur
   Verfügung, und in welchem Zustand befinden sie sich?
2. Welches Ballmaterial ist vorhanden?
3. Gibt es audio-visuelle Hilfsmittel?

Auch die Beantwortung dieses Fragenkomplexes bildet die Grundlage für die
Auswahl der Inhalte, so wie der methodischen Verfahren und Maßnahmen und
für die Organisation des Sportunterrichts. Die Überprüfung der Geräte auf ihren
Zustand ist unerläßlich, da hier bereits mögliche Gefahrenquellen beseitigt werden können.

Zu den **organisatorischen Gegebenheiten** sind weitere Faktoren zu untersuchen (für jede Klasse gesondert zu erheben):

1. Sind die Sportstätten mehrfach belegt?
2. Wie groß sind die zu unterrichtenden Gruppen?
3. Wird koedukativer Unterricht durchgeführt?
4. In welcher Stunde findet der Unterricht statt?
5. Welche Fächer haben die Schüler vor und nach nach dem Sportunterricht?

Sind die Sportstätten von mehreren Gruppen belegt, ist eine Absprache mit den Kollegen unerläßlich, um effektiver planen zu können.

Die Anzahl der Schüler und die Frage, ob koedukativ unterrichtet wird, spielen bei der Differenzierung und der Organisation des Unterrichts eine große Rolle. Die Beantwortung der Punkte 4 und 5 ist notwendig, um die jeweils richtige Belastungsdosierung zu wählen.

Für die Erhebung der institutionellen Voraussetzungen gibt es keine spezielle Methode. Es ist zweckmäßig, die Erfassung mit Hilfe einer Checkliste vorzunehmen, damit wesentliche Punkte nicht übersehen werden können. In der folgenden Übersicht sind alle Faktoren, die zu berücksichtigen sind, noch einmal dargestellt. Im nachfolgenden Kapitel 1.3 ist eine bereits ausgefüllte Checkliste abgebildet.

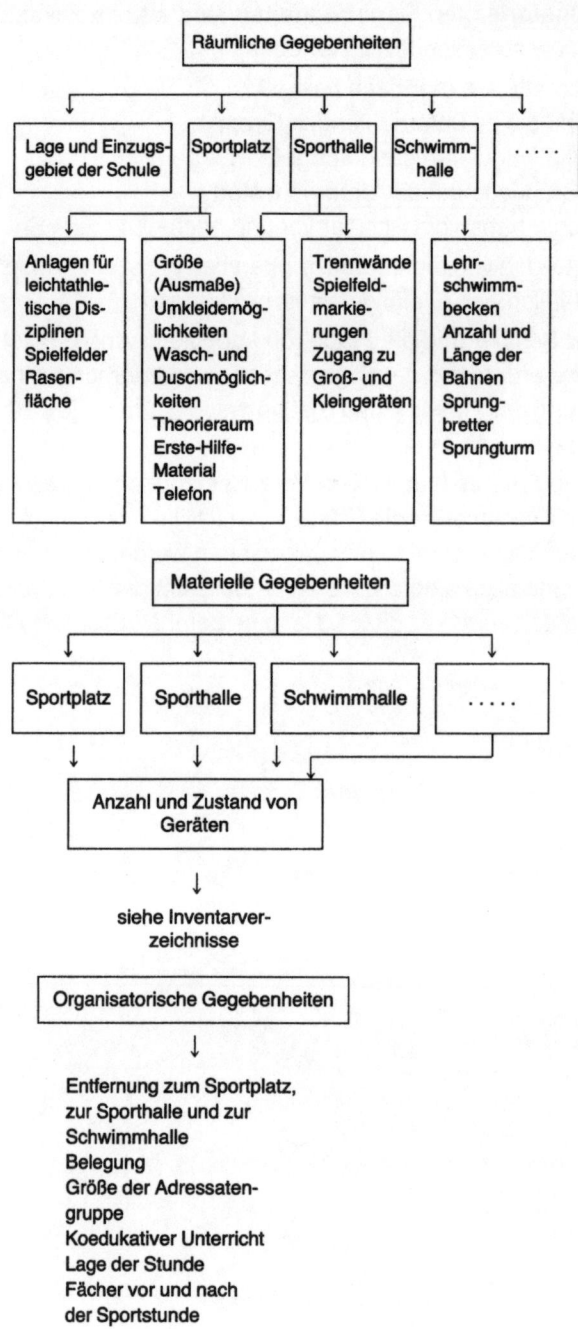

Abb. 2 Übersicht der institutionellen Voraussetzungen für den Sportunterricht

Inventarverzeichnis

Geräte für Leichtathletik:

Bezeichnung		Anzahl
Kugel	7,257 kg	
Kugel	6,25 kg	
Kugel	5 kg	
Kugel	4 kg	
Kugel	2,5 kg	
Diskus	2 kg	
Diskus	1,75 kg	
Diskus	1 kg	
Speer	800 g	
Speer	600 g	
Hammer	7,257 kg	
Hammer	6,26 kg	
Hammer	5 kg	
Schleuderball	1,5 kg	
Schleuderball	1 kg	
Startblock		
Startklappe		
Gummihammer		
Zielband		
Harke		
Spaten		
Besen		
Maßband 10 m		
Maßband 25 m		
Sprungständer		
Sprunglatte o.a.		
Stabhochsprungständer		
Sprungstab		
Hürden		
Markierwagen		

Inventarverzeichnis

Großgeräte und Anlagen für Sportspiele:

Bezeichnung	Anzahl
Trampolin	
Mini-Tramp	
Sprungbretter	
Stützbarren	
Stufenbarren	
Reckanlagen	
Sprossenwände	
Kletterstangen	
Taue	
Sprungkasten	
Pferd	
Bock	
Turnbänke	
Schwebebalken	
Kleine Kästen	
Schaukelringe	
Weichboden (Weichturnmatte)	
Niedersprungmatten	
Turnmatten	
Bodenturnläufer	
Handballtore (Halle)	
Basketballkörbe	
Volleyballanlage	
Tennisanlage	
Badmintonanlage	
Tischtennisplatte	

Inventarverzeichnis

Klein- und Handgeräte:

Bezeichnung	Anzahl
Langtau	
Sprungseile	
Speed-Rope-Seile	
Terabänder	
Physiobänder	
Gymnastikreifen	
Keulen	
Stäbe	
Tennisringe	
Tamburin	
Klanghölzer	
Gymnastikbänder	
Zauberschnur	
Parteibänder	
Staffelstäbe	
Malstangen	
Hockeyschläger	
Tennisschläger	
Badmintonschläger	
Tischtennisschläger	
Stoppuhren	
Trillerpfeife	
Magnesiawagen	

Inventarverzeichnis

Ballmaterial:

Bezeichnung			Anzahl
Medizinbälle	3	kg	
Medizinbälle	2	kg	
Medizinbälle	1,5	kg	
Medizinbälle	1	kg	
Konditionsbälle			
Fußbälle			
Handbälle			
Basketbälle			
Volleybälle			
Faustbälle			
Rugbybälle			
Hockeybälle			
Tischtennisbälle			
Tennisbälle			
Gymnastikbälle			
Wurfball		200 g	
Wurfball		80 g	
Softbälle / Weichschaumbälle			
Hüpfbälle			
Noppenbälle			
Pezzibälle / Physiobälle			
Ballpumpe / Kompressor			

Inventarverzeichnis

Audio-visuelle Hilfsmittel	Inhalte / Themen
Lehrtafeln	
Lehrfilme	
Lehrbildreihen	
Musikkassetten	
CD	
Musikanlage	
Videorecorder	
Videokamera	
Monitor	

1.3 Beispiel einer Beschreibung von institutionellen Voraussetzungen

Schule: (Name der Schule) Realschule

A Räumliche Gegebenheiten

Lage: (Anschrift)

Einzugsgebiet: Die Schüler kommen aus dem gesamten Bezirk und haben Fahrzeiten bis zu 30 Minuten.

Sportplatz: (Auf dem Schulgelände)
 - Fußballfeld (Hartplatz): 2 Fußballtore und jeweils 2 Handballtore an den Längsseiten
 - Separate Rasenfläche (40 mal 20 m)
 - 400 m Laufbahn (6 Bahnen)
 - 2 Weitsprunganlagen
 - 1 Hochsprunganlage (Schaumstoffmatte)
 - Kugelstoßring
 - Geräteraum an der Sporthalle
 - Umkleidemöglichkeiten etc. s. Sporthalle

Sporthalle: (Auf dem Schulgelände)
 - Größe 21 mal 42 m (2 Trennwände)
 - Spielfeldmarkierungen: Handball
                          Basketball
                          Volleyball
                          Tennis
                          Badminton
 - 3 Geräteräume mit Schwingtoren
 - Uhren an beiden Stirnseiten
 - 6 Umkleideräume mit Zugang zu Dusch- und Waschräumen
 - Erste-Hilfe-Material in den beiden Lehrerumkleideräumen
 - Telefon in einem der Lehrerumkleideräume

B Materielle Gegebenheiten

Geräte für Leichtathletik:

Bezeichnung			Anzahl
Kugel	7,257	kg	3
Kugel	6,25	kg	3
Kugel	5	kg	–
Kugel	4	kg	10
Kugel	2,5	kg	10
Diskus	2	kg	–
Diskus	1,75	kg	–
Diskus	1,5	kg	–
Diskus	1	kg	–
Speer	800	g	–
Speer	600	g	10
Hammer	7,257	kg	–
Hammer	6,26	kg	–
Hammer	5	kg	–
Schleuderball	1,5	kg	5
Schleuderball	1	kg	15
Startblock			6
Startklappe			1
Gummihammer			1
Zielband			–
Harke			2
Spaten			3
Besen			1
Maßband	10	m	2
Maßband	25	m	1
Sprungständer			4
Sprunglatte o.ä.			2
Stabhochsprungständer			–
Sprungstab			–
Hürden			10
Markierwagen			1

Großgeräte und Anlagen für Sportspiele:

Bezeichnung	Anzahl
Trampolin	1
Mini-Tramp	3
Sprungbretter	–
Stützbarren	3
Stufenbarren	3
Reckanlagen	4
Sprossenwände	8
Kletterstangen	8
Taue	8
Sprungkasten	3
Pferd	1
Bock	4
Turnbänke	4
Schwebebalken	2
Kleine Kästen	8
Schaukelringe	4
Weichboden (Weichturnmatte)	2
Niedersprungmatten	2
Turnmatten	12
Bodenturnläufer	–
Handballtore (Halle)	2
Basketballkörbe	8
Volleyballanlage	1
Tennisanlage	1
Badmintonanlage	–
Tischtennisplatte	–

Klein- und Handgeräte:

Bezeichnung	Anzahl
Langtau	–
Sprungseile	30
Speed-Rope-Seile	15
Terabänder	15
Physiobänder	–
Gymnastikreifen	27
Keulen	–
Stäbe	10
Tennisringe	5
Tamburin	2
Klanghölzer	–
Gymnastikbänder	–
Zauberschnur	3
Parteibänder	4 mal 7
Staffelstäbe	6
Malstangen	8
Hockeyschläger	–
Tennisschläger	–
Badmintonschläger	–
Tischtennisschläger	–
Stoppuhren	3
Trillerpfeife	–
Magnesiawagen	1

Ballmaterial:

Bezeichnung			Anzahl
Medizinbälle	3	kg	10
Medizinbälle	2	kg	–
Medizinbälle	1,5	kg	5
Medizinbälle	1	kg	10
Konditionsbälle			–
Fußbälle			3
Handbälle			15
Basketbälle			6
Volleybälle			8
Faustbälle			–
Rugbybälle			–
Hockeybälle			–
Tischtennisbälle			–
Tennisbälle			–
Gymnastikbälle			40
Wurfball		200 g	15
Wurfball		80 g	15
Softbälle / Weichschaumbälle			25
Hüpfbälle			4
Noppenbälle			15
Pezzibälle / Physiobälle			–
Ballpumpe / Kompressor			1

C Organisatorische Gegebenheiten

Klasse $7_{1/2}$

- In der Doppelstunde steht 1 Hallendrittel (rechtes Hallendrittel) zur Verfügung, in der Einzelstunde die ganze Halle.
- Die Gruppe setzt sich aus 26 Jungen der beiden Klassen zusammen.
- Stundenplan – Ausschnitt:

Std.	Montag		Donnerstag	
	Klasse 7_1	Klasse 7_2	Klasse 7_1	Klasse 7_2
2.	Mathematik	Deutsch		
3. 4.	Sport		Geschichte	Englisch
5.	Englisch	Bildn. Gest.	Sport	
6.			—	Musik

1.4 Spezielle Literatur

Autorenkollektiv (Ltg. G. Stiehler): Methodik des Sportunterrichts. Berlin 1979.

Heimann, Paul; Otto, Gunter; Schulz, Wolfgang: Unterricht – Analyse und Planung. Hannover 1969.

Kirsch, August: Grundriß des Sportunterrichts. Bochum 1975.

Leue, Winfried; Meyer-Buck, Hartmuth: Sport in der Sekundarstufe I. In: Schulbauinstitut der Länder, Kurzinformation 7. 1976, S. 5–26.

Northemann, Wolfgang; Otto, Gunter: Geplante Information. Weinheim u.a. 1969.

2   Allgemeine Voraussetzungen der Schüler beschreiben

2.1 Funktion der Beschreibung

Neben der Erfassung der institutionellen Gegebenheiten ist eine genaue Kenntnis der Voraussetzungen der Schüler notwendig, damit die Unterrichtsplanung
möglichst schülerangepasst erstellt werden kann. Bei den Schülervoraussetzungen soll zwischen allgemeinen und speziellen Voraussetzungen unterschieden werden.

Allgemeine Voraussetzungen sind solche, die unabhängig von der konkreten
Zielsetzung der jeweiligen Unterrichtsstunde bedeutsam sind. (Die allgemeine
Kondition der Schüler ist für die Planung einer jeden Unterrichtsstunde von Bedeutung, während die Sprungkraft z. B. nur für solche Stunden Bedeutung hat, in
denen Sprungübungen zum Zielbereich gehören.)

Die speziellen zielbezogenen Voraussetzungen der Schüler werden erst in einem späteren Arbeitsvorgang erhoben, wenn das Ziel bereits festliegt.

Die Erfassung der allgemeinen Voraussetzungen hat eine doppelte Funktion:

1. Nur bei Kenntnis der allgemeinen Voraussetzungen ist es möglich, Ziele zu
    finden, die den jeweiligen Schülern adäquat sind. Es kann vermieden wer-
    den, dass die Ziele zu hoch gesteckt sind oder völlig an den Interessen der
    Schüler vorbeigehen.

2. Im Zusammenhang mit den später noch zu erhebenden speziellen Voraus-
    setzungen ist eine möglichst sichere Voraussage des Schülerverhaltens
    während des Unterrichts angestrebt, damit Abweichungen von der Planung,
    die eine besondere Belastung des Lehrers darstellen, weitestgehend vermie-
    den werden.

2.2 Hinweise zum Beschreiben der allgemeinen
Voraussetzungen der Schüler

Das entscheidende Problem bei der Erfassung und Beschreibung der allgemeinen Voraussetzungen der Schüler ist das der Datenauswahl, da es sich um ein
geradezu unübersehbares weites Datenfeld handelt. Es kommt darauf an, die
für die Zielfestlegung und Unterrichtsplanung bedeutsamen Daten zu erfassen.
Da dem Lehrer die zeitlichen Möglichkeiten fehlen, eine umfassende Analyse
der Schülervoraussetzungen, z. B. durch Einsatz standardisierter Testverfahren,
vorzunehmen, sollte man sich darauf beschränken, nur Daten zu erheben, die
direkt verwertbar sind. So hat es z. B. wenig Zweck, die Intelligenzquotienten der
Schüler zu messen, da es bisher keine gesicherten Aussagen darüber gibt, in-
wiefern sich der Unterricht bei mittleren Intelligenzquotienten von 95 und 105 unterscheiden muss. Von Bedeutung ist es hingegen, das motorische Leistungsprofil der Klasse zu kennen, da sich daraus z. B. unmittelbar ableiten lässt,

welche Bewegungsanforderungen noch nicht gestellt werden können. Ebenso einsichtig dürfte es sein, dass die Kenntnis der Interessen für verschiedene Inhalte (z.B. Gerätturnen) äußerst hilfreich für die Unterrichtsplanung ist.

Neben der direkten Verwertbarkeit der erhobenen Daten ist als weiteres Kriterium noch die leichte Erfassbarkeit zu beachten. Es ist für einen im Unterricht stehenden Lehrer unmöglich, mit aufwendigen Erhebungsinstrumentarien zu arbeiten, wie sie in der Forschung möglich und notwendig sind.

Es gibt also zwei Kriterien:

1. Die Daten müssen direkt verwertbar sein.
2. Die Daten müssen leicht erfassbar sein.

Von diesen Kriterien ausgehend soll im folgenden ein Katalog von Daten vorgeschlagen werden, der eine eng begrenzte Auswahl darstellt. Er berücksichtigt unter dem Gesichtspunkt der Praktikabilität vor allem die Erhebungsmöglichkeiten (zeitlich und instrumentell), die dem Lehrer zur Verfügung stehen. Über die Erhebung der Daten sind in der sportdidaktischen Literatur fast keine Hinweise zu finden. Allerdings werden zahlreiche Angaben über den Entwicklungs- und Leistungsstand für verschiedene Altersstufen gemacht, die dann auch gleich mit Schlussfolgerungen für die Unterrichtspraxis versehen sind (vgl. z.B. Ungerer, 1977). Diese Angaben sind das Ergebnis breiter Untersuchungen, die jedoch nur als Orientierungsrahmen für eigene Erhebungen dienen können, denn für den konkreten Einzelfall, z.B. für diese 7. Klasse in ihrer ganz bestimmten Situation, liefern die Literaturangaben zunächst nur wenig Hilfe. Es muss daher erst festgestellt werden, ob diese 7. Klasse dem Durchschnitt der 7. Klassen entspricht, die den Literaturangaben zugrunde liegen. Im folgenden wird ein Katalog von Erhebungsdaten mit dem jeweiligen Verwertungsgesichtspunkt und der Erhebungsmöglichkeit aufgeführt:

Entwicklungs- und Leistungsstand der Klasse:

– Alter: Kenntnisse über das Alter der Schüler sind bedeutsam, um in der Literatur die Orientierungsangaben für die jeweilige Entwicklungsstufe auffinden zu können. Das Alter einer Klasse streut in der Regel über drei Jahrgänge. Es ist zweckmäßig, die absoluten Zahlen für jeden Jahrgang zu ermitteln. Besonders wichtig ist es, die Extremwerte zu erfassen, damit eventuell eine differenzierte Aufgabenstellung für z.B. besonders überalterte Schüler bereits in die Planung einbezogen werden kann.

Für die Unterrichtspraxis sollte dabei immer beachtet werden, dass der Entwicklungstand der Schüler mehr vom biologischen als vom kalendarischen Alter bestimmt wird. Akzelerations- und Retardationserscheinungen sowie individuelle Entwicklung und unterschiedliche Umweltbedingungen sorgen dafür, dass Schüler gleichen Geburtsjahrgangs in ihrem Entwicklungs- und Leistungsstand sehr unterschiedlich sein können.

Den einfachsten Zugriff zu den Altersdaten erhält man über das Klassenbuch bzw. die Klassen- oder Gruppenliste.

– Körpergröße: Angaben über die Körpergröße sind vor allem für die organisatorische Planung der Stunde von Bedeutung (z.B. Einstellung der Reck- oder Barrenhöhe; geräteentsprechende Einteilung der Riegen). Wichtig ist nicht die Körpergröße für jeden Schüler in Zentimeter, sondern es genügt die ungefähre Abschätzung nach vier Größengruppen (entsprechend der Vierfachausstattung mit Geräten) und die Erfassung der Extremwerte.

Da die Körpergröße in den Klassenbüchern bzw. -listen nicht angegeben ist, sind direkte Beobachtung der Klasse und einige Messungen erforderlich.

– Sensumotorische Leistungsfähigkeit: Hierbei geht es darum, festzustellen, in welcher Quantität (Länge der Bewegungsfolgen) und Qualität (Exaktheit und Geschwindigkeit der Bewegung) Bewegungen oder Bewegungsfolgen ausgeführt werden können. Hierzu kann man sich an den Angaben zum sensumotorischen Leistungsprofil für die verschiedenen Altersstufen orientieren, wie sie bei Ungerer 1977 zusammengestellt worden sind (vgl. Tab. 1 im Anhang S. 83).

Für den noch wenig erfahrenen Lehrer könnten sie eine wertvolle Hilfe sein, denn die Erfassung der sensumotorischen Leistungsfähigkeit ist von besonderer Bedeutung, damit Unter- oder Überforderungen vermieden werden können. Bei der Erhebung der Daten können z.B. nicht einfach die Angaben der Tab. 1 (Anhang S. 83) übernommen werden. Durch Beobachtung oder Test ist zu überprüfen, welchen Leistungsstand die jeweilige Klasse tatsächlich hat.

– Leistungsfähigkeit bezüglich verbaler und visueller Informationsaufnahme: Im Sportunterricht spielen Bewegungsanweisung (verbale Information) und die Demonstration von Bewegungen (visuelle Information) eine bedeutende Rolle. Diese Informationen müssen der Informationsaufnahme- und -verarbeitungsfähigkeit der Schüler entsprechen. Die Aufnahmefähigkeit ist in verschiedenen Entwicklungsstufen unterschiedlich und außerdem von den Informationsgewohnheiten des bisherigen Lehrers abhängig. Ohne Kenntnis über diesen Sachverhalt plant man leicht an den Schülern vorbei, d.h., man gibt Bewegungsanweisungen, die von den Schülern einfach nicht verarbeitet werden können. Zu den wichtigen Beobachtungsaufgaben gehört es deshalb, die Informationsaufnahmefähigkeiten der Schüler zu prüfen.

Dies kann durch Beobachtung im Unterricht geschehen oder besser durch Tests, die sich bezüglich der verbalen Information an den Aussagen der Tab. 2 im Anhang S. 84 orientieren können. (In dieser Tabelle sind Aussagen zur verbalen Informationsfähigkeit für verschiedene Entwicklungsstufen aufgeführt.)

– Muskelkraft, Muskelausdauer, allgemeine Ausdauer, Schnelligkeit, Gewandtheit: Die Bedeutung der Kenntnis dieser Faktoren für die Unterrichtsplanung
bedarf kaum einer Erläuterung. Auswahl der Übungen und Dosierung der Be-
lastungen sind nur bei vorheriger Kenntnis der Leistungsfähigkeit adäquat
möglich. Der sicherste Weg zur Erhebung dieser Daten ist die Durchführung
eines Tests.

Unterrichtsspezifische Verhaltensweisen und Kenntnisse:

– Disziplin: Bei der Planung des Unterrichts benötigt man Angaben über die
Disziplin der Klasse. Davon hängt es z.B. ab, ob ein freierer oder weniger freier Ordnungsrahmen gewählt werden kann, ob der Lehrer seine Aufmerksamkeit stärker auf den Ordnungsrahmen oder auf die Inhalte richten kann.

Ausreichende Erkenntnisse über die Disziplin einer Klasse und insbesondere
über die Hauptstörfaktoren erhält man über eine Unterrichtsbeobachtung und
ein anschließendes Gespräch mit dem bisherigen Lehrer.

– Selbständigkeit: Hier geht es insbesondere darum, ob eine Klasse in Gruppen
ohne direkte Aufsicht des Lehrers arbeiten kann und ob die Geräte selbständig aufgebaut werden können.
Die Erhebung erfolgt über Unterrichtsbeobachtung oder über Tests.

– Kenntnis von Ordnungsformen: Eine Klasse ist in der Regel an bestimmte
Ordnungsformen gewöhnt. Für die Planung der ersten Unterrichtsstunden ist
es von großer Bedeutung, wenn man auf diese bekannten Ordnungsformen
zurückgreifen kann, da dadurch einige Störfaktoren (z.B. beim Umgruppie-
ren) bereits ausgeschaltet sind. Die Erhebung erfolgt am zweckmäßigsten
durch Befragung des bisherigen Lehrers oder der Schüler selbst.

Einstellungen:

– Interessen: Damit die Festlegung der Ziele nicht völlig an den Schülern vor-
beigeht, ist es notwendig, Informationen über die Schülerinteressen einzuho-
len, womit nicht behauptet werden soll, dass ausschließlich die gegenwärtigen Interessen der Schüler berücksichtigt werden sollen. Zur Erhebung der
Schülerinteressen ist ein Fragebogen sehr zweckmäßig. Bei einer direkten
mündlichen Befragung der Klasse (nicht der einzelnen Schüler) werden in der
Regel nur die Interessen der Wortführer genannt (Muster eines Fragebogens
siehe Anhang S. 84).

– Soziales Verhalten: Um aggressiven Tendenzen, der Isolierung einzelner
Schüler u.a.m. planvoll entgegenwirken und kooperatives Verhalten fördern
zu können, ist es erforderlich, ein Bild von der sozialen Struktur der Klasse zu
haben.

Zur Datenerhebung bieten sich Unterrichtsbeobachtung und eventuell der
Einsatz soziometrischer Verfahren an.

2.3 Beispiel einer Beschreibung von allgemeinen Voraussetzungen der Schüler

Entwicklungs- und Leistungsstand der Klasse:

– Alter: Die Schüler der Klassen 7$_{1/2}$ haben ein Durchschnittsalter von 13 Jahren. Sie verteilen sich wie folgt:

Alter	14	13	12
Anzahl	4	21	3

– Körpergröße: Der kleinste Schüler der Klasse mißt 155 cm, der größte 182 cm. Teilt man die Klasse nach ihrer Körpergröße in vier Gruppen, so erhält man folgende Mittelwerte:

Gruppe 1: 162 cm,
Gruppe 2: 165 cm,
Gruppe 3: 167 cm,
Gruppe 4: 170 cm.

– Sensumotorische Leistungsfähigkeit: Die Schüler sind in der Lage, schnelle Bewegungen, die sich nur aus wenigen Bewegungsfolgen zusammensetzen, gut auszuführen. Bei Bewegungen mit höherer Folgenzahl zeigt sich die in diesem Alter typische „Ungeschicklichkeit". Dies gilt im besonderen für Übungen, bei denen eine Peripheriesteuerung erforderlich ist. Bei neu zu erlernenden Bewegungsabläufen ist in der Regel die Stufe der Feinkoordination nicht zu erreichen. Das zeigte sich besonders bei der Einführung des Kugelstoßens. Stützsprünge (Grätsche über den langgestellten Kasten) wurden dagegen gut ausgeführt.

– Leistungsfähigkeit bezüglich verbaler und visueller Informationsaufnahme: Die Schüler können umweltgebundene Bewegungsanweisungen (verbale Information) verarbeiten, die bis zu vier Sequenzen umfassen. Die Schüler sind über die Fachtermini der erlernten Bewegungen informiert. Sie sind gewohnt, Bewegungsvorbilder mit begleitenden Bewegungserklärungen aufzunehmen. Dabei werden in einem Lehrgespräch Bewegungsknotenpunkte herausgearbeitet.

– Motorische Eigenschaften: Die Schüler haben Tests zur Ermittlung der Sprungkraft und der Sprintschnelligkeit durchgeführt sowie den Cooper-Test, der Aussagen über die Ausdauerfähigkeit macht. Der Test zur Ermittlung der Sprungkraft war folgendermaßen aufgebaut: Die Schüler springen aus dem Stand von einer Absprungmarke drei Sprünge hintereinander mit dem rechten Bein. Die Weite wurde gemessen. Dann sprangen die Schüler dreimal mit dem linken Bein. Die in beiden Versuchen (rechtes und linkes Bein) erreichte

Sprungweite wurde gewertet. Die geringste Weite bei den Schülern dieser Klasse beträgt 5,08 m, die größte Weite liegt bei 13,00 m. Als durchschnittliche Weite aller Jungen wurden 9,96 m errechnet.

Zur Ermittlung der Sprintschnelligkeit mussten die Schüler einen Sprint über 30 m ausführen. Dabei wurde aus dem Stand auf Zeichen des Zeitnehmers gestartet. Das beste Ergebnis bei diesem Test wurde mit 5,2 Sek. registriert, der langsamste Lauf mit 9,8 Sek. gestoppt. Der Durchschnittswert liegt bei 8,4 Sek.

Beim Cooper-Test (12 Min. Ausdauerlauf) wurde die beste Leistung mit 3016 m erreicht, 1508 m lief der langsamste Junge. Die durchschnittlich von allen Schülern zurückgelegte Strecke betrug 2353 m.

Unterrichtsspezifische Verhaltensweisen und Kenntnisse:

– Disziplin: Die Disziplin der Klassen 7 $_{1/2}$ kann als gut bezeichnet werden. Die Schüler reagieren sofort auf die Anweisungen des Lehrers und hören aufmerksam zu, wenn es von ihnen verlangt wird. Auch im Umkleide- und Waschraum entstehen für den Lehrer keine Aufsichtsprobleme. Die Mehrzahl der Schüler arbeitet aufmerksam mit und verhält sich gegenüber den Klassenkameraden freundschaftlich. Jungen, die permanent zum Stören neigen, konnten nicht beobachtet werden.

– Selbständigkeit: Die Klasse ist gewohnt, Geräte selbständig aufzubauen, wenn der Lehrer exakte Anweisungen gibt oder vor der Stunde eine Tafelskizze angefertigt hat. In der Phase des Übens und Festigens können die Schüler in Gruppen selbständig an Geräten üben bzw. Spielaufgaben ausführen. Hierbei neigen allerdings drei Jungen zum „Nichtstun", wenn sie sich nicht beaufsichtigt fühlen.

– Kenntnis von Ordnungsformen: Die Schüler sind nicht an strikt festgesetzte Ordnungsformen gewöhnt. Sie reagieren aber gut und schnell auf Anweisungen des Lehrers (z. B.: „Bildet bitte 4 Riegen" oder „stellt Euch im Halbkreis auf" usw.). Auch bei Umgruppierungen von einer Ordnungsform in die andere treten keine Schwierigkeiten auf. Bei Sportspielen sind die Schüler daran gewöhnt, zügig Mannschaften zu wählen.

Einstellungen:

– Interessen: Von den 28 Jungen der Klassen 7 $_{1/2}$ gehören 15 einem Sportverein an und treiben folgende Sportarten:

Fußball: 4
Judo: 4
Handball: 3
Schwimmen: 3
Radsport: 1

Auf die Frage, was sie im Sportunterricht am liebsten täten, ergab sich folgendes Meinungsbild: Nach Fußball und anderen Sportspielen wählten die Schüler Schwimmen, Dauerläufe und Weitspringen. Ablehnend standen fast alle Schüler dem Gerätturnen und dem Hochsprung gegenüber.

– Soziales Verhalten: Die Schüler zeigen ein Gemeinschaftsverhalten ohne nennenswerte aggressive Tendenzen. Es war zu beobachten, dass beim Gerätturnen gegenseitige Hilfen spontan und ohne Aufforderung gegeben wurden. Andererseits konnte bei Spielen eine geringe Bereitschaft zur Kooperation festgestellt werden. Das Verhalten fast aller Schüler war auf den persönlichen Erfolg ausgerichtet, ohne bewußt die Mitspieler einzusetzen. Hierbei fielen besonders drei Schüler auf, die selten ins Spielgeschehen integriert wurden.

2.4 Spezielle Literatur

Hollmann, Wildor: Sportmedizin – Arbeits-, trainings- und präventivmedizinische Grundlagen. Stuttgart 1999.

Oerter, Rolf: Moderne Entwicklungspsychologie. Donauwörth 1976.

Ungerer, Dieter: Leistungs- und Belastungsfähigkeit im Kindes- und Jugendalter. Schorndorf 1988.

3 Grobziele festlegen

3.1 Funktion der Grobzielfestlegung

Aufgrund der festgestellten Bedingungen ist als erster eigentlicher Planungsschritt die Festlegung der Ziele möglich. Hierbei handelt es sich zunächst um
„Grobziele" und nicht um ausdifferenzierte Ziele für die einzelne Unterrichtsstunde. Grobziele geben die Hauptmerkmale eines gewünschten Endverhaltens an.
Sie ermöglichen Entscheidungen über Lehreinheiten und Stundenthemen, da
sie auf der einen Seite ein nicht so hohes Abstraktionsniveau wie Bildungsziele
haben und andererseits nicht die Unübersichtlichkeit von Feinzielkatalogen haben.

Grobziele, die nur allgemeine Vorstellungen von Endverhaltensweisen beinhalten, geben noch keinerlei Hinweise darauf, wie diese Verhaltensweisen optimal
erreicht, organisiert und kontrolliert werden können.

Grobziele werden formuliert, um Zielvorstellungen für einen längeren Zeitraum
anzugeben; sie bezeichnen also allgemein ein Endverhalten, das durch eine
Lehreinheit erreicht werden soll. Die Erstellung von Grobzielen ist an dieser Stelle der Planung von Sportunterricht notwendig und ökonomisch, damit später,
nach Kenntnis der speziellen Voraussetzungen der Schüler, davon Feinziele abgeleitet werden können. Insofern ist die Zielformulierung als vorläufig anzusehen, da die endgültige Festlegung erst nach der Sachanalyse und der Erhebung
der speziellen Voraussetzungen sinnvoll und möglich ist.

3.2 Hinweise zum Festlegen der Grobziele

Die Festlegung der Grobziele ist ein Entscheidungsvorgang, der durch folgende
Faktoren bestimmt wird:

1. Die Zielsetzung des Lehrplans (z.B. Rahmenpläne)
    Sie enthalten einerseits Angaben über die Rolle des Sportunterrichts im Rah-
    men der Gesamterziehung und andererseits mehr oder weniger präzisierte
    Zielsetzungen für die jeweiligen Altersstufen. Hier gilt es also, einmal die fä-
    cherübergreifenden Lernziele (z.B. soziale Lernziele) und zum anderen die
    fachspezifischen Lernziele (z.B. Erwerb des Jugendschwimmabzeichens –
    Bronze) für die jeweilige Adressatengruppe herauszusuchen.

2. Die institutionellen Voraussetzungen
    Durch die materiellen Bedingungen können Grenzwerte gesetzt sein, die be-
    stimmte Lernziele für den Unterricht an der jeweiligen Schule nicht ermögli-
    chen.

3. Die Beachtung der allgemeinen Voraussetzungen der Schüler ermöglicht ei-
    ne adressatenangemessene Auswahl und Reihung der Grobziele.

Die Formulierung des Grobziels kann so abgefasst sein, dass das gewünschte Endverhalten einer Lehreinheit ohne Angabe eines Beurteilungsmaßstabes und der Bedingungen und Hilfsmittel beschrieben ist (vgl. 3.3).

3.3 Beispiele für Grobziele

Aufgrund der Vorgaben des Rahmenplanes, der institutionellen Voraussetzungen (vgl. 1.3), der allgemeinen Voraussetzungen der Schüler (vgl. 2.3) und der vorausgegangenen Unterrichtsinhalte sind folgende Grobziele festgelegt worden:

1. Die Schüler können die technischen Grundfertigkeiten Prellen, Schlagwurf, Sprungwurf, Fallwurf und Fangen und taktische Verhaltensweisen (Abwehrverhalten in der 3 : 2 : 1-Formation, Wechselspiel in der 2 : 4-Angriffsformation) im Handballspiel anwenden und die Spielregeln beachten.

2. Die Schüler können eine Übungsverbindung am Boden turnen, die folgende Übungsteile enthält: Rolle vorwärts, Flugrolle, Rolle rückwärts, Handstand und Rad.

3. Die Schüler erreichen im Cooper-Test eine um 200 m höhere Leistung (vgl. 2.3).

4. Die Schüler können einen Hindernisparcours planen und durchführen.

Über diese Ziele hinaus sind aus den Lehreinheiten des vorangegangenen Abschnittes noch folgende Fertigkeiten zu festigen: Stützsprünge (Hocke und Grätsche am quergestellten Kasten, Grätsche am längsgestellten Kasten).

3.4 Spezielle Literatur

Größing, Stefan: Einführung in die Sportdidaktik. Wiesbaden 1997.

Hecker, Gerhard; Hölter, Gerd; Kuhn, Werner: Lehrstoffanalyse im Fach Sport als eine Grundlage für Lehrplanentscheidungen. Sportunterricht 12 (1977), S. 404−411.

Schröer, Jürgen: Ein deduktiv empirisches Modell zur Ableitung von Lernzielen für den Sportunterricht. Sportunterricht 12 (1978), S. 466−468.

4   Sach- und Zielanalyse

4.1 Funktion der Sach- und Zielanalyse

Grundsätzlich handelt es sich in diesem Planungspunkt um eine Analyse des Gegenstandes, sei es aus dem psychomotorischen, kognitiven oder affektiven Lernzielbereich. Eine derartige Analyse des Gegenstandes muss für jedes einzelne Grobziel erfolgen. Sie ist aus verschiedenen Gründen notwendig und vorteilhaft. Sinnvolle methodische Entscheidungen können nur bei möglichst genauer Kenntnis der Adressaten und der Sachstruktur des im Lernziel beschriebenen Gegenstandes getroffen werden. Die Kenntnisse über die Adressaten werden bei der Erhebung der allgemeinen und später der speziellen Adressatenvoraussetzungen erworben. Für die Sach- und Zielanalyse ist der Lehrer gezwungen, den geforderten Bewegungsablauf mental nachzuvollziehen, um eine Struktur der zu erlernenden Bewegung zu erstellen.

Für eine derartige Sach- bzw. Zielanalyse der im Grobziel beschriebenen Bewegungs- und Spielabläufe bieten sich unterschiedliche Verfahren an, die im Kap. 2 im zweiten Teil dieses Buches näher beschrieben sind. Wir favorisieren an dieser Stelle die funktionale Betrachtungsweise, da durch diese Bewegungsanalyse Wichtiges von weniger Wichtigem getrennt werden kann und wir dadurch erfahren, welche Teilziele einer Bewegung zentrale Bedeutung für das Gelingen der Gesamtbewegung haben.

Aus dieser Bewegungsstruktur können z. T. die einzelnen Lernschritte abgeleitet werden. Dies bildet eine Grundlage für den Entwurf der Lehreinheiten sowie für die Entscheidungen über Methoden und Medien. Darüber hinaus werden dem Lehrer bei der Analysetätigkeit in der Regel bereits Schwierigkeiten im Lernprozess bewusst, die bei seinen Schülern auftreten können. Insbesondere wird der Lehrer in die Lage versetzt, seinen Schülern die Bewegungsvorstellungen besser vermitteln zu können, da ihm die Knotenpunkte der Bewegung besser bewußt sind. Bei nicht motorischen Lernzielen verhält es sich adäquat. Auch hierbei erwirbt der Lehrer durch die Analyse der Sach- und Zielstruktur methodisch relevante Detailkenntnisse, die für den weiteren Planungsvorgang und auch für die spätere Durchführung des Unterrichts von unschätzbarem Wert sind.

4.2 Hinweise zum Beschreiben der Sachstruktur und zur Zielanalyse

Da es im Sportunterricht überwiegend um motorische Lernziele geht, soll der Analysevorgang am Beispiel der Erstellung einer Bewegungsbeschreibung erläutert werden.

Zur Erstellung von Bewegungs- bzw. Spielbeschreibungen können dem Lehrer folgende Verfahren angeboten werden, die er entweder einzeln oder kombiniert anwenden kann.

a) Die im Grobziel geforderte Bewegung kann durch mentalen Nachvollzug abgeleitet werden.

b) Man entnimmt der jeweiligen Fachliteratur die entsprechenden Beschreibungen.

c) Der geforderte Bewegungsablauf kann aus Reihenbildern abgeleitet werden.

d) Die Bewegungsbeschreibung kann aus Film- oder Videoaufzeichnungen abgeleitet werden.

e) Man kann Experten befragen und sich von diesen den Bewegungsablauf beschreiben lassen.

f) Schließlich kann man sich die Bewegung im Training oder Wettkampf selbst ansehen.

Bedient sich der Unterrichtende lediglich einer der unter b) bis f) genannten Möglichkeiten, so sollte er auf jeden Fall immer bemüht sein, den geforderten Bewegungsablauf in allen Einzelheiten mental nachzuvollziehen, um später in der Realisation bei auftretendem Fehlverhalten der Schüler adäquat reagieren zu können.

In der Lernzielanalyse wird versucht, die Voraussetzungsabhängigkeiten zwischen den Teilzielen festzustellen.

Bei dieser Analyse geht man vom Lernziel aus und stellt die Frage:

„Was muss der Adressat unabdingbar können, um das Ziel zu erreichen?"

Die so gefundenen Teilfertigkeiten unterwirft man der gleichen Frage, bis man zu Voraussetzungen kommt, die als selbstverständlich angenommen werden können. Auf diese Weise erhält man ein System notwendiger Teillernziele, die alles umfassen, was gelehrt werden muss. Man kann dies in einem Lernstrukturdiagramm darstellen.

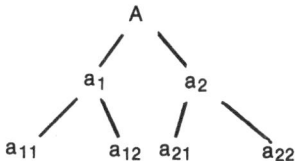

Zum Endverhalten A sind z. B. die Teilfertigkeiten a_1 und a_2 vorauszusetzen, die Teilfertigkeiten a_{11} und a_{12} sind Voraussetzungen von a_1 und damit auch von A, nicht aber von a_2. (Vgl. auch Abb. 6)

Dieses Lernstrukturdiagramm als Ergebnis der Lernzielanalyse gibt Hinweise auf den notwendigen Lehrstoff, auf die Lernschrittstrukturierung und auf die

Reihenfolge der Lernschritte. Ferner ist das Lernstrukturdiagramm die Basis für die Ermittlung der speziellen Voraussetzungen der Schüler (siehe Kap. 5).

4.3 Beispiele für Beschreibungen von Sachstrukturen

Handball (Grobziel 1):

Prellen: Beim Prellen wird der Ball im Stand oder in der Bewegung ständig mit einer Hand zum Boden gedrückt, wobei der Schwerpunkt des Körpers durch Einknicken der Beine und Vorbeugen des Rumpfes verlagert wird. Der Impuls der Bewegung erfolgt aus dem Unterarm und dem Handgelenk. Die prellende Hand ist dabei offen und die Finger sind leicht gespreizt, damit der Ball weder gekrallt noch geschlagen wird, sondern gefühlvoll zum Boden gedrückt werden kann. Die ballführende Hand bewegt sich von oben nach unten; die Ballführung erfolgt in Hüfthöhe seitlich vom Körper und muss mit dem Lauftempo übereinstimmen; d.h., der Ball muss um so schräger in die Laufrichtung zum Boden gedrückt werden, je schneller gelaufen wird.

Schlagwurf: Der Ball wird mit beiden Händen bis zur Schulterhöhe nach hinten geführt, danach liegt er nur noch in der Wurfhand. Das Ellenbogengelenk des Wurfarms wird jetzt leicht eingewinkelt und der Ball auf dem Handteller schräg nach oben-hinten geführt, so dass der Wurfarm die Wurfschulter verlängert. Die Hand muss sich hinter dem Ball befinden, wobei die Finger den Ball nur locker umfassen. Während dieser Ausholbewegung wird erst das rechte Bein (Rechtshänder) und anschließend das linke Bein vorgesetzt. Der Rumpf erfährt eine starke Verwringung, da die Schulterachse fast quer zur Wurfachse steht. Nun beginnt die eigentliche Wurfbewegung durch eine kräftige Vorwärtsbewegung der Wurfschulter und der rechten Hüfte. Die Stemmbewegung des linken Beines ergibt im Zusammenwirken mit dem schlagartigen Armzug die Schärfe des Wurfes; den letzten Impuls bekommt der Ball aus einem zusätzlichen Druck aus dem Handgelenk. Nachdem der Ball die Hand verlassen hat, wird der Körperschwung auf dem rechten Bein in Verbindung mit einem leichten Abknicken des Oberkörpers abgefangen.

Der Schlagwurf wird vor allem beim Zuspiel und beim Torwurf angewendet.

Fallwurf frontal: Der Werfer steht in Seitgrätschstellung. Beide Hände umfassen den Ball vor dem Körper auf der Wurfarmseite, der Blick ist auf das Ziel gerichtet. Indem die Knie nach vorne gebracht werden und die Wurfarmschulter zurückgenommen wird, wird die Fallbewegung eingeleitet und die Ausholbewegung begonnen. Der Körper fällt über die Streckung der Beine nach vorne, und der Wurfarm wird beim Schlagwurf nach vorne geführt. Die Landung auf dem Boden wird vorbereitet, indem die linke Hand (Rechtshänder) zuerst aufgestützt wird, um den Körperschwung abzufangen. Danach setzt auch die rechte Hand auf den Boden auf; nach einem flüchtigen Stütz wird über die Wurfschulter abgerollt.

Der Fallwurf frontal wird hauptsächlich als Strafwurf und von der Kreismittelposition angewendet.

Sprungwurf: Der Anlauf erfolgt schräg zur Wurfrichtung, damit die Ausholbewegung durch die bereits etwas zurückgenommene Wurfschulter gut vorbereitet werden kann. Der Absprung erfolgt mit dem linken Bein (Rechtshänder). Der Oberkörper ist im Flug leicht nach vorn links geneigt, um eine kräftige Wurfbewegung zu unterstützen. Das Schwungbein ist angewinkelt und seitlich abgespreizt. Die Wurfbewegung beginnt, wenn der Spieler den höchsten Punkt der Flugbahn erreicht hat. Die Landung erfolgt weich und federnd auf dem linken Bein (Sprungbein), das vorher bis zur völligen Streckung eingesetzt wird.

Der Sprungwurf dient vor allem zum Überwerfen der gegnerischen Abwehrspieler aus der zweiten Reihe.

Fangen: Die Technik des Fangens richtet sich nach der Flughöhe des Balles. Bei brust-, kopf- und reichhohen Bällen zeigen die weit gespreizten Finger nach oben, die Daumen zueinander. Beim Fangen tiefer Bälle zeigen die Finger zum Boden, die kleinen Finger zueinander. In allen Fällen werden die Arme im Ellenbogen leicht gebeugt und dem Ball entgegengestreckt und weich zum Körper zurückgeführt.

Die 3 : 2 : 1-Abwehrformation: Diese Abwehrformation ist eine Raumdeckung, bei der die Abwehrspieler folgendermaßen aufgestellt sind: Drei Spieler an der Torraumlinie, zwei Spieler etwas weiter vorn und ein Spieler in etwa auf der Höhe der Freiwurflinie.

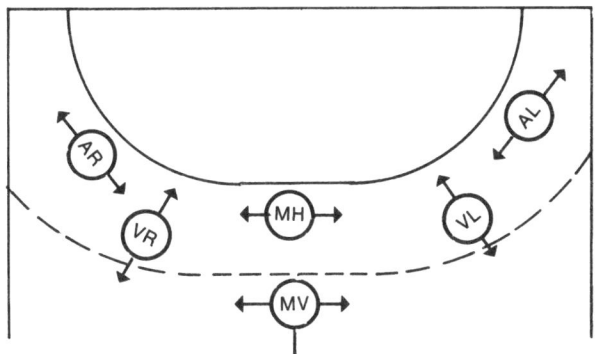

Abb. 3 Abwehrformation 3 : 2 : 1

AR = Außenspieler Rechts   VL   = Verbinder Links
AL = Außenspieler Links   MH = Mittelspieler Hinten
VR = Verbinder Rechts   MV = Mittelspieler Vorn

Die Spieler haben innerhalb dieses Abwehrverbandes folgende technischen und taktischen Aufgaben:

MV: Er muss die hautnahe und räumliche Deckungsart beherrschen, muss antrittsschnell und konditionsstark sein und die Spieler AR und AL beim Tempogegenstoß unterstützen.

AR und AL: Sie bewegen sich außen an der Torraumlinie und dürfen diese nicht verlassen. Ihre Hauptaufgabe besteht darin, ihre Gegenspieler von den Außenpositionen nicht am Kreis nach innen kommen zu lassen. Sie sollten gute Sprintfähigkeit besitzen, um Tempogegenstöße laufen zu können.

VR und VL: Sie haben mit dem MH das größte Arbeitspensum zu leisten. Ihre Abwehraufgaben richten sich sowohl gegen die Kreisspieler als auch gegen die Rückraumspieler, wenn diese im Ballbesitz sind. Sie müssen schnell aus dem Abwehrverband heraustreten und sich nach erfolgter Aktion sofort wieder zurückziehen.

MH: Er muss der beste Abwehrspieler sein, da er den Abwehrverband dirigiert und die Anweisungen des Trainers an seine Nebenleute übermittelt. Sein Verständnis und sein Zusammenspiel mit dem MV müssen besonders gut sein.

Der gesamte Deckungsverband verschiebt sich immer zur Ballseite und schirmt gleichzeitig Kreisspieler und ballbesitzenden Rückraumspieler ab.

Die 2 : 4-Angriffsformation: Bei der 2 : 4-Angriffsformation wird mit zwei Rückraumspielern, zwei Außenspielern und zwei Kreisspielern gespielt, die folgendermaßen postiert sind:

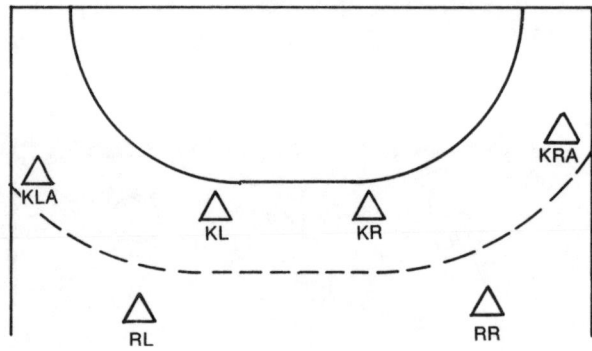

Abb. 4 Angriffsformation: 2 : 4

KLA = Kreisspieler Links Außen   KR = Kreisspieler Rechts
KRA = Kreisspieler Rechts Außen RL   = Rückraumspieler Links
KL   = Kreisspieler Links   RR = Rückraumspieler Rechts

Dieses Angriffssystem lässt sich besonders erfolgreich gegen die Abwehrformationen 4 : 2, 6 : 0 und 5 : 1 spielen.

Die Spieler haben innerhalb dieser Angriffsformation folgende technischen und taktischen Aufgaben:

KLA und KRA: Sie müssen dafür sorgen, dass die Breitenanordnung des An-
                 griffs einbehalten wird. Sie bilden mit dem KL und RL bzw. KR
                 und RR zwei Angriffsdreiecke, in denen sich taktische Kombi-
                 nationen ausführen lassen. Besonders gut sollten sie den
                 Fallwurf zur Wurfarmseite und den Fallwurf entgegengesetzt
                 zur Wurfarmseite (Knickwurf) beherrschen, um von den Au-
                 ßenpositionen erfolgreich zum Torwurf zu kommen.

RL und RR: Sie sollten die Fähigkeit besitzen, das Spiel aufzubauen, zu
                 steuern und zu leiten. Sie müssen die Kreisspieler gut anspie-
                 len, auf Sperren eingehen können und in der Lage sein, aus
                 der Fernwurfzone mit Schlag- und Sprungwürfen Tore zu wer-
                 fen.

KL und KR: Sie haben ihren Arbeitsraum nahe der Torraumlinie. Sie müs-
                 sen versuchen, die Abwehrspieler in der Mitte und auf den
                 Halbpositionen zu binden und deren Abwehrarbeit einzu-
                 schränken, damit die Rückraumspieler und die Außenspieler
                 in günstige Wurfpositionen gelangen. Als technische Fertig-
                 keiten müssen sie besonders alle Fallwurfarten und das Stel-
                 len von Sperren beherrschen.

Alle sechs Angriffsspieler müssen immer bemüht sein, die Breitenanordnung einzuhalten und nach Wechselläufen diese schnell wieder anzustreben. Inner-halb dieser 2 : 4-Angriffsformation bietet sich der Achterlauf als Grundlage einer Angriffskonzeption an. Die beiden folgenden Formen sollen die Schüler als Übungsform beherrschen:

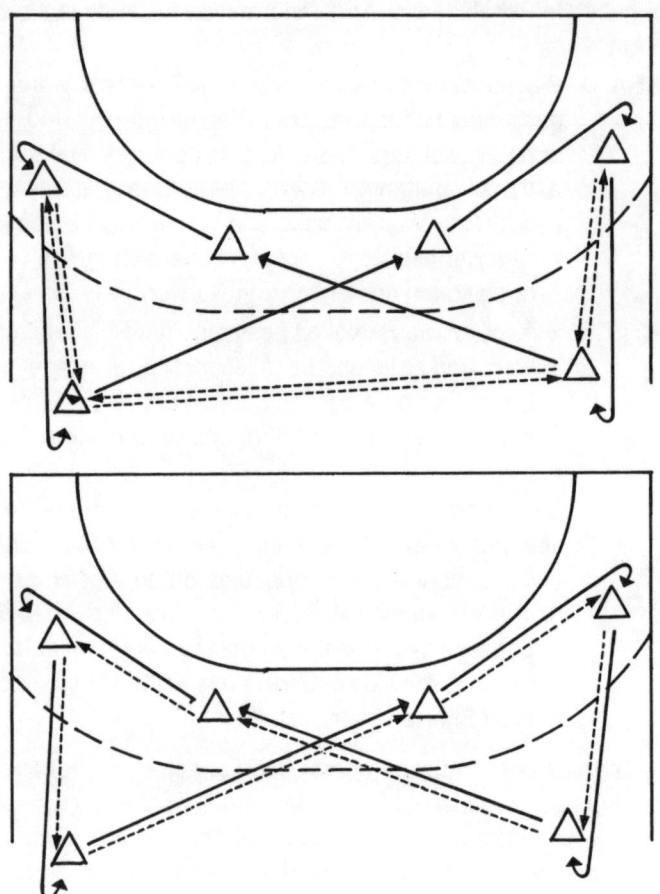

Abb. 5 Achterläufe
———— = Weg des Spielers
– – – = Weg des Balles

Regeln: Folgende Regeln sollen die Schüler im Spiel beachten:

Nr. 5: Der Torwart	Nr. 10: Der Anwurf
Nr. 6: Der Torraum	Nr. 11: Der Einwurf
Nr. 7: Das Spielen des Balles	Nr. 12: Der Abwurf
Nr. 8: Das Verhalten zum Gegner	Nr. 13: Der Freiwurf
Nr. 9: Der Torgewinn	Nr. 14: Der 7 m-Wurf

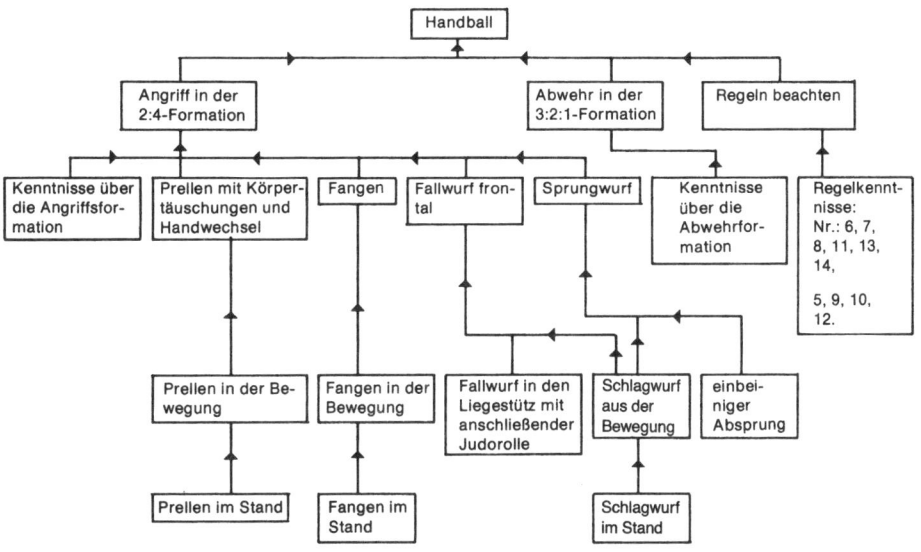

Abb. 6 Lernstrukturdiagramm – Handball

Bodenturnen (Grobziel 2):

Rolle vorwärts: Die Hände werden schulterbreit aufgesetzt und das Kinn an die Brust genommen, die Wirbelsäule wird gekrümmt. Mit beiden Beinen wird vom Boden abgedrückt, der Körper wird mit den Armen abgestützt und über Nacken und Rücken abgerollt. Die Beine werden schnell angehockt und mit den Füßen auf den Boden aufgesetzt. Das Aufrichten in den Stand erfolgt ohne Gebrauch der Hände.

Flugrolle: Nach einem beidbeinigen Absprung erfolgt eine kurze Flugphase, in der die Beine gestreckt sind und die Hüfte gebeugt ist. Die vorgestreckten Arme fangen den Körper bei der Landung ab. Der Kopf berührt den Boden beim Abrollen nicht, die Beine sind gestreckt und die Hüfte gebeugt. Erst in der letzten Phase der Rollbewegung werden die Beine schnell angehockt. Das Aufrichten in den Stand erfolgt ohne Gebrauch der Hände.

Rolle rückwärts: Bei Beginn der Rolle ist das Kinn an der Brust, der Rücken rund und die Beine sind angehockt. Gerollt wird über Rücken, Schulterblätter, Nacken und Kopf. Die Hände werden schulterbreit neben dem Kopf aufgesetzt. Das Rollen über den Kopf wird durch kräftigen Abdruck der Arme unterstützt. Über den Hockstand gelangt der Übende in den Stand.

Handstand: Aus der Auftaktbewegung werden die Hände schulterbreit aufgesetzt, durch einen kräftigen Abdruck mit einem Bein vom Boden schwingt der Übende in den Handstand. Die Arme bleiben gestreckt, und die Beine werden nach dem Aufschwingen geschlossen. Der Körper befindet sich in leichter Bogenspannung.

Rad: Nach der Auftaktbewegung setzt das erste Bein auf dem Boden auf. Das andere Bein wird zum Schwungbein und unterstützt durch kräftiges Hochschwingen (rückwärts) das Aufschwingen des Körpers. Nacheinander setzen die gestreckten Arme etwas mehr als schulterbreit (seitwärts) auf. Der Körper schwingt nach Abdruck des 2. Beines mit gegrätschten Beinen gestreckt über den Seithandstand mit nacheinander aufsetzenden Beinen in den Stand.

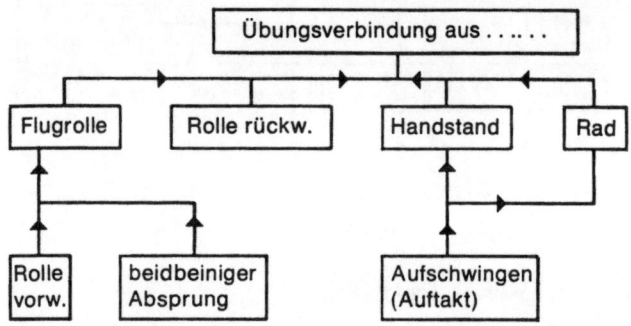

Abb. 7 Lernstrukturdiagramm – Bodenturnen

Laufausdauer (Grobziel 3):

Auf einer vorgegebenen oder abgesteckten Bahn (z.B. 400 m-Stadionrunde) auf dem Sportplatz wird versucht, in 12 Minuten eine möglichst lange Strecke zurückzulegen. Es sollte im Dauerlauf begonnen werden. Wenn die Schüler eine Pause einlegen müssen, sollten sie nicht stehen bleiben, sondern so lange im Schritt weitergehen, bis sie wieder laufen können. Die in 12 Minuten bewältigte Strecke wird festgestellt und registriert.

Hindernisparcours (Grobziel 4):

Da in diesem Beispiel die Inhalte noch nicht präzis vorgegeben sind und es sich vielmehr um eine prozessorientierte Zielsetzung handelt, muss sich die Analyse auf diesen Prozessablauf richten. Folglich muss der Lehrer analysieren, über welche Kenntnisse und Fertigkeiten die Schüler verfügen müssen, um das Ziel zu erreichen. Für das Ergebnis der Analyse stellt das Lernstrukturdiagramm eine ausreichende Beschreibungsform dar.

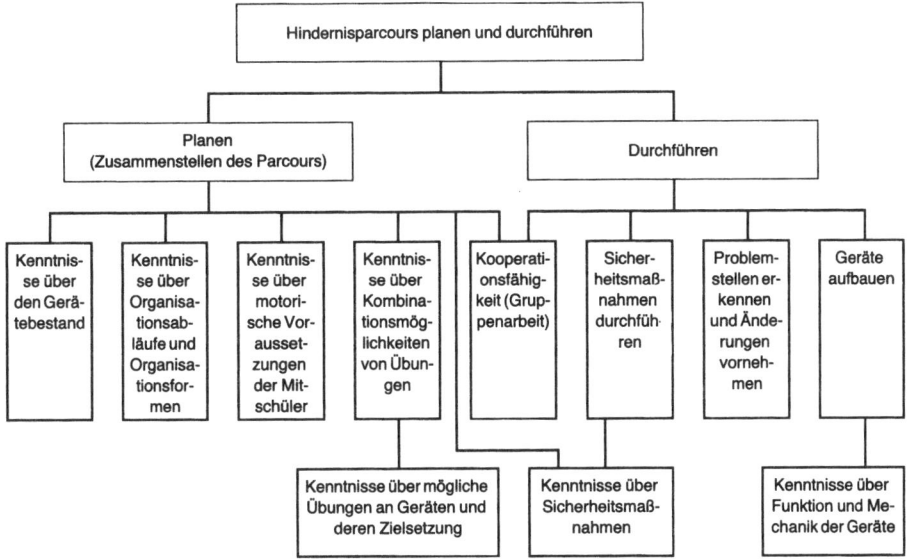

Abb. 8 Lernstrukturdiagramm – Hindernisparcours

4.4 Spezielle Literatur

Zum Lernstrukturdiagramm:

Boeckmann, Klaus; Heymen, Norbert: Die Herstellung programmierter Lehrmaterialien. München, Wien 1973.

Zu den Bewegungsabläufen in den wichtigsten Schulsportarten:

Autorenkollektiv (Ltg. Bauersfeld, K.-H.; Schröter, G.): Grundlagen der Leichtathletik. Berlin 1979.

Autorenkollektiv (Ltg. Stiehler, G.; Konzag, I.; Döbler, H.): Sportspiele. Berlin 1987.

Autorenkollektiv (Ltg. K. Rieling): Geräteübungen. Berlin 1979.

Counsilman, James, E.: Schwimmen. Bad Homburg 1978.

Dietrich, Knut: Fußball – spielgemäß lernen – spielgemäß üben. Schorndorf 1984.

Dürrwächter, Gerhard: Volleyball – spielnah lernen – spielnah üben. Schorndorf 1987.

Hagedorn, Günter; Niedlich, Dieter; Schmidt, Gerhard J. (Hg.): Das Basketball-Handbuch. Reinbek bei Hamburg 1996.

Käsler, Horst: Handball – Vom Erlernen zum wettkampfmäßigen Spiel. Schorndorf 1976.

5 Spezielle Voraussetzungen der Schüler beschreiben

5.1 Funktion der Beschreibung

Die Erfassung der speziellen Schülervoraussetzungen ist einmal für den Entwurf der Lehreinheiten und zum anderen für die endgültige Feinzielbestimmung von Bedeutung. Als spezielle Voraussetzungen der Schüler werden die auf das Grobziel bezogenen Kenntnisse, Fertigkeiten und Einstellungen bezeichnet, die die Schüler bereits beherrschen bzw. besitzen (Ist-Zustand am Beginn des Unterrichts).

Aufgrund dieses Ist-Zustandes kann der Lehrer erkennen, welche Teilfertigkeiten (aus dem Lernstrukturdiagramm) nicht mehr in den Feinzielkatalog seines Unterrichts eingehen. Insbesondere sollen durch die genaue Kenntnis der speziellen Voraussetzungen Unter- bzw. Überforderungen vermieden werden.

5.2 Hinweis zum Beschreiben der speziellen Voraussetzungen der Schüler

Die Feststellung der speziellen Voraussetzungen der Schüler erfolgt auf der Basis des jeweiligen Lernstrukturdiagramms und u.U. durch eine informelle Einstellungsbefragung, soweit die Einstellungen nicht bereits bei den allgemeinen Voraussetzungen erfasst wurden.

Für jedes Teilziel des Lernstrukturdiagramms wird nachgeprüft, ob es von den Schülern bereits beherrscht wird. Als Ergebnis dieses Vorganges erhält man ein modifiziertes Lernstrukturdiagramm, in dem gekennzeichnet ist, welche Teilziele durch den Unterricht noch erreicht werden müssen. Dieses modifizierte Lernstrukturdiagramm bezeichnet die Ziele, die bei der Feinzielbestimmung operational formuliert werden.

5.3 Beispiele von Beschreibungen für die speziellen Voraussetzungen der Schüler

In einem Test wurde für die bereits beschriebenen Klassen überprüft, welche der in den Lernstrukturdiagrammen angegebenen Teilziele die Schüler bereits beherrschen.

Handball (Grobziel 1): siehe Abb. 10.

Hieraus ergibt sich, dass nur noch folgende Teilziele im Unterricht erreicht werden müssen: Kenntnisse über die Angriffsformation 2 : 4, Prellen mit Körpertäuschungen und Handwechsel, Angriff in der 2 : 4-Formation anwenden, Fallwurf frontal, Sprungwurf, Kenntnisse über die Abwehrformation 3 : 2 : 1, Anwenden der Abwehrformation 3 : 2 : 1, Regelkenntnisse Nr. 6, 7, 8, 11, 13, 14, Beachten der Regeln, Handball als komplexes Spiel. Für die Fertigkeiten „Fallwurf in den Liegestütz mit anschließender Judorolle" und „Schlagwurf aus der Bewegung" müsste ein differenziertes Angebot gemacht werden, da bereits ein Drittel der Schüler diese Fertigkeiten beherrscht.

Bodenturnen (Grobziel 2): siehe Abb. 11.

Hieraus ergibt sich, dass nur noch folgende Teilziele im Unterricht erreicht werden müssen: Handstand und Übungsverbindung als komplexes Lernziel.

Für die Fertigkeiten „Flugrolle" und „Rad" müsste ein differenziertes Angebot gemacht werden, da bereits ein Drittel der Schüler diese Fertigkeiten beherrscht.

Hindernisparcours (Grobziel 4): siehe Abb. 12.

Aus Abb. 12 ist zu erkennen, dass bei der Lerngruppe nahezu alle Voraussetzungen erfüllt sind, um unmittelbar in den Planungsprozess einsteigen zu können. Dafür sind zunächst noch Kenntnisse über den motorischen Leistungsstand der Lerngruppe zu erwerben. Für die Durchführung müssen die Schüler noch Strategien zur Überwindung auftretender Probleme erlernen.

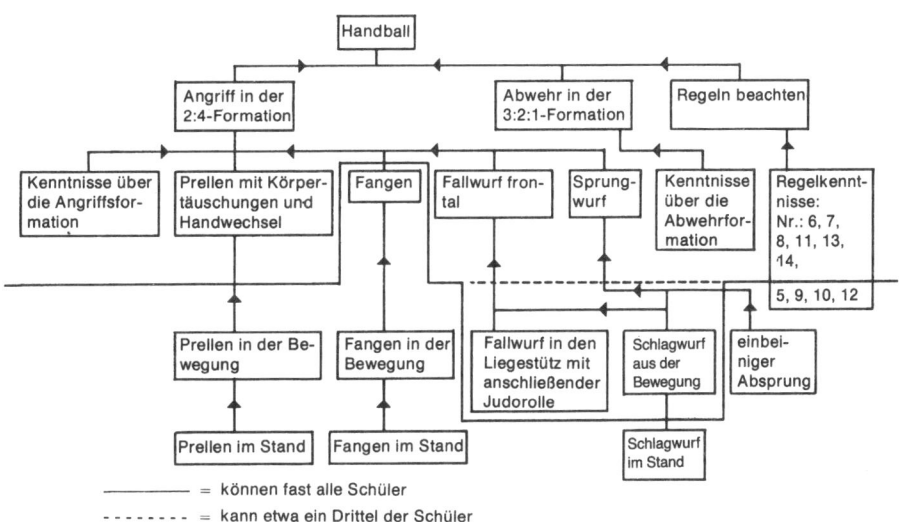

Abb. 9 Lernstrukturdiagramm – Handball (modifiziert)

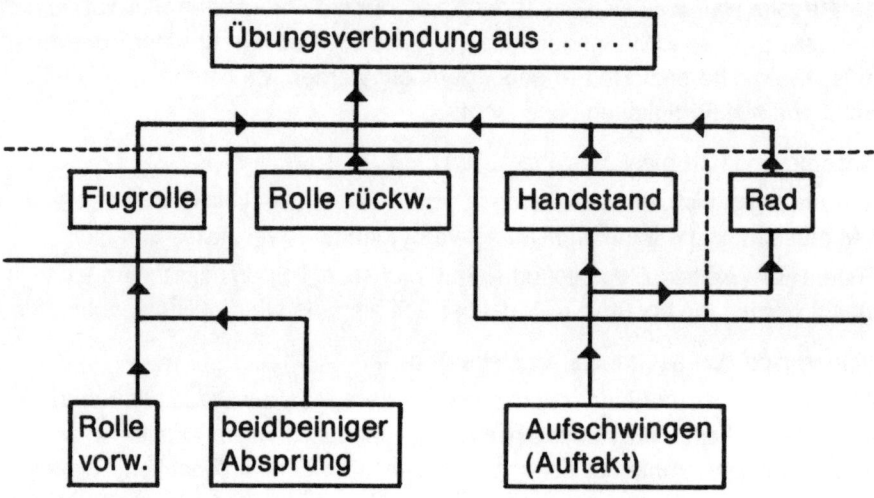

Abb. 10 Lernstrukturdiagramm – Bodenturnen (modifiziert)

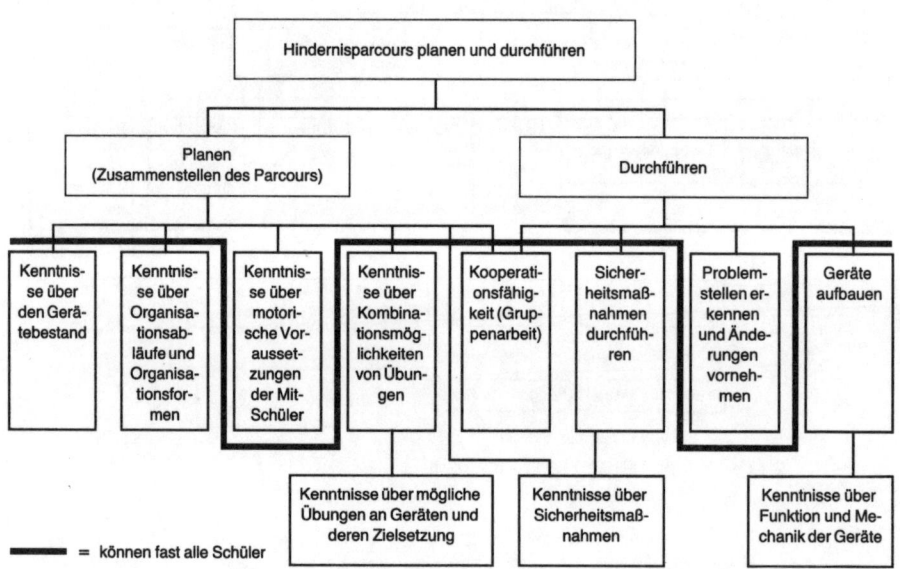

Abb. 11 Lernstrukturdiagramm – Hindernisparcours (modifiziert)

6   Lehreinheit entwerfen

6.1 Funktion des Entwurfs einer Lehreinheit

Die Funktion des Planens in Lehreinheiten ist letztlich eine planungsökonomi-
sche, da die sofortige Detailplanung einzelner Stunden ohne Gesamtüberblick
die Gefahr von Fehlplanungen erhöht. Durch die Planung der Lehreinheit wird
die Grobstruktur des Lehrweges zeitlich und inhaltlich festgelegt. Hierzu sind folgende Entscheidungen zu treffen.

1. Endgültige Festlegung der Lernziele

Aufgrund der allgemeinen und speziellen Voraussetzungen der Schüler mit den
dazugehörigen Lernstrukturdiagrammen sowie unter Berücksichtigung der Interessen und der situativen Bedingungen werden die endgültigen Zielentschei-
dungen getroffen. Damit wird auch eine genaue Bestimmung der Lerninhalte
notwendig, z. B. Sprungwurf (Handball), Handstand in Verbindung mit Rolle vorwärts (Bodenturnen). Aufgrund dieser Lerninhalte erfolgt eine Feinzielbestimmung, so dass ein Katalog von Feinzielen entsteht, der im weiteren Planungsver-
lauf später auf die einzelnen Stunden verteilt werden kann. In diesen Katalog
werden nur noch die Feinziele aufgenommen, die im Unterricht noch erreicht
werden müssen (vgl. modifizierte Lernstrukturdiagramme).

Die Feinziele enthalten eine Endverhaltensbeschreibung, eine nähere Bestimmung des Endverhaltens (Angaben der Bedingungen und Hilfsmittel) und die
Angabe des Beurteilungsmaßstabes. Feinzielableitung bedeutet das Herausar-
beiten aller einzelnen Verhaltensweisen, die im Grobziel enthalten sind und von
den Schülern noch nicht beherrscht werden. Die Feinziele werden zur direkten
Voraussetzung für die Lernorganisation, da die Grobziele dem Lehrer nur im groben Rahmen Vorstellungen von Verhaltensweisen aufzeigen können, die er bei
den Schülern erreichen will. Die Erstellung von Feinzielen ist außerdem notwendig, um eine optimale Lernkontrolle zu ermöglichen, da nur ein Verhalten, das
nach bestimmten Kriterien beschrieben ist, eine möglichst objektive Beurteilung
zulässt.

2. Entscheidung über das methodische Konzept und den Medieneinsatz

Die Lehreinheit umfasst alle Unterrichtsstunden oder Teile von Unterrichtsstunden, die zum Erreichen dieser Ziele geplant werden. Die Planung einer Lehreinheit wird hier verstanden als die Verteilung der Feinziele auf einzelne Stunden und die Festlegung der Inhalte für jede einzelne Stunde. Die Lehreinheit sollte so aufgebaut sein, dass sie zeitlich überschaubar ist und sowohl die Methoden zur Zielerreichung skizziert als auch Vorüberlegungen zum Medieneinsatz mit einschließt. Darüber hinaus sollten eventuell notwendige Lernzielkontrollen mit eingeplant werden.

Die Frage nach dem „Wie", also nach der grundsätzlichen methodischen Vorgehensweise, ist an dieser Stelle notwendig, weil die Entscheidungen über die zeitliche Reihenfolge nur auf der Basis eines methodischen Konzepts getroffen werden können. Dabei sollten die Bedürfnisse der Lerngruppe immer mit berücksichtigt werden. So muss z.B. für die Lehreinheit Handball entschieden werden, ob das komplexe Spiel den Schülern ganzheitlich vermittelt werden soll oder ob sie mit Hilfe einer Spielreihe in die taktischen Handlungsmuster eingeführt werden. Eine derartige Entscheidung muss auch für die Vermittlung der technomotorischen Fertigkeiten (Sprungwurf, Fallwurf usw.) getroffen werden. Hier sind vor allem die Schülervoraussetzungen für die Auswahl der Verfahren und Maßnahmen ausschlaggebend.

Neben der Festlegung methodischer Leitlinien werden auch Vorüberlegungen zum Medieneinsatz getroffen. Es wird auf dieser Planungsebene entschieden, ob der Lernprozess an dieser oder jener Stelle durch den Einsatz von Bildtafeln, Lehrbildreihen, Video, Lehrfilm o.ä. unterstützt werden soll.

3. Gliederung der Lehreinheit

Unter der Gliederung der Lehreinheit wird hier die Aufteilung von Zielen und Inhalten auf die einzelnen Unterrichtsstunden verstanden.

Diese Planung von Einheiten ist eine wichtige Voraussetzung für die Abschnittsplanung und auch für die Planung der Einzelstunde. Die Abschnittsplanung ist eine Aneinanderreihung, Verzahnung und Verschachtelung mehrerer Lehreinheiten, wobei die Struktur der einzelnen Einheit erhalten bleiben muss (vgl. Kap. 7). Für die Planung der Einzelstunde gibt die Lehreinheit die Ziele und Inhalte vor.

Bei aller gründlichen Planungsarbeit muss die Struktur der Lehreinheit aber so offen und flexibel bleiben, dass unvorhersehbare Ereignisse (Doppelbelegung, Stundenausfall usw.) und die Lerngeschwindigkeit der Lerngruppe immer wieder berücksichtigt werden können.

6.2 Hinweise zum Entwerfen von Lehreinheiten

Allgemein sind hier nur sehr wenige Hinweise möglich, und es wird daher insbesondere auf die Beispiele verwiesen (vgl. 6.3). Zunächst einmal sind die Ziele und Feinziele endgültig festzulegen. Als Hilfe hierzu liegt das Lernstrukturdiagramm vor, welches die Voraussetzungsabhängigkeiten der Teilziele darstellt und innerhalb der einzelnen Verzweigungen die Reihenfolge vorstrukturiert. Daneben sind die allgemeinen und speziellen Voraussetzungen der Schüler zu beachten.

Für die Entscheidung über das methodische Konzept und den Medieneinsatz sind die Ergebnisse der Sachanalyse und die speziellen Voraussetzungen der Schüler zu berücksichtigen. Insbesondere wird zu beachten sein, an welchen Teilzielen das Interesse der Schüler ansetzt. (Bei Spielen z. B. wird man mit den Bereichen beginnen, die möglichst bald ein Spielerlebnis vermitteln). Die Entscheidungsfreiheit über das methodische Vorgehen wird durch die situativen Bedingungen begrenzt.

Besonders ungesichert ist die Verteilung der Ziele auf einzelne Unterrichtsstunden oder Teile von Unterrichtsstunden, da die Genauigkeit der zeitlichen Planung von vielen Faktoren abhängt, die nicht vorausberechenbar sind. Hier ist der Lehrer weitgehend auf seine Erfahrungen angewiesen, in die Kenntnisse über Lerngeschwindigkeit und allgemeines unterrichtliches Verhalten der jeweiligen Lerngruppe (Klasse) einbezogen sind. Diese Unsicherheit in der zeitlichen Planung macht eine ständige Revision derselben während der Realisation der Lehreinheit erforderlich.

6.3 Beispiele für Lehreinheiten

1. Handball:

Zielfestlegung: Aufgrund der Analysen ist eine Veränderung des Grobziels nicht notwendig. Das Ziel heisst: Die Schüler können die technischen Grundfertigkeiten Prellen, Schlagwurf, Sprungwurf, Fallwurf und Fangen und taktische Verhaltensweisen (Abwehrverhalten in der 3 : 2 : 1 – Formation, Wechselspiel in der 2 : 4 – Angriffsformation) im Handballspiel anwenden und die Spielregeln (Nr. 5–14) beachten.

Es muss lediglich berücksichtigt werden, dass mehrere Teilziele von den Schülern bereits beherrscht werden (siehe Abb. 10.) und dies bei den methodischen Entscheidungen beachtet werden muss. Es ergibt sich für die Lehreinheit Handball folgender Katalog von Feinzielen:

Die Schüler können

... den Ball in unterschiedlichen Tempi fehlerfrei mit links und rechts prellen und mit Körpertäuschungen verbinden. Dabei sollen sie stets mit der vom Gegenspieler abgewandten Hand prellen, d.h. den eigenen Körper immer zwischen Gegenspieler und Ball bringen.

... sich den Ball partnerweise in einem Abstand von ca. 10 m im Schlagwurf aus der Bewegung mindestens zehnmal in Brusthöhe zuspielen, ohne dass er auf den Boden fällt. Folgende Bewegungsmerkmale müssen erkennbar sein: Wurfschulter und Wurfarm werden frühzeitig zurückgenommen, der Wurf erfolgt mit deutlicher Stemmbewegung des linken (bei Linkshändern des rechten) Beines, der Einsatz des Handgelenkes beim Abwurf des Balles ist so stark, dass die Flugbahn des Balles gerade ist.

... den Fallwurf frontal. Von der 7 m-Linie treffen sie von fünf Versuchen viermal die obere Hälfte des Tores. Folgende Bewegungsmerkmale sollen bei der Ausführung erkennbar sein: Nachvornebringen der Knie und Zurücknehmen der Wurfarmschulter, Streckung der Beine im Fallen und Nachvornführen des Wurfarmes, Abfangen des Körperschwungs mit beiden Händen und anschließendes Abrollen über die Wurfschulter.

... mit einem Sprungwurf von der Freiwurflinie den Ball von sieben Versuchen mindestens fünfmal ins Tor werfen. Dabei müssen folgende Bewegungsmerkmale erkennbar sein: Aus dem Lauf Absprung mit dem linken (Linkshänder mit dem rechten) Bein, Zurückführen von Wurfarmschulter und Wurfarm, Abwurf des Balles im höchsten Punkt des Sprunges durch schlagartiges Nachvorneführen des Wurfarmes, Landung auf dem Sprungbein.

... an der Magnettafel die 2 : 4-Angriffsformation erklären und die speziellen Aufgaben jedes einzelnen Angriffsspielers nennen (vgl. Kap. 4.3).

... an der Magnettafel die 3 : 2 : 1-Abwehrformation erklären und die speziellen Aufgaben jedes einzelnen Abwehrspielers nennen (vgl. Kap. 4.3).

... die Regeln Nr. 6, 7, 8, 11, 13 und 14 benennen und ihre Bedeutung erklären.

... ein Handballspiel unter Beachtung der erlernten Regeln Nr. 5 – 14 durchführen. Dabei demonstrieren sie bei Ballbesitz eine 2 : 4-Angriffsformation und verteidigen in einer 3 : 2 : 1-Abwehrformation

Methoden- und Medienentscheidungen:

Da eine Reihe von Vorerfahrungen vorhanden sind, wird grundsätzlich deduktiv und so weitgehend wie möglich ganzheitlich verfahren. Aus Motivationsgründen wird eine Kombination von Spielreihe und Übungsreihe eingesetzt. Mit Hilfe von Übungsreihen werden Fallwurf und Sprungwurf erlernt. Gemäß den speziellen Voraussetzungen wird beim Erlernen des Fallwurfs ein differenziertes Angebot geplant. Als Medien werden Bildreihe und Magnettafel eingesetzt. Daneben soll die Lehrerdemonstration eine hervorgehobene Rolle spielen.

Gliederung der Lehreinheit:

1. Stunde: 10 Min. Prellen mit Handwechsel
20 Min. Schlagwurf aus dem Dreischritt-Rhythmus
10 Min. Aufsetzerball, Beachten der Regeln Nr. 7 und 9

2. Stunde: 15 Min. Prellen mit Handwechsel in Verbindung mit Schlagwurf aus dem Dreischritt-Rhythmus
25 Min. Differenziertes Angebot:
Fallwurf in den Liegestütz mit anschließender Judorolle
Fallwurf frontal

3. Stunde: 10 Min. Prellen mit Handwechsel und Körpertäuschungen
30 Min. Differenziertes Angebot:
Fallwurf frontal,
Fallwurf zur Wurfarmseite

4. Stunde: 30 Min. Sprungwurf
10 Min. Ball über die Schnur mit Torwurf

5. Stunde: 10 Min. Aufgaben mit komplexem Inhalt zur Schulung des Prellens, Schlagwurfes aus der Bewegung und des Sprungwurfes
15 Min. Parteiballspiel, Kennenlernen der Regeln Nr. 8 und 13
15 Min. Burgballspiel, Kennenlernen der Regel Nr. 6; Beachten der Regeln Nr. 8, 6, 11 und 13

6. Stunde: 40 Min. Achterlauf als Angriffskonzeption, Kenntnisse über die 2 : 4-Angriffsformation und Kennenlernen der Regel Nr. 10

7. Stunde: 15 Min. Schrittkombinationen aus der Abwehrarbeit
25 Min. Abwehrarbeit in der 3 : 2 : 1-Formation, Kenntnisse über die 3 : 2 : 1-Abwehrformation und Kennenlernen der Regeln Nr. 5, 12 und 14

8. Stunde: 20 Min. Spiel auf ein Tor in der 2 : 4-Angriffsformation gegen eine
                     3 : 2 : 1-Abwehrformation
            20 Min. Handball unter Beachtung der erlernten Abwehr- und An-
                     griffsformation und der Regeln Nr. 5−14

2. Bodenturnen

Zielfestlegung: Aufgrund der Analysen ist eine Veränderung des Grobziels nicht
notwendig. Das Ziel heißt: Die Schüler können eine Übungsverbindung am Boden turnen, die folgende Übungsteile enthält: Rolle vorwärts, Flugrolle, Rolle
rückwärts, Handstand und Rad. Da einige Teilziele bereits beherrscht werden
(siehe Abb. 11.), muss dies bei den methodischen Entscheidungen beachtet
werden.

Somit ergibt sich für die Lehreinheit Bodenturnen folgender Katalog von Feinzielen:

Die Schüler können

... nach einem kurzen Anlauf und beidbeinigem Absprung eine Sprungrolle auf
einer Turnmatte unter Beachtung folgender Bewegungsmerkmale turnen: in der
Flugphase sind die Beine gestreckt und die Hüfte gebeugt, deutliche Stützphase, Abrollen über den runden Rücken, Aufstehen ohne Benutzung der Hände.

... einen Handstand auf einer Turnmatte unter Beachtung folgender Bewegungsmerkmale ausführen: Auftaktbewegung, gestreckte Arme, leichte Bogenspannung, Beine geschlossen, drei Sekunden stehen.

... ein Rad unter Beachtung folgender Bewegungsmerkmale auf dem Hallenboden ausführen: Aufsetzen der Arme und Beine nacheinander auf einer Geraden,
Arme gestreckt, Körperlängsachse durch die Senkrechte.

... sich selbständig eine Übungsverbindung zusammenstellen, die mindestens
folgende Elemente enthalten muss: Rolle rückwärts, Sprungrolle, Handstand
und Rad. Sie sollen die Übungsfolge so zusammenstellen, dass ein flüssiger Bewegungsablauf demonstriert werden kann.

Methoden- und Medienentscheidungen:

Die Elemente der Übungsverbindung werden als genormte Bewegungsfertigkeiten deduktiv und wegen der geringen Komplexität ganzheitlich vermittelt. Für die
Phasen der individuellen Korrekturen wird eine Lehrbildreihe eingesetzt. Beim
Erlernen des Rades wird durch ein differenziertes Angebot berücksichtigt, dass
ein Drittel der Klasse diese Fertigkeit bereits beherrscht.

Gliederung der Lehreinheit:

1. Stunde: 20 Min. Flugrolle
2. Stunde: 10 Min. Flugrolle in Verbindung mit Rolle vorwärts
            15 Min. Handstand

3. Stunde: 10 Min. Handstand in Verbindung mit Rolle vorwärts

15 Min. Rad (¹/₃ der Klasse: Verbindung v. Rad, Flugrolle, Rolle vorwärts, Rolle rückwärts)

4. Stunde: 10 Min. Flugrolle in Verbindung mit Rolle vorwärts und rückwärts

10 Min. Rad

15 Min. Handstand in Verbindung mit Rolle vorwärts

5. Stunde: 20 Min. Übungsverbindung

6. Stunde: 15 Min. Übungsverbindung

7. Stunde: Lernzielkontrolle

3. Verbesserung der motorischen Eigenschaften:

Zielfestlegung: Das Ziel bleibt unverändert und heisst: Die Schüler erreichen im Cooper-Test eine um 200 m höhere Leistung.

Für diese Lehreinheit lassen sich keine Teilziele herausfiltern, die unbedingt angestrebt werden müssen, um das Grobziel zu erreichen. Dem Lehrer ist es in diesem Fall freigestellt, mit welchen Inhalten er die Laufausdauer der Schüler verbessern will.

Methoden- und Medienentscheidungen:

Da es bei dieser Lehreinheit um Trainingsprozesse geht, muss das Hauptaugenmerk auf Maßnahmen zur Erhaltung der Motivation und auf eine angemessene Dosierung gerichtet werden. Der Wechsel von Organisations- und Trainingsformen wird dabei von Stunde zu Stunde neu festgelegt. Für die Gliederung der Lehreinheit ist jedoch eine Entscheidung über die Reihenfolge und die Wiederholungsabstände zu treffen, damit entsprechende Trainingsreize gewährleistet sind.

Gliederung der Lehreinheit:

1. Stunde: 40 Min. Gewandtheitsschulung, Training der Sprungmuskulatur und der Laufausdauer (Gehen, Traben, Sprinten)

2. Stunde: 20 Min. Pyramidenlauf

3. Stunde: 15 Min. Laufausdauer

4. Stunde: 20 Min. Laufausdauer

5. Stunde: 40 Min. Gewandtheitsschulung, Training der Sprung- und Rumpfmuskulatur sowie der Laufausdauer (Zeitschätz- und Zeitvorgabeläufe)

20 Min. Laufausdauer

6. Stunde: 40 Min. Lauf-Biathlon

7. Stunde: 20 Min. Laufausdauer

8. Stunde: 40 Min. Gewandtheitsschulung, Training der Sprung- und Rumpfmuskulatur sowie der Laufausdauer

9. Stunde: 20 Min. Intervallläufe

10. Stunde: 20 Min. Laufausdauer

11. Stunde 20 Min. Cooper-Test

4. Hindernisparcours:

Zielfestlegung: Aufgrund der Voraussetzungen kann das Ziel unverändert beibehalten werden. Das Ziel heisst: Die Schüler können einen Hindernisparcours planen und durchführen.

Auch für diese Lehreinheit kann kein detaillierter Feinzielkatalog aufgestellt werden, da nicht vorhersehbar ist, wie und mit welchen Einzelübungen die Schüler ihren Hindernisparcours planen und anschließend durchführen wollen. Von daher sind lediglich die beiden folgenden Feinziele anzusteuern.

Die Schüler können

… Übungen zur Ermittlung der Fähigkeiten im Bereich der motorischen Eigenschaften Kraft, Schnelligkeit und Beweglichkeit auswählen und durchführen.

… bei der Zusammenstellung und Durchführung des Hindernisparcours eventuelle Problemstellen erkennen und dementsprechende Änderungen vornehmen.

Methoden- und Medienentscheidungen:

Damit die Schüler die im Lernziel geforderte Handlungskompetenz erwerben können, erscheint ein weitgehend offenes, induktiv angelegtes Konzept am zweckmäßigsten. Aufgrund der speziellen Voraussetzungen der Schüler (siehe Abb. 11.) muss beachtet werden, dass ein besonderes Lernarrangement für zwei Teilziele getroffen werden muss, ehe die Planungs- und Durchführungsaufgabe bewältigt werden kann. Generell sollte die Lehreinheit schülerzentriert angelegt werden und der Lehrer mehr eine Beraterfunktion übernehmen. Das Teilziel „Kenntnisse über die motorischen Voraussetzungen der Mitschüler erwerben" wird induktiv über eine Aufgabenstellung angegangen. Das Erreichen des Teilziels „Problemstellen in einem Hindernisparcours erkennen und diese abzuändern" wird an vom Lehrer konstruierten Beispielen versucht. Von diesen Beispielen soll ein Transfer erfolgen. Für die Zielsetzung wird die Aufgabe gestellt „Plant einen Hindernisparcours, den alle Schüler der Klasse bewältigen können, und probiert diesen aus". Für die Bearbeitung der Aufgabe werden folgende Arbeitsschritte als Orientierungshilfe vorgegeben: Zieldiskussion, Geräte- und Übungsvorauswahl, Ermittlung der Schülervoraussetzungen, Festlegung der Geräte und Übungen, Planung der Organisation, Erprobung und Verbesserung.

Gliederung der Lehreinheit:

Eine detaillierte Vorausplanung mit Verteilung von Teilzielen auf einzelne Stunden ist hier nicht möglich, da die Prozessabhängigkeit zu groß ist. Es können lediglich die ersten Stunden der Einheit und der ungefähre Gesamtumfang festgelegt werden.

1. Stunde: 40 Min. Verfahren zur Ermittlung motorischer Voraussetzungen
2. Stunde: 40 Min. Verfahren zur Ermittlung motorischer Voraussetzungen
3. Stunde
   bis   Planung des Parcours
5. Stunde:
6. Stunde: 40 Min. Erkennen von Problemstellen an Beispielen des Lehrers
7. Stunde
   bis   Erproben und Verbessern des Parcours
9. Stunde:

Anmerkung: In den Einheiten 2. und 3. sind nicht immer ganze Unterrichtsstunden verbraucht, so dass im Abschnittsplan (Kap. 7) eine Verschachtelung mehrerer Einheiten vorgenommen werden kann.

6.4 Spezielle Literatur

Bielefelder Sportpädagogen: Methoden im Sportunterricht. Schorndorf 1998.

Größing, Stefan: Einführung in die Sportdidaktik. Wiesbaden 1997.

Heymen, N.; Leue, W.: Lernen im Sport mit methodischen Reihen. Baltmannsweiler 1986.

Koch, Karl; Meyners, Eckart: Unterrichtsplanung, Unterrichtsbeobachtung, Unterrichtsbeurteilung. Schorndorf 1977.

7   Abschnittsplan erstellen

7.1 Funktion des Abschnittsplanes

Eine längerfristige Planung ist notwendig, damit die Ziele und Inhalte der einzelnen Unterrichtsstunden nicht lediglich eine mehr oder weniger zufällige Folge darstellen.

Die Abschnittsplanung reguliert die Verteilung und Verzahnung der Lehreinheiten unter Einbeziehung von Sonderveranstaltungen.

Sie erfolgt aus organisatorischen Gründen, aus Gründen einer optimalen Belastungsverteilung und aus lerntheoretischen Erwägungen.

Mit einer solchen Planung gewinnt der Lehrer einen Überblick über den inhaltlichen Ablauf des entsprechenden Zeitabschnitts und ist in der Lage, den Gerätebedarf u.a. langfristig zu planen und mit anderen Kollegen abzusprechen. Die Planung gibt den notwendigen Überblick, um eine einseitige Belastung der Schüler zu erkennen und ggf. in der Planung zu revidieren.

Durch eine Planung über einen längeren Zeitraum ist es besser möglich, den Lern- oder Übungsvorgang bzgl. der notwendigen Wiederholungen zu steuern.

7.2 Hinweise zum Erstellen eines Abschnittsplanes

Die wichtigsten Grundlagen einer längerfristigen Planung sind die Planungen der Lehreinheiten, aus denen bereits der Bedarf an Unterrichtsstunden für eine jede Einheit erkennbar ist. Daneben sind aus den institutionellen Voraussetzungen insbesondere die Stundenverteilung und die geplanten Sonderveranstaltungen (Sportfeste, Wandertage etc.) von Bedeutung. Die Angaben über die allgemeinen Voraussetzungen der Schüler ermöglichen eine Entscheidung über die Reihenfolge der Lehreinheiten. Die Einheiten sind so ineinander zu verschachteln, dass „Neulernen", „Verbessern" und „Festigen" optimal verlaufen können.

Es gibt aber auch Lehreinheiten, die aus inhaltlichen und organisatorischen Gründen besser als Block unterrichtet werden sollten.

Die Länge des Zeitabschnittes, für den geplant wird, ist grundsätzlich beliebig. Erfahrungsgemäß sind nicht zu lange Abschnitte zu wählen, da nahezu immer Revisionen der Planung erforderlich werden. Es ist zu empfehlen, die Abschnittsplanung dem Schuljahresrhythmus anzupassen und jeweils den Abschnitt zwischen längeren Ferienperioden zu planen.

Die Abschnittsplanung sollte für jede Stunde folgende Daten enthalten:

– Kurzangabe der Ziele mit Hinweis auf die zugehörige Einheit,
– vorläufige Auflistung der benötigten Geräte und Anlagen.

7.3 Beispiel eines Abschnittsplanes

Für den nachfolgenden Abschnittsplan (S. 62–68) waren die Lehreinheiten Handball, Bodenturnen, Verbesserung der motorischen Eigenschaften, Hindernisparcours und der Rest einer Lehreinheit zu den Stützsprüngen zu berücksichtigen. Der Abschnittsplan ist so konstruiert, dass die Einheit zur Planung eines Hindernisparcours als Block an das Ende des Abschnitts gelegt wurde, weil die prozessorientierte Anlage dieser Einheit eine Zergliederung über einen längeren Zeitraum nicht zulässt. Die übrigen Einheiten wurden so ineinander verzahnt, dass den äußeren Rahmenbedingungen und lerntheoretischen Erwägungen Rechnung getragen wurde. So wurde zum Beispiel darauf geachtet, dass für die Spielanteile innerhalb der Lehreinheit Handball die ganze Halle zur Verfügung steht.

Beispiel eines Abschnittsplanes

	Montag 3. u. 4. Stunde (rechtes Hallendrittel)	Donnerstag 5. Stunde (ganze Halle)
1. Woche		Handball: 10 Min. Prellen mit Handwechsel 20 Min. Schlagwurf aus dem Dreischritt-Rhythmus 10 Min. Aufsetzerball, Beachten der Regeln Nr. 5, 9 Geräte: 15 Handbälle, 11 Gymnastikbälle, Kreide Nachbesinnung:
2. Woche	Bodenturnen: 20 Min. Flugrolle 20 Min. Stützsprünge (Grätsche und Hocke am Bock) Motorische Eigenschaften: 40 Min. Gewandtheit, Gehen, Traben, Sprinten Sprungmuskulatur Geräte: 2 Weichböden, 12 Turnmatten, 4 Böcke, 4 Sprungbretter Nachbesinnung:	Handball: 15 Min. Kombination von Prellen und Schlagwurf 25 Min. Fallwurf in den Liegestütz mit Judorolle Fallwurf frontal (Differenzierung) Geräte: 2 Weichböden, 15 Handbälle, 11 Gymnastikbälle, 1 Handballtor Nachbesinnung:

	Montag 3. u. 4. Stunde (rechtes Hallendrittel)	Donnerstag 5. Stunde (ganze Halle)
3. Woche	Bodenturnen: 10 Min. Flugrolle in Verbindung mit Rolle vorwärts 15 Min. Handstand Handball: 10 Min. Prellen mit Handwechsel und Körpertäuschungen 30 Min. Fallwurf frontal u. zur Wurfarmseite (Differenzierung) Motorische Eigenschaften: 20 Min. Ausdauer (Lauf) Geräte: 12 Turnmatten, 15 Handbälle, 11 Gymnastikbälle, 1 Tor, 2 Weichböden, Stoppuhr Nachbesinnung:	Bodenturnen: 10 Min. Handstand in Verbindung mit Rolle vorwärts 15 Min. Rad (Differenzierung: Rad in Verbindung mit Rollen) Motorische Eigenschaften: 15 Min. Ausdauer (Lauf) Geräte: 12 Turnmatten Nachbesinnung:
4. Woche	Bodenturnen: 10 Min. Flugrolle in Verbindung mit Rolle vorwärts und rückwärts 10 Min. Rad 15 Min. Handstand in Verbindung mit Rolle vorwärts Stützsprünge: 15 Min. Grätsche und Hocke am quergestellten Kasten Motorische Eigenschaften: 20 Min. Ausdauer (Lauf) Geräte: 12 Turnmatten, 3 gr. Kästen, 3 Sprungbretter Nachbesinnung:	Handball: 30 Min. Sprungwurf 10 Min. Ball über die Schnur mit Torwurf Geräte: 4 Turnbänke, 15 Handbälle, 2 Sprungbretter, 2 Handballtore, 2 Sprungständer, 1 Zauberschnur Nachbesinnung:
5. Woche	Motorische Eigenschaften: 40 Min. Gewandtheit, Sprungmuskulatur, Zeitschätz- und Zeitvorgabeläufe Stützsprünge: 20 Min. Grätsche u. Hocke über den Kasten lang Motorische Eigenschaften: 20 Min. Ausdauer (Lauf) Geräte: 3 Kästen, 3 Sprungbretter, 3 Turnmatten, Stoppuhr Nachbesinnung:	Handball: 10 Min. Komplexe Aufgaben zum Prellen, Schlagwurf aus der Bewegung, Sprungwurf 15 Min. Parteiball, Kennenlernen der Regeln Nr. 6, 13 15 Min. Burgball, Kennenlernen der Regel Nr. 7, Beachten der Regeln Nr. 6, 7, 10, 13 Geräte: 15 Handbälle, 2 Böcke, 2 Medizinbälle, 12 Parteibänder Nachbesinnung:
6. Woche	Handball: 40 Min. Achterlauf, 2 : 4-Angriffsformation, Regel Nr. 11 Motorische Eigenschaften: 40 Min. Ausdauer (Lauf-Biathlon) Geräte: 4 Handbälle, Tafel und Kreide Nachbesinnung:	Bodenturnen: 20 Min. Übungsverbindung Motorische Eigenschaften: 20 Min. Ausdauer (Lauf) Geräte: 12 Matten Nachbesinnung:
7. Woche	Bodenturnen: 15 Min. Übungsverbindung Stützsprünge: 20 Min. Grätsche u. Hocke über den Kasten lang Motorische Eigenschaften: 40 Min. Gewandtheit, Sprung- und Rumpfmuskulatur, Ausdauer (Lauf) Geräte: 12 Turnmatten, 3 gr. Kästen, 3 Sprungbr. Nachbesinnung:	Handball: 15 Min. Schrittkombinationen zur Abwehrarbeit 25 Min. 3 : 2 : 1-Abwehrformation, Regeln Nr. 8, 12, 14 Geräte: 13 Handbälle, Magnettafel, 12 Parteibänder Nachbesinnung:

	Montag 3. u. 4. Stunde (rechtes Hallen-drittel)	Donnerstag 5. Stunde (ganze Halle)
8. Woche	Bodenturnen 30 Min. Lernerfolgstest Handball: 20 Min. Spiel auf ein Tor in der 2 : 4-An- griffsformation gegen eine 3 : 2 : 1-Abwehrformation Motorische Eigenschaften: 20 Min. Ausdauer (Intervalläufe) Geräte: 12 Turnmatten, 1 Handball, 1 Handballtor, Parteibänder Nachbesinnung:	Handball: 20 Min. Spiel auf ein Tor 20 Min. Handball unter Beachtung der erlernten Abwehr- und Angriffsformation und der Regeln Nr. 5–14 Geräte: 2 Handballtore, 1 Handball, Parteibän- der Nachbesinnung:
9. Woche	Motorische Eigenschaften: 20 Min. Ausdauer (Lauf) 60 Min. Kleine Spiele Geräte: 2 Bälle, Parteibänder Nachbesinnung:	Motorische Eigenschaften: 20 Min. Cooper-Test 20 Min. Kleine Spiele Geräte: Parteibänder, Softbälle, Stoppuhr Nachbesinnung:
10. Woche	Hindernisparcours: 80 Min. Verfahren zur Ermittlung moto- rischer Voraussetzungen Geräte: Nachbesinnung:	Hindernisparcours: 40 Min. Planung des Parcours Geräte: Nachbesinnung:
11. Woche	Hindernisparcours: 80 Min. Planung des Parcours Geräte: Nachbesinnung:	Hindernisparcours: 40 Min. Erkennen von Problemstellen an Bei- spielen des Lehrers Geräte: Nachbesinnung:
12. Woche	Hindernisparcours: 80 Min. Erproben und Verbessern des Parcours Geräte: Nachbesinnung:	Hindernisparcours: 40 Min. Erproben und Verbessern des Parcours Geräte: Nachbesinnung:

7.4 Spezielle Literatur

Siehe Kap. 6.4 und

Autorenkollektiv (Ltg. G. Stiehler): Methodik des Sportunterrichts. Berlin 1979.

Fetz, Friedrich: Allgemeine Methodik der Leibesübungen. Bad Homburg 1995.

8 Stundenziele formulieren

8.1 Funktion der Stundenzielformulierung

Mit der Erstellung des Abschnittsplanes ist die Planung der Makro-Struktur beendet. Die weitere Planungsarbeit bezieht sich auf einzelne Unterrichtsstunden, für die zunächst die Stundenziele als Feinziele zu formulieren bzw. lediglich aus dem Feinzielkatalog der Lehreinheit (vgl. Kap. 6.3) auszuwählen sind.

Lernziele für die einzelnen Unterrichtsstunden müssen festgelegt und formuliert werden, weil Unterricht ohne klare Zielorientierung orientierungslos bleibt und allzu häufig in einem ungewollten Durcheinander endet. Von daher ist die Erstellung von Stundenzielen als Feinziele aus mehreren Gründen nicht nur vorteilhaft sondern auch notwendig. Durch die Festlegung von Lernzielen für die einzelnen Stunden der Lehreinheit ist es möglich, sich an den längerfristig aufgestellten Perspektiven besser zu orientieren. Das eindeutige Formulieren der Stundenziele hilft die Inhalte der Stunden zu systematisieren und damit den Stundenablauf insgesamt schlüssiger zu planen. Darüber hinaus sind die Stundenziele Ausgangspunkt für die Methodenentscheidungen und Bezugspunkt für die spätere Unterrichtsanalyse. Letztlich dienen klar formulierte Stundenziele dem Lehrer auch dazu, den Schülern seine Absichten zu verdeutlichen und damit auch seine Unterrichtstätigkeit zu rechtfertigen.

8.2 Hinweise zum Formulieren der Stundenziele

Bei der Formulierung der Stundenziele kann weitgehend auf den Feinzielkatalog der Lehreinheit (vgl. Kap. 6.3) zurückgegriffen werden, so dass an dieser Stelle eigentlich kein neuer Schritt innerhalb des Planungsalgorithmus notwendig ist. Es müssen lediglich noch sog. Zwischenziele für einzelne Unterrichtsstunden formuliert werden, die in die Feinzielkataloge noch nicht eingearbeitet werden konnten. Denn dort wurden ausschließlich die Feinziele aufgelistet, die auf Grund der modifizierten Lernstrukturdiagramme unbedingt erreicht werden müssen, um das Grobziel realisieren zu können. So wird man z. B. auf Grund des vorliegenden Abschnittsplanes für die Lehreinheit Bodenturnen ein Stundenziel für die Teilfertigkeit „Flugrolle in Verbindung mit Rolle vorwärts" (vgl. Doppelstunde der dritten Woche) formulieren müssen, da dieser Inhalt für diese entsprechende Stunde vorgegeben ist.

Für die Formulierung selbst erscheint uns hierfür das Verfahren der operationalen Lernzielbestimmung nach Mager (1994) am geeignetsten. Danach soll eine Lernzielbeschreibung die folgenden drei Kriterien erfüllen:

1. Das *Endverhalten* ist so genau wie möglich zu beschreiben (keine Formulierungen benutzen, die unterschiedliche Interpretationen zulassen). Der Lehrer muss sich selbst die Frage stellen, was genau seine Schüler ausführen sollen, um nachzuweisen, dass sie das gesetzte Ziel erreicht haben.

2. Die *Bedingungen* und Hilfsmittel sind anzugeben. Hier muss sich der Lehrer die Frage stellen, welche Bedingungen er vorgeben will, unter denen die Schüler das gewünschte Endverhalten demonstrieren sollen.

3. Der Beurteilungsmaßstab muss festgesetzt werden (die untere Grenze der gewünschten Verhaltensäußerung der jeweiligen Lernstufe muss angegeben werden). Hier muss sich der Lehrer vor der Formulierung des Stundenziels die Frage beantworten, wie gut die Schüler das beschriebene Endverhalten ausführen sollen.

Anmerkung: Wie die umfangreiche Lernzieldiskussion ergeben hat, sind nicht alle Lernzielklassen in gleicher Weise geeignet, gemäß der oben dargestellten Kriterien operational formuliert zu werden. Dies gilt insbesondere für Lernziele aus dem affektiven Bereich (z. B. Einstellungen) und solche, die nur längerfristig quantifizierbar sind (z. B. Verbesserung der Ausdauer). In solchen Fällen kann auf die Präzisierung des Lernziels für die einzelne Stunde verzichtet werden, und es genügt die Angabe der Zielsetzung der Lehreinheit.

8.3 Beispiele für Stundenziele

Die folgenden Ziele sind formuliert für die Doppelstunde der 4. Woche, für die Einzelstunde der 7. Woche sowie für die Einzelstunde der 10. Woche und für die Doppelstunde der 11. Woche des Abschnittsplanes.

Doppelstunde der 4. Woche (vgl. S. 52):

Die Schüler können

1. ..... die Flugrolle in der Übungsverbindung Rolle vorwärts – Flugrolle – Strecksprung mit halber Drehung – Rolle rückwärts unter Beachtung folgender Bewegungsmerkmale auf einer Mattenbahn ausführen: beidbeiniger Absprung, kurze Flugphase, Kopf berührt beim Abrollen den Boden nicht, Aufrichten in den Stand ohne Gebrauch der Hände.

2. ..... ein Rad unter Beachtung folgender Bewegungsmerkmale auf dem Hallenboden ausführen: Nacheinander Aufsetzen der Arme und Beine auf einer Geraden, Arme gestreckt, Körperlängsachse durch die Senkrechte.

3. ..... den Handstand in der Übungsverbindung Rolle vorwärts-Handstand auf einer Mattenbahn unter Beachtung folgender Bewegungsmerkmale ausführen: gestreckte Arme, leichte Bogenspannung, Beine geschlossen, 1 Sekunde im Handstand stehen.

4. ..... die Grätsche und Hocke über den quergestellten Kasten springen (Üben und Festigen einer bereits erlernten Fertigkeit aus einer früheren Einheit).

5. Ausdauerschulung (vgl. Kap. 3.3, Grobziel Nr. 3).

Einzelstunde der 7. Woche (vgl. S. 52)

Die Schüler können

1. ..... folgende Übung in zwei Durchgängen in höchstens 20 Sekunden ausführen:

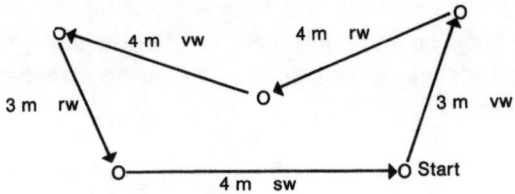

3 m diagonal vorwärts (Nachstellschritte), 4 m diagonal rückwärts (Nachstellschritte), 4 m diagonal vorwärts (Nachstellschritte), 3 m diagonal rückwärts (Nachstellschritte), 4 m Steppschritte seitwärts. Ein Fuß muss mindestens immer den Boden berühren. Die Hände werden in Abwehrbereitschaft gehalten.

2. ..... diese Schrittkombinationen in der 3 : 2 : 1-Abwehrformation demonstrieren.

3. ..... an der Magnettafel die 3 : 2 : 1-Abwehrformation erklären und die speziellen Aufgaben jedes einzelnen Abwehrspielers nennen (vgl. Kap. 4.3).

4. ..... die Regeln Nr. 5, 12 und 14 angeben.

Einzelstunde der 10. Woche und Doppelstunde der 11. Woche (vgl. S. 53):

Die Schüler können einen Hindernisparcours planen. (Dabei steht der Lehrer als Berater zur Verfügung.)

8.4 Spezielle Literatur

Boeckmann, Klaus (Hrsg.): Lernziele und Erfolgskontrolle. Bad Heilbrunn 1974.

Mager, Robert, F.: Lernziele und Unterricht. Weinheim 1994.

Möller, Christine: Technik der Lernplanung. Weinheim 1976.

Plößl, Walter: Lernziele, Lernerfahrungen, Leistungsmessung. Donauwörth 1973.

9 Methodenentscheidungen treffen

9.1 Funktion der Methodenentscheidungen

Bevor der Detailablauf einer Unterrichtsstunde festgelegt werden kann, sind eine Reihe von Entscheidungen zu treffen. Dazu gehört u.a. die Entscheidung für ein bestimmtes methodisches Vorgehen, ohne schon jeden einzelnen Schritt dieses Vorgehens festzulegen. Diese methodische Entscheidung wird in Übereinstimmung mit der methodischen Leitlinie getroffen, die auf der Ebene der Lehreinheit festgelegt worden ist. Sie muss korrespondieren mit den noch zu treffenden Entscheidungen im Bereich der Organisationsformen und Medien. Zweck dieser methodischen Entscheidung ist die Bestimmung der methodischen Grobstruktur des Unterrichtsablaufs.

9.2 Hinweise zur Methodenentscheidung

Das Ergebnis dieses Arbeitsvorganges soll eine begründete Entscheidung für das methodische Vorgehen in einzelnen Stunden sein. In Übereinstimmung mit der methodischen Leitlinie der Lehreinheit wird an dieser Stelle festgelegt, mit welchen methodischen Maßnahmen die Ziele dieser Stunde erreicht werden sollen.

Die Entscheidungen werden in Abhängigkeit von den institutionellen Voraussetzungen, den allgemeinen und speziellen Voraussetzungen der Schüler und dem unterrichtlichen Kontext getroffen (Methodenwechsel innerhalb des Gesamtplans). Es lässt sich jedoch keine eindeutige Ableitungsgesetzmäßigkeit angeben, die bei richtiger Beachtung zu dem jeweils allein richtigen methodischen Vorgehen führt. Es kommt vielmehr darauf an, zunächst einmal aufgrund des Lernzieles und der Schülervoraussetzungen die geeigneten Methoden auszuwählen. Unter den geeigneten Methoden sind dann diejenigen festzulegen, die von den institutionellen Voraussetzungen her möglich sind und in den Unterrichtskontext unter dem Gesichtspunkt des Methodenwechsels passen.

9.3 Beispiele für Methodenentscheidungen

Doppelstunde der 4. Woche (vgl. S. 52):

Flugrolle: Da die Flugrolle in einer vorgegebenen Übungsverbindung geturnt werden soll, wird diese durch Bewegungsanweisungen schrittweise aufgebaut (deduktives Verfahren). Die Verbesserung der Koordination wird durch pauschale und individuelle Korrekturhinweise angestrebt.

Rad und Handstand: Diese Fertigkeiten werden von allen Schülern in der Grobform beherrscht, so dass nur noch individuell unterschiedliche Bewegungsfehler durch Einzelkorrekturen behoben werden müssen.

Grätsche und Hocke: Da die Ausführung dieser Fertigkeiten vor zwei Wochen am Bock einige elementare Bewegungsfehler (Absprung und Stützphase) aufwies, ist eine Verdeutlichung der Bewegungsmerkmale notwendig. Dies geschieht in einem Lehrgespräch, weil die Schüler bereits Kenntnisse darüber haben, die aktualisiert werden sollen. Die Verbesserung der Koordination erfolgt durch Korrekturhinweise.

Ausdauerschulung: Aus Gründen der Motivationserhaltung wird die Methode des Fahrtspiels angewandt.

Einzelstunde der 7. Woche (vgl. S. 52):

Handball: Das aufgestellte Feinziel kann in der zur Verfügung stehenden Zeit nur durch ein deduktives (normengeleitetes) Verfahren erreicht werden, da hierbei Umwege im Lernprozess von vornherein ausgeschaltet werden.

Auch das elementenhaft-synthetische Verfahren, das am ehesten der Deduktion entspricht, kommt in dieser Stunde zur Anwendung; aus dem komplexen Spielgebilde Handball werden technische und taktische Elemente herausgelöst und gesondert erlernt. Diese herausgelösten Teilsequenzen wiederum werden in einem ganzheitlichen Verfahren gelehrt, da diese Lehrinhalte (Nachstellschritte) nicht so komplex sind.

Aus diesen methodischen Verfahrensweisen begründet sich die Auswahl der methodischen Maßnahmen. Der Lernprozess wird durch Bewegungsanweisungen, unterstützt durch Lehrervorbild, in Gang gesetzt. Aufgrund des Eigenkönnens des Lehrers erscheint dieser Weg am zweckmäßigsten; Bewegungskorrekturen werden sowohl pauschal an alle Schüler als auch in Einzelgesprächen gegeben, um den gesamten Übungsablauf nicht ständig zu unterbrechen. Als zusätzliche methodische Maßnahme ist die Verwendung rhythmisierender akustischer Bewegungshilfen vorgesehen.

Die 3 : 2 : 1-Abwehrformation wird dann mit den speziellen Aufgaben der einzelnen Abwehrspieler zuerst an der Tafel erklärt und anschließend am Torraum demonstriert. Auch in dieser Phase wird mit Bewegungsanweisungen gearbeitet. Die Schüler erhalten Bewegungskorrekturen und üben unter erleichterten Bedingungen, die allmählich abgebaut werden; es findet eine sukzessive Annäherung an die reale Spielsituation statt. Die Regeln werden an simulierten Spielsituationen erarbeitet.

Einzelstunde der 10. Woche (vgl. S. 53):

Gemäß der methodischen Grundsatzentscheidungen in der Lehreinheit wird das Ziel dieser Stunde induktiv über die Aufgabenstellung „Plant einen Hindernisparcours, den alle Schüler der Klasse bewältigen können" angegangen. Als besondere methodische Maßnahme werden Unterrichtsgespräche zur Zieldiskussion, zur Geräte- und Übungsauswahl und zur Organisationsplanung vorbereitet.

9.4 Spezielle Literatur

Vergleiche hierzu auch Teil II, Kap. 5 „Methodik des Sportunterrichts"

Autorenkollektiv (Ltg. G. Stiehler): Methodik des Sportunterrichts. Berlin 1979.

Bielefelder Sportpädagogen: Methoden im Sportunterricht. Schorndorf 1998.

Fetz, Friedrich: Allgemeine Methodik der Leibesübungen. Bad Homburg 1995.

Größing, Stefan: Einführung in die Sportdidaktik. Wiesbaden 1997.

Heymen, N.; Leue, W.: Lernen im Sport mit methodischen Reihen. Baltmannsweiler 1986.

10   Medienentscheidungen treffen

10.1 Funktion der Medienentscheidungen

Der Einsatz von Unterrichtsmedien im Sportunterricht ist vor allem aus folgenden Gesichtspunkten zu begründen: Aufgabe der Medien ist es, Informationen an die am Unterrichtsprozess beteiligten Personen über Ziele, Inhalte und Organisation zu übermitteln. Der Einsatz von Medien bei sportmotorischen Lernprozessen dient vorwiegend der Sollwert-Vorgabe (Darstellung des richtigen Bewegungsablaufs), d.h. Unterstützung zur Erzeugung eines Bewegungsentwurfs im Lernenden. Einige Medien können auch zur Rückmeldung über den jeweiligen Lernzustand eingesetzt werden (z.B. Video-Recorder). Daneben können Medien auch eine motivierende Wirkung auf den Schüler haben.

Medien können personengebunden (z.B. Vormachen durch den Lehrer) oder nicht personengebunden sein (z.B. technische Medien wie Film, Bildreihe usw.). Technische Medien haben den Vorteil, dass die Information jederzeit in gleicher Qualität reproduzierbar ist und dass der Lehrer in bestimmten Lehrfunktionen (z.B. Vormachen) entlastet wird und sich daher mehr um die individuellen Belange und Bedürfnisse der Schüler kümmern kann.

Die Entscheidung über den Einsatz von Medien ist so zu treffen, dass die Lehrtätigkeit des Lehrers und das Lernen der Schüler optimal unterstützt und die Unterrichtsstunde möglichst rationell und effektiv gestaltet wird.

10.2 Hinweise zur Medienentscheidung

Der Einsatz von Medien hängt zunächst von den institutionellen Gegegebenheiten ab. Unter den zur Verfügung stehenden Medien sind diejenigen auszuwählen, die den Lernprozess am besten unterstützen. Dabei muss allerdings die Nutzen-Aufwand-Relation beachtet werden (mitunter wird man auf den Einsatz eines an sich überlegenen Mediums wegen des hohen Aufwandes verzichten). Eine besondere Rolle für die Medienentscheidung spielt auch die Aufnahmefähigkeit der jeweiligen Adressatengruppe.

Die Auswahl der Medien für die einzelne Stunde ist in Übereinstimmung mit dem Medienkonzept der Lehreinheit zu treffen.

10.3 Beispiele für Medienentscheidungen

Doppelstunde der 4. Woche (vgl. S. 52):

Bei den Bewegungsfertigkeiten Flugrolle, Rad und Handstand werden im Rahmen der Einzelkorrektur Lehrbildreihen (DIN A 4; an der Hallenwand befestigt) zur Verdeutlichung der Bewegungsknotenpunkte eingesetzt.

Einzelstunde der 7. Woche (vgl. S. 52):

Zur Erklärung der Abwehrformation wird eine Magnettafel eingesetzt.

Einzelstunde der 10. Woche (vgl. S. 53):

Für die selbständigen Planungsarbeiten der Schüler werden eine Magnettafel und Grundrißzeichnungen der Halle zur Verfügung gestellt.

10.4 Spezielle Literatur

Vergleiche hierzu auch Teil II, Kap. 6 „Medien im Sportunterricht"

Boeckmann, Klaus; Heymen Norbert: Unterrichtsmedien selbst gestalten. Neuwied 1990.
Kirsch, August: Medien im Sportunterricht und Training. Schorndorf 1984.

11   Organisationsformen festlegen

11.1 Funktion der Organisationsformen

Die Organisationsformen sind in ihrer ständigen Wechselbeziehung zu den anderen Planungspunkten ein wesentlicher Bestandteil der didaktischen Entscheidung, da sich Inhalte, Ziele und methodische Maßnahmen nur in bestimmten Organisationsformen verwirklichen lassen.

Die Organisationsformen regeln das Neben-, Mit- und Nacheinander der Schüler während des Übungsablaufs und sollen eine möglichst reibungslose und unfallfreie Durchführung des Unterrichts gewährleisten. Für eine rationelle Gestaltung des Unterrichts ist eine intensive Beschäftigung mit diesem Planungspunkt erforderlich. Überlegungen zum Ordnungsrahmen zwingen den Lehrer, die Anzahl der Schüler, ihre Verteilung im Raum und die Anordnung der Geräte zu berücksichtigen. Ein gut gewählter Ordnungsrahmen ist zudem ein wesentlicher Bestandteil der Sicherheitsmaßnahmen.

Für den erfolgreichen Ablauf einer Unterrichtsstunde ist der Ordnungsrahmen von großer Bedeutung.

11.2 Hinweise zum Festlegen von Organisationsformen

Die organisatorische Planung von Sportunterricht hängt in besonderem Maße von den institutionellen Voraussetzungen ab. Diese räumlichen, materiellen und organisatorischen Gegebenheiten sind im 1. Kapitel ausführlich dargestellt worden. Daneben sind die allgemeinen Voraussetzungen der Schüler zu berücksichtigen. Dabei wirken sich vor allem Selbständigkeit, Disziplin und Kenntnis von Ordnungsformen aus. Um den Ordnungsrahmen möglichst optimal den Zielsetzungen anzupassen, muss der methodische Aufbau der Unterrichtsstunde ebenfalls berücksichtigt werden. Demnach ist die Wahl des Ordnungsrahmens z.B. von der Überlegung abhängig, ob der Lehrer mit einer Entwicklungsreihe, mit Zusatzaufgaben oder mit stark differenzierenden Maßnahmen arbeiten will oder ob die Schüler auf induktivem Wege selbständig nach Lösungen suchen sollen.

Hilfreich ist für den Lehrer bei der Planung die Erstellung einer Skizze, in der er die Anordnung der Geräte und die Aufstellung der Schüler festlegt. Hierbei sollen Auf- und Abbau, d.h. ökonomischer Transport der Geräte, berücksichtigt werden. Auch der Standort des Lehrers lässt sich anhand dieser Skizze leichter bestimmen; er sollte so ausgewählt werden, dass ein guter Überblick jederzeit gewährleistet ist und verbale Anweisungen deutlich verstanden werden können.

11.3 Beispiele für die Festlegung von Organisationsformen

Doppelstunde der 4. Woche (vgl. S. 52):

Aufwärmarbeit: freie Aufstellungsform und freies Bewegen in der Halle

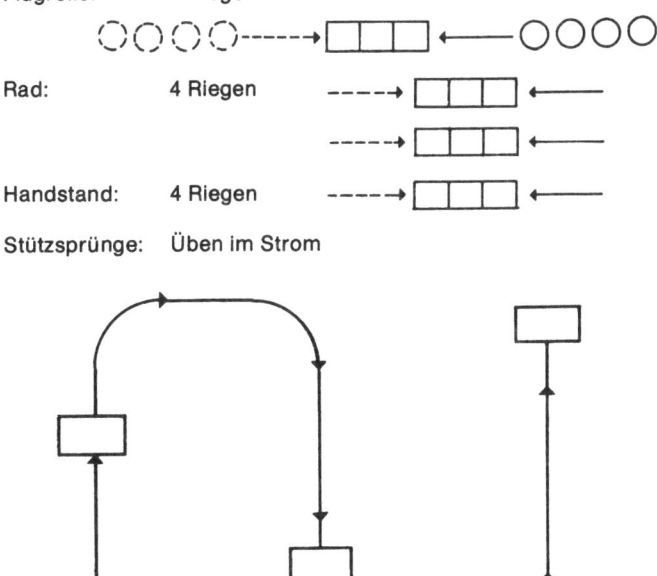

Stützsprünge: Üben im Strom

Ausdauerschulung: Laufen im Klassenverband

Die Organisationsformen sind nicht nur nach rationellen Gesichtspunkten ausgewählt, sondern auch aus dem Aspekt der Motivationserhaltung durch Ab-
wechslung in der Organisation.

Einzelstunde der 7. Woche (vgl. S. 52):

Schrittkombinationen: a) Aufstellen in einer Reihe,
Bewegen quer durch die Halle
b) 4 Gruppen zu je 7 Schülern

3:2:1-Abwehrformation: a) 4 Spielgruppen
b) Frontalunterricht an der Tafel
c) 4 Mannschaften; 2 spielen jeweils auf ein Tor

Einzelstunde der 10. Woche (vgl. S. 53):

Aufgrund der offenen Handlungssituation kann kein fester Ordnungsrahmen
vorgegeben werden.

11.4 Spezielle Literatur

Vergleiche hierzu auch Teil II, Kap. 7 „Organisationsformen im Sportunterricht"

Autorenkollektiv (Ltg. G. Stiehler): Methodik des Sportunterrichts. Berlin 1979.

Fetz, Friedrich: Allgemeine Methodik der Leibesübungen. Bad Homburg 1995.

Günzel, Werner: Probleme der Differenzierung und Organisation des Sportunterrichts. In: Taschenbuch des Sportunterrichts. Günzel, W., S. 164–182. Baltmannsweiler 1985.

Kirsch, August: Grundriß des Sportunterrichts. Bochum 1975.

Koch, Karl; Mielke, Wilhelm: Die Gestaltung des Unterrichts in der Leibeserziehung. Schorndorf 1977.

12 Unterrichtsablauf festlegen

12.1 Funktion der Festlegung eines Unterrichtsablaufs

Die Anfertigung der Verlaufsplanung ist der eigentliche Kern der gesamten Planungsarbeit. Alle vorhergehenden Entscheidungen und Planungsarbeiten werden im Hinblick auf die Verlaufsplanung geleistet.

Die Verlaufsplanung gibt den geplanten Ablauf einer Unterrichtsstunde lückenlos wieder. Es werden die Aufgabenstellungen an die Schüler, die Organisationsformen, die methodischen Maßnahmen und die jeweiligen Zielsetzungen der einzelnen Lehr- /Lernschritte angegeben. Folglich werden hier die in den Kapiteln neun, zehn und elf bereits pauschal auf die Ziele der Stunde bezogenen Entscheidungen in eine minutiöse Abfolge gebracht.

Wenn keine Störgrößen während des Unterrichts auftreten und die Vorgaben auf seiten der Schüler, der Lehrer und der Institution richtig eingeschätzt werden, so entspricht der tatsächliche Unterrichtsablauf genau der Verlaufsplanung. (Dies ist in der Praxis jedoch ein kaum eintretender Idealfall). Im Rahmen der Lehrerausbildung verfolgt die Verlaufsplanung noch einen weiteren Zweck. Bei der Planung des Unterrichtsablaufs ist der Anfänger gezwungen, die einzelne Unterrichtsstunde mental durchzuprobieren und auch Details zu durchdenken. Ferner dient die Verlaufsplanung bei Unterrichtsbesichtigungen der Kommunikation zwischen Lehrer und Beobachtern des Unterrichts.

Das hier vorgestellte Schema zur Verlaufsplanung ist als Ausbildungsinstrument anzusehen, das in dieser Ausführlichkeit nicht routinemäßig von ausgebildeten Lehrern genutzt werden wird.

Die Verlaufsplanung wird aufgrund bestimmter Annahmen über das zu erwartende Schülerverhalten erstellt. Verhalten sich die Schüler anders als erwartet, so sind Abweichungen von der Planung nicht nur zulässig, sondern zwingend.

12.2 Hinweise zum Festlegen eines Unterrichtsablaufs

Die Anfertigung einer Verlaufsplanung ist z. T. ein Umsetzen der getroffenen Entscheidungen über Methoden, Medien und Organisationsformen in den zeitlichen Ablauf einer Unterrichtsstunde. Die wesentliche didaktische Leistung bei der Planung des Ablaufs ist in der Konzipierung der einzelnen Lehr- / Lernschritte zu sehen unter Beachtung der Bedingungsfeldfaktoren und der getroffenen Entscheidungen über Methoden, Medien und Organisationsformen. (Da generelle Hinweise für die Erstellung einer Verlaufsplanung, die über formale Aspekte hinausgehen, kaum möglich sind, sei auf die nachfolgenden Beispiele verwiesen.)

Von besonderer Bedeutung für die Verlaufsplanung sind sogenannte Verzweigungspunkte. Darunter werden Punkte des Unterrichtsablaufs verstanden, an denen zumindest die Wahrscheinlichkeit einer eventuellen Änderung des Unterrichtsablaufs besteht. An solchen Punkten sollte zumindest skizziert werden, unter welchen Bedingungen in welcher Weise vom geplanten Ablauf abgewichen wird.

Für die Planung offener Handlungssituationen müssen derartige Entscheidungsspielräume für den Lehrer besonders beachtet werden. Das bedeutet, dass für diese Art von Stunden (prozessorientiert) eine besonders intensive gedankliche Planungsarbeit notwendig ist. Der Lehrer muss auf sehr viele unterschiedliche Reaktionsmöglichkeiten der Lerngruppe vorbereitet sein, um mit adäquaten Impulsen, Einhilfen, Beratungen o. ä. den Prozess der Zielfindung weiter voranzutreiben.

12.3 Beispiele für die Festlegung von Unterrichtsabläufen

Doppelstunde der 4. Woche (vgl. S. 52):

Zeit	Unterrichtsablauf	Didaktischer Kommentar
10'	1. Begrüßung und Bekanntgabe der Stundenthemen.	
	2. Jeder Schüler holt sich einen Gymnastikball.	
	3. Bewegungsanweisung: Prellen des Balles bei freier Bewegung in der Halle.	Die Aufwärmarbeit wird mit Bällen durchgeführt, um erlernte Fertigkeiten der Handballeinheit zu festigen.
	4. Bewegungsanweisungen: Prellen im Lauf, im Hopserlauf, im Seitgalopp (jeweils ca. 30 Sek.).	
	5. Schüler bilden Paare (frei in der Halle verteilt). Einer von beiden bleibt stehen, der andere prellt so schnell wie möglich um 10 Mitschüler herum und kehrt zu seinem Partner zurück. Partnerwechsel; dasselbe.	Schüler sollen bewusst auf Handwechsel achten, d.h. ihren Körper immer zwischen Ball und Mitspieler bringen.
	6. Bälle wegbringen.	

Zeit	Unterrichtsablauf	Didaktischer Kommentar
20'	7. Aufstellen in 4 Riegen: jede Riege baut eine Mattenbahn aus 3 Matten auf.	
	8. Bewegungsanweisung: Zwei kleine Rollen vorw.; Schüler bleiben wie auch in den nachfolgenden Übungen auf der entgegengesetzten Seite stehen. Lehrer gibt durch Zurufe Korrekturen.	Korrekturen werden nur in Einzelfällen notwendig sein, da es sich um bereits erlernte Bewegungsfertigkeiten handelt.
	9. Rolle vorw. – Flugrolle; 2 Durchgänge; Lehrer achtet besonders auf die Ausführung der Flugrolle und gibt Einzelkorrekturen mit Hilfe der Lehrbildreihe.	
	10. Rolle vorw. – Flugrolle – Strecksprung; Lehrer achtet auf flüssigen Bewegungsablauf und gibt nach dem Durchgang Pauschalhinweise.	Hinführung zum Lernziel Lehrer entscheidet, ob zusätzlicher Durchgang erforderlich ist.
	11. Rolle vorw. – Flugrolle – Strecksprung mit halber Drehung – Rolle rückw.; mehrere Durchgänge. Lehrer beobachtet jeden Schüler mindestens zweimal und korrigiert.	Der letzte Durchgang ist gleichzeitig Lernerfolgskontrolle.

Zeit	Unterrichtsablauf	Didaktischer Kommentar
10'	12. Im Lehrgespräch werden Bewegungsmerkmale des Rades verdeutlicht.	Schüler sollen zur verbalen Mitarbeit angeregt werden.
	13. Schüler üben das Rad auf dem Hallenboden zwischen den Mattenbahnen. Lehrer korrigiert individuell mit Hilfe der Lehrbildreihe.	
15'	14. Riegen werden geteilt und sitzen sich an den Mattenbahnen gegenüber. Aufschwingen ins Handstehen mit Partnerhilfe auf den äußeren Matten. 4 Durchgänge Lehrer korrigiert individuell mit Hilfe der Lehrbildreihe.	Erhöhung der Übungseffektivität.
	15. Riegen wieder auf einer Seite der Mattenbahnen. Lehrerdemonstration (Rolle vw. – Aufschwingen ins Handstehen) mit Hinweis auf wichtige Bewegungsmerkmale (Übergang von Rolle ins Handstehen). Schüler üben mehrere Durchgänge. Lehrer beobachtet jeden Schüler mindestens einmal und korrigiert.	Lehrervorbild soll motivieren.

Zeit	Unterrichtsablauf	Didaktischer Kommentar
15'	16. Schüler werden zu folgendem Geräteaufbau eingeteilt:	
	K1 K3 K2	
	17. Schüler versammeln sich in der Hallenmitte und setzen sich. Lehrgespräch: Bewegungsmerkmale der Hocke. Lehrerdemonstration Organisation der Sicherheitsstellung (zwei Schüler je Gerät, nach jedem Durchgang Wechsel).	Schüler sind bereits in die Sicherheitsstellung eingewiesen.
	18. Üben im Strom; 2 Durchgänge Lehrer gibt an Gerät K 3 Korrekturen.	Korrekturen an K 3, um den Übungsfluß nicht zu unterbrechen.
	19. Lehrgespräch: Bewegungsmerkmale der Grätsche.	
	20. Wie 18.	
	21. Schüler bauen Geräte ab.	
20'	22. Schüler ziehen Trainingsanzug an; Fahrtspiel auf dem Schulgelände; Lehrer läuft mit und bestimmt Lauftempo.	Beteiligung des Lehrers wegen richtiger Tempodosierung und aus Gründen der Motivation. Bei starkem Regen oder Schnee wird Rollball in der Halle gespielt.

Einzelstunde der 7. Woche (vgl. S. 52):

Zeit	Unterrichtsablauf	Didaktischer Kommentar
15'	1. Begrüßung und Bekanntgabe der Stundenthemen.	
	2. Schüler stellen sich nebeneinander auf die Seitenauslinie des Handballfeldes.	
	3. Bewegungsanweisungen: Hopserlauf, Nachstellschritte mit Armeinsatz. Jeweils quer durch die Halle und zurück.	Aufwärmen mit Elementen des individuellen Abwehrverhaltens.
	4. Einteilen in 4 Gruppen; jede Gruppe baut 5 Medizinbälle wie folgt auf:	4 Gruppen zur Erhöhung der Übungsintensität. Gruppen bleiben bis zum Ende der Stunde bestehen.
	5. Schüler stellen sich um einen Geräteaufbau auf. Lehrer demonstriert Abwehrschrittkombinationen (vgl. Stundenziele)	
	6. Schüler üben gruppenweise, bis Lehrer unterbricht. Lehrer beobachtet jede Gruppe, korrigiert und gibt akustische Hilfen (Zuruf, Handklatsch) mit allmählicher Temposteigerung.	
	7. Schüler bringen Medizinbälle weg.	

Zeit	Unterrichtsablauf	Didaktischer Kommentar
5'	8. Lehrer erläutert an der Magnettafel die 3:2:1-Abwehrformation (Aufstellung und Aufgaben der einzelnen Spieler).	
20'	9. Schüler üben Abwehrformation; je zwei Gruppen vor einem Tor (je eine Gruppe mit Parteibändern; jede Angriffsgruppe einen Handball). Dabei übernimmt jeweils eine Gruppe für 7 Minuten Abwehr- bzw. Angriffsarbeit; dann Wechsel. Lehrer beobachtet und unterbricht bei falschem Abwehrverhalten, um auf Fehler hinzuweisen.	Eventuell erneutes Erklären an der Magnettafel.
	10. Lehrer erläutert jeweils für zwei Gruppen an simulierten Spielsituationen die Regeln 5, 12 und 14. Die anderen beiden Gruppen üben unterdessen weiter.	
	11. Zwei Schüler sammeln Parteibänder ein; ein Schüler räumt die Handbälle weg.	

Einzelstunde der 10. Woche (vgl. S. 53)

Zeit	Unterrichtsablauf	Didaktischer Kommentar
25'	1. Begrüßung	
	2. Aufgabenstellung: „Plant einen Hindernisparcours, den alle Schüler der Klasse bewältigen können."	
	3. Unterrichtsgespräch zur Aufgabenstellung	Zieldiskussion und Klärung von Verständnisfragen
	4. Unterrichtsgespräch zur Vorgehensweise und Erstellung eines Arbeitsplanes. Magnettafel und Grundrißzeichnungen der Halle werden zur Verfügung gestellt.	Lehrer hält sich weitgehend zurück. Er gibt eventuell Hinweise auf Möglichkeit der Gruppenarbeit und verhindert schwerwiegende Planungsfehler.
3'	5. Lehrer weist darauf hin, dass dieser Arbeitsplan in der kommenden Doppelstunde umgesetzt werden soll.	Transparentmachen des Prozessverlaufs
10'	6. Spiele nach Wahl der Schüler	Freudvoller Abschluss und Sicherstellung eines notwendigen Bewegungsanteils.

12.4 Spezielle Literatur

Koch, Karl; Mielke, Wilhelm: Die Gestaltung des Unterrichts in der Leibeserziehung. Schorndorf 1977.

Koch, Karl; Meyners, Eckart: Unterrichtsplanung, Unterrichtsbeobachtung, Unterrichtsbeurteilung. Schorndorf 1977.

Kruber, Dieter: Die Sportstunde. Heinsberg 1995.

Oberbeck, Heinz: Moderne Unterrichtsgestaltung. Sport in der Grund- und Hauptschule. Dornburg 1973.

13 Unterrichtsauswertung durchführen

13.1 Funktion der Unterrichtsauswertung

In der fachspezifischen Literatur finden wir ein sehr großes und weitgefächertes Angebot über Unterrichtsplanung und Möglichkeiten zur Realisation, weniger dagegen über Unterrichtsauswertungen, Nachbereitungen, über Unterrichtsanalysen schlechthin. Es mag zum Teil daran liegen, dass der Unterrichtsprozess als ein von sehr vielen Komponenten abhängiges Geschehen – wie wir es auch dargestellt haben – sich schwer einer „das Ganze" erfassenden Analyse unterziehen lässt. Dies wird um so problematischer, wenn der Unterrichtende allein über seine Unterrichtstätigkeit reflektieren soll.

Eine Unterrichtsauswertung ist unbedingt erforderlich, da sie im Zusammenhang mit der Planung und der Realisation erst ein vollständiges Gebilde ergibt und zur „kritischen Reflexion des eigenen Tuns" erzieht (Koch u. Meyners, 1976, S. 159). Außerdem erfüllt sie den Zweck, das Schülerverhalten einzuschätzen und das Lehrerverhalten zu analysieren. Hieraus ergeben sich wichtige Punkte für die Optimierung des Lehrer-Schüler-Verhältnisses, was für den Lernprozess von großer Bedeutung ist. Weiterhin wird an dieser Stelle über den Inhalt und über die methodischen und organisatorischen Maßnahmen kritisch reflektiert und analysiert, ob sie geeignet waren, das Feinziel zu erreichen. Mit der Überprüfung der Lernzielverwirklichung ergeben diese Punkte eine wichtige Grundlage für die detaillierte Planung und Vorbereitung der folgenden Unterrichtsstunde.

Gerade bei Unterrichtsstunden aus Lehreinheiten mit offenen Handlungssituationen ist die nachbereitende Auswertung eine unabdingbare Notwendigkeit, da nicht erwartete Varianten in das Konzept des Lehrers eingearbeitet werden müssen.

13.2 Hinweise zur Unterrichtsauswertung

Da in der Unterrichtspraxis eine ausführliche Unterrichtsauswertung aus Zeitmangel oft nicht möglich ist, muss der Lehrer meist global und subjektiv nach seinem Empfinden beurteilen, ob die Realisation seiner Planung entsprechend verlaufen ist oder nicht. Dabei werden zwangsläufig wichtige Aspekte außer acht gelassen, die zur kritischen Einschätzung und Analyse der Stundenrealisation notwendig wären.

Um dies zu vermeiden, sollten folgende Fragestellungen vom Lehrer nach der Unterrichtsstunde beachtet werden:

1. Zum Lehrerverhalten:

   War der Standort des Lehrers immer richtig gewählt?

Waren die verbalen Äußerungen immer klar und verständlich, die Demonstrationen exakt?

Ging der Lehrer auch individuell auf die Schüler ein?

2. Zum Schülerverhalten:

Wie war die Disziplin und Mitarbeit?

Worin sind die Ursachen für unerwartetes Verhalten der Schüler zu suchen?

War die reale Übungszeit für die Schüler ausreichend?

3. Zum methodischen Aufbau der Stunde:

Waren die methodischen Maßnahmen dem Ziel und Inhalt der Stunde angepasst?

Welche Korrekturmöglichkeiten wählte der Lehrer?

Traten unvorhergesehene Schwierigkeiten auf und mit welchen methodischen Maßnahmen wurde ihnen begegnet?

4. Zu den Organisationsformen und zum Einsatz von Unterrichtsmedien:

Entsprach der zeitliche Verlauf der Stunde der Planung?

Wurde dem Leistungsstand der Klasse entsprechend sinnvoll differenziert?

Erlaubte der gewählte Ordnungsrahmen einen reibungslosen Übungsablauf?

Waren Auf- und Abbau der Geräte gut organisiert?

Entsprach die Auswahl der Unterrichtsmedien der Thematik und dem Adressatenkreis?

5. War die Auswahl des Stoffes der Zielsetzung angemessen?

Entsprachen Umfang und Schwierigkeiten des Stoffangebotes dem Adressatenkreis?

Standen Umfang und Inhalt der einzelnen Stundenteile in einem günstigen Verhältnis?

Hat eine Lernzielüberprüfung stattgefunden, ist das Lernziel erreicht worden?

Wie schon oben erwähnt, wird der Lehrer diese Fragenkomplexe nach jeder einzelnen Stunde nur gedanklich nachvollziehen können; eine exakte schriftliche Unterrichtsauswertung sollte dagegen nach jeder Lehreinheit erfolgen.

Die Unterrichtsauswertung ist also zum einen auf die augenblickliche Standortbestimmung und zum anderen auf die Planung der nächsten Stunden gerichtet.

13.3 Spezielle Literatur

Autorenkollektiv (Ltg. G. Stiehler): Methodik des Sportunterrichts. Berlin 1974.

Balz, Eckart: Wie wird Sportunterricht ausgewertet? In: Methoden im Sportunterricht. Bielefelder Sportpädagogen, S. 203–217. Schorndorf 1998.

Koch, Karl; Meyners, Eckart: Unterrichtsplanung, Unterrichtsbeobachtung, Unterrichtsbeurteilung. Schorndorf 1976.

14 Beispiel eines kompletten Unterrichtsentwurfes

Die vorangehenden Kapitel haben die einzelnen Entscheidungs- und Planungs-vorgänge ausführlich beschrieben. An dieser Stelle soll ein Entwurf im Zusammenhang beispielhaft dargestellt werden. Dabei werden zwei Versionen vorgestellt, die sich deutlich in ihrer Ausführlichkeit unterscheiden.

Die ausführliche Version enthält nicht nur den Unterrichtsablauf, sondern auch eine Beschreibung der Entscheidungsergebnisse und deren Begründung. Sie ist für den in der Ausbildung befindlichen Lehrer bestimmt. Die Ausführlichkeit ist erforderlich, da der Entwurf nicht nur Gedächtnisstütze für den Lehrer selbst ist, sondern auch Kommunikationsgrundlage für eine Analyse der Unterrichtsplanung durch Lehrer und Ausbilder.

Die zweite Version wird in der Regel bei bereits routinierten Lehrern zur Anwendung kommen, da der Entwurf hier nur noch Gedächtnisstütze sein muss.

Erstes Beispiel

Schule: ......
Klasse: 3a

Datum: ......
Lehrer: ......

1. Lehreinheit: Kraulschwimmen
2. Stundenthemen: Kraulbeinschlag
                    Sprünge vom 1 m- und
                    vom 3 m-Brett
3. Lernziele: Die Schüler können eine mindestens 10 m lange Strecke im Lehr-schwimmbecken unter Verwendung der Hilfsmittel Schwimmbrett und Schwimmflossen durchschwimmen (gestreckte Brustlage mit Kraulbein-schlag, Ausatmung ins Wasser).
4. Hinweise zum Bewegungsablauf:
   (Hier wird nur der Kraulbeinschlag als Hauptteil dieser Stunde beschrieben. Die Gesamtbewegung wird am Beginn der Einheit beschrieben. Literatur zum Bewegungslauf vgl. Counsilman, 1971.)
   Der Beinschlag wird als Wechselschlag ausgeführt.
   Es folgt nun die Detailbeschreibung für ein Bein:
   Vom höchsten Punkt aus (Fuß an der Wasseroberfläche) wird zunächst der Oberschenkel nach unten gedrückt, wobei das Knie gebeugt wird; dadurch bleibt der Fuß zunächst an der Wasseroberfläche. Durch die Oberschenkel-bewegung wird der bedeutend schneller ausgeführte Abwärtsschlag des Un-terschenkels ausgelöst (gestreckter Fuß). Durch die schnellkräftige Abwärts-bewegung des Unterschenkels wird die Kniestreckung und damit der tiefste

Punkt erreicht. Das Bein wird gestreckt nach oben geführt. Kurz bevor der Fuß den höchsten Punkt erreicht hat, beginnt die erneute Abwärtsbewegung des Oberschenkels.

5. Zur Methode:

Die methodische Grundlage dieser Planung geht für das Kraulschwimmen vom Prinzip „Lernen durch Imitation", unterstützt durch Bewegungsanweisungen, aus, da der Bewegungsablauf wenig komplex und nach optischer Informationsaufnahme unmittelbar nachvollziehbar ist. Eine ausschließliche Verwendung der Bewegungsanweisung erscheint wegen der zahlreichen Detailelemente des Bewegungsablaufs (z.B. abschließender Unterschenkelschlag) nicht ratsam, da dann die Anweisungen die Aufnahmekapazität des Bewusstseins überschreiten könnten. Eine Verkürzung der Anweisungen (z.B. „Schlage die Beine auf und ab!") fordert zu viele Bewegungsfehler beim Neulernen heraus (z.B. fixiertes Kniegelenk). Bei auftretenden Fehlern werden sowohl Pauschal – als auch Individualkorrekturen gegeben.

6. Medien:

Es stehen keine Filme usw. zur Verfügung. Die Informationsvermittlung erfolgt durch Lehrerdemonstration und verbale Erläuterungen.

7. Organisationsform:

Um organisatorisch bedingte Zeitverluste zu minimieren, wurde ein Wechsel der Organisationsformen nach Möglichkeit vermieden.

In den Phasen der Neueinführung wird in 4 Riegen und in der Phase des individuellen Übens ohne feste Organisationsform unterrichtet. Bei den abschließenden Sprüngen vom 1 m- und 3 m-Sprungbrett wird gemäß Sprunganlage in 2 Gruppen unterrichtet.

8. Benötigte Geräte und Materialien:

... Paar Schwimmflossen
... Schwimmbretter
Lehrschwimmbecken
2 Bahnen des Schwimmbeckens
1 m- und 3 m-Sprungbrett (10 Minuten)

9. Verlaufsplanung

Zeit	Unterrichtsablauf	Didaktischer Kommentar
5'	1. Einteilung der Schüler in 4 Riegen, Aufstellung an der Treppe des Lehrschwimmbeckens. Ausgabe der Flossen und Schwimmbretter. Anlegen der Schwimmflossen.	

Zeit	Unterrichtsablauf	Didaktischer Kommentar
25'	2. Lehrerdemonstration: Schwimmen mit Schwimmbrett und Flossen (Kraulbeinschlag); 2 Querbahnen im Lehrschwimmbecken.	Visuelle Informationsausgabe, damit die Schüler einen Bewegungsentwurf der Zielübung Kraulbeinschlag aufbauen können.
	3. Bewegungsanweisung: Schwimmen mit Schwimmbrett und Flossen eine Längsbahn. Lehrer steht an der Seite und beobachtet.	Feststellung etwaiger Anfängerfehler (z.B. „Treten" statt „Auf- und Abschlagen", nicht gestreckte Schwimmlage).
	4. Dasselbe zurück zur Treppe.	
	5. Erneute Aufstellung in Riegen.	
	6. Nochmalige Demonstration durch Lehrer und 2 ausgewählte Schüler. Evtl. Hinweis auf bestimmte Details, die häufig fehlerhaft ausgeführt wurden.	Möglichkeit zur evtl. Revision des Bewegungsentwurfs.
	7. Schüler üben dasselbe achtmal, jeweils von der Treppe bis zur Mitte. Lehrer steht am Beckenrand und beobachtet bei jeder Riege 2 Durchgänge. Korrekturhinweise durch Zuruf während des Rückweges. Rückweg zwischen den Schwimmbahnen, so dass niemand behindert wird. Schüler mit schwerwiegenden Fehlern versammeln sich beim Lehrer.	Individuelle Korrekturhinweise und Bestätigungen bei richtiger Ausführung, um bei Fehlern die Verfestigung zu verhindern und bei richtiger Ausführung Verstärkungen zu erreichen.
	8. Schüler üben nun eine ganze Bahn, 2 Durchgänge. Lehrer schult in einer Ecke des Lehrschwimmbeckens diejenigen Schüler, die beim letzten Durchgang ausgewählt wurden.	Weitere Festigung des Bewegungsablaufs sowie Korrektur von Fehlbewegungen.

Zeit	Unterrichtsablauf	Didaktischer Kommentar
	9. Erneute Aufstellung in Riegen an der Treppe. Lehrerdemonstration der Atemtechnik (Ausatmung ins Wasser).	Ausatmung ins Wasser ist für die Schüler generell nicht neu, so dass hier eine kurze Demonstration genügt.
	10. Schüler schwimmen jetzt so weit, bis sie zweimal ins Wasser ausgeatmet haben; dann gehen sie wieder zwischen den Riegen zurück. Lehrer beobachtet bei jeder Riege einen Durchgang. Evtl. sofortige Korrekturhinweise an einzelne Schüler. Jede Riege übt siebenmal. Lehrer gibt evtl. Korrekturhinweise an die Gesamtgruppe.	Feststellen von Fehlern (unvollständige Ausatmung; zu langdauerndes Kopfheben).
	11. Schüler schwimmen eine ganze Bahn. Der Kopf soll nur kurz zur Einatmung aus dem Wasser gehoben werden. Lehrer protokolliert den erreichten Lernstatus. Schüler schwimmen jeweils erst auf Handzeichen los.	Kontrolle des Lernerfolgs.
10'	12. Schüler und Lehrer gehen gemeinsam zu den Sprungbrettern. Lehrer wiederholt Verhaltensregeln am Sprungbrett und überwacht die Sicherheit.	
	13. Beliebige Sprünge vom 1 m- und 3 m-Brett.	Das Springen soll eine Entlastungsfunktion nach der stark direktiven ersten Phase der Stunde übernehmen.

Zweites Beispiel: (Kurzentwurf)

1. Lehreinheit: Kraulschwimmen
2. Stundenthema: Kraulbeinschlag
           Sprünge vom 1 m- und vom 3 m-Brett
3. Lernziele: Die Schüler können eine mindestens 10 m lange Strecke im Lehr-schwimmbecken unter Verwendung der Hilfsmittel Schwimmbrett und Schwimmflossen durchschwimmen (gestreckte Brustlage mit Kraulbein-schlag, Ausatmung ins Wasser).
4. Verlaufsplanung:

Zeit	Unterrichtsablauf
5'	1. Vier Riegen; Schwimmbretter und Schwimm-flossen.
25'	2. Lehrerdemonstration (Kraulbeinschlag mit Schwimmbrett und Schwimmflossen). 3. Schüler üben eine Längsbahn. 4. Zurück zur Treppe. 5. Lehrer- und Schülerdemonstration (Korrekturhinweise). 6. Schüler üben achtmal bis zur Mitte; Schüler mit groben Feh-lern zum Lehrer. 7. Schüler üben eine ganze Bahn (zweimal); Lehrer übt mit aus-gewählten Schülern. 8. Lehrer demonstriert Atemtechnik. 9. Schüler üben (zwei Atemzyklen). 10. Schüler üben eine ganze Bahn (Lernzielkontrolle).
10'	11. Sprünge (beliebig) vom 1 m- und 3 m-Brett.

15 Zusammenfassung – Die Anwendung der Planungs- struktur auf unterschiedliche Unterrichtskonzepte

In den vergangenen Kapiteln (1–14) ist eine Planungsstruktur dargestellt und die Funktion der einzelnen Planungsschritte im gesamten Planungsprozess erläutert worden. Darüber hinaus sind für jeden Planungsschritt Handlungsempfehlungen gegeben worden, die an Beispielen verdeutlicht werden. Die hier zugrunde liegende Auffassung über den Stellenwert der Unterrichtsplanung im Zusammenhang mit der Lehrfunktion (Planung, Durchführung, Analyse) sieht den Unterrichtsplan (Unterrichtsentwurf) grundsätzlich als eine Hypothese bezüglich des tatsächlichen Unterrichtsverlaufs. Das heißt, der Lehrer versucht den zukünftigen Unterrichtsablauf aufgrund der ihm zur Verfügung stehenden Daten zu antizipieren. Die gegenwärtigen Ergebnisse der Lern- und Unterrichtsforschung und die nicht kalkulierbare Komplexität der auf den Unterricht einwirkenden Faktoren ermöglichen keine sichere Voraussage (Planung im Sinne von Konstruktion). Daher ist das Verhalten des Lehrers „also prinzipiell ein experimentelles" (Heimann, 1962, S. 413), d.h., er geht mit einer Hypothese (Unterrichtsplan) in den Unterricht hinein und überprüft die Gültigkeit seines Unterrichtsplans am tatsächlichen Unterrichtsverlauf. Dafür ist es erforderlich, sensibel gegenüber den im Unterrichtsprozess wirksamen Größen zu sein und gegebenenfalls vom Plan abzuweichen.

Im Zusammenhang mit der Diskussion um andere Formen von Unterricht (insbesondere Projektunterricht und offener oder prozessorientierter Unterricht) ist zu fragen, ob die hier vorgestellte Planungsstruktur auch für diese Formen von Unterricht gültig ist.

Projektunterricht:

Im Projektunterricht wird von Lehrern (verschiedener Fachrichtungen) und Schülern gemeinsam ein fächerübergreifendes Vorhaben verwirklicht. Beispiele für solche Vorhaben sind „Kajakbau und Kajakfahren", „Schwimmen und Retten" und „soziale Integration Körperbehinderter" (vgl. Warwitz u. Rudolf, 1977). Entscheidender Punkt des Projektunterrichts ist die Mit- und Selbstbestimmung der Lerngruppe „bei der Wahl der Inhalte und Unterrichtsthemen, Festlegung der Unterrichtsziele, Bestimmung der Methoden bei der Durchführung, Erarbeitung der Probleme und Ergebnisse, Beurteilung der geleisteten Arbeit" (Wulf, 1974, S. 472). Dies bedeutet, dass es sich hier um einen stärker schülerzentrierten Unterricht handelt, bei dem die Selbständigkeit und Selbsttätigkeit der Lerngruppe zunimmt, während die Dominanz des Lehrers zurückgedrängt wird. Prinzipiell laufen bei einem solchen Unterricht die gleichen Planungsprozesse wie bei einem stärker lehrerzentrierten Unterricht ab. Das heißt, die hier vorgestellte Planungsstruktur ist im vollen Umfang anwendbar. Der Planungsvorgang wird

jedoch von Schülern und Lehrern gemeinsam vollzogen. Durch die stärkere Ei-
gendynamik des Unterrichtsprozesses in einem solchen Projekt wird der hypo-
thetische Charakter der Planung noch verstärkt. Dies bedeutet, dass die Lerngruppe in der Regel häufiger Umstellungen der Planung des Projektablaufs vornehmen wird. (siehe auch II. Teil, Kap. 8)

Offener oder prozessorientierter Unterricht:

Etwa seit 1974 diskutiert man die Frage, ob Unterricht produkt- oder prozessori-
entiert sein sollte. Hiermit war zunächst der Aufmerksamkeitsschwerpunkt des
Lehrers gemeint, nämlich ob er ausschließlich auf das zu erreichende Lernziel fi-
xiert war oder sich stärker der Qualität der unterrichtlichen Prozesse zuwandte.
Diese Diskussion ist notwendig, weil sich durch die intensive Beschäftigung mit
Lernzielen und Erfolgskontrollen die Gefahr einer Übergewichtung dieses Teilbe-
reichs in der Lehrerausbildung und Unterrichtsplanung deutlich abzeichnete.
Dies zeigte sich z. B. darin, dass Unterrichtsplanungen sehr detaillierte Lernziel-
kataloge und Kontrollaufgaben enthielten und darüber die detaillierte Planung
des zu erwartenden Unterrichtsprozesses vernachlässigt wurde. Die Entwicklung der Diskussion ging jedoch so weit, dass die beiden Begriffe „produktorientiert" und „prozessorientiert" teilweise als einander ausschließende Alternativen
dargestellt wurden. „Wichtiger als das Lernprodukt ist die Qualität des Lernprozesses" (Moser, 1974, S. 72). In einigen Veröffentlichungen wurde der Begriff
„produktorientiert" gleich „lernzielorientiert" gesetzt und davon der „prozessorientierte Unterricht" als nicht zielgerichtet abgesetzt (vgl. z.B. Größing, 1975,
S. 118). Daraus folgend wurde behauptet, dass prozessorientierter Unterricht
nicht im gleichen Maße wie lernzielorientierter Unterricht planbar sei, da der Ablauf des Unterrichts jeweils von den vorangegangenen Prozessen bestimmt
wird. Der aufgestellte Gegensatz lernzielorientierter Unterricht – prozessorientierter Unterricht ist jedoch nicht zulässig, da ein bestimmendes Merkmal von
Unterricht gerade die Zielgerichtetheit ist. Wenn dieses Merkmal wegfällt, handelt es sich nicht mehr um Unterricht, sondern um andere Kommunikations-,
Lern- oder Sozialisationsprozesse (vgl. Wulf, 1974, S. 591 ff). Der sogenannte
prozessorientierte Unterricht ist durch einen besonderen Bereich der Ziele gekennzeichnet. Dies soll an einem Beispiel erklärt werden: Inhalt und Thema von
zwei unterschiedlichen Sportstunden ist das Völkerballspiel. Die Zielsetzung eines „produktorientierten Unterrichts" wäre z.B. „das Völkerballspiel technisch
richtig und regelgerecht spielen können". Bei einem „prozessorientierten Unterricht" könnte die Zielsetzung lauten: „Die Schüler lernen, wie man ein neues
Spiel zweckmäßig erlernt und in der Gruppe organisiert". Für dieses zweite Ziel
kommt es offensichtlich stärker auf den Prozessablauf und das ständige Bewusstmachen der abgelaufenen Prozesse an, da die Zielsetzung unabhängig davon
ist, ob die Schüler am Ende der Stunde technisch richtig und regelgerecht

Völkerball spielen können oder nicht. Auch ein „prozessorientierter Unterricht" ist grundsätzlich planbar, wobei die Voraussehbarkeit des Unterrichtsablaufs sicherlich nicht in allen Fällen so genau möglich ist wie beim „produktorientierten Unterricht", da die Komplexität durch den stärkeren Einbezug der Schüler erhöht ist. Es sind jedoch in der Planungsarbeit alle Schritte der hier vorgelegten Planungsstruktur zu durchlaufen. Das Ziel, „die Schüler lernen, wie man ein neues Spiel zweckmäßig erlernt und in der Gruppe organisiert", ist aufgrund der allgemeinen Bedingungen gesetzt worden. Für die Planung des Ablaufs der einzelnen Unterrichtsstunden ist es erforderlich, eine Analyse des Lern- und Organisationsvorgangs beim Erlernen neuer Spiele durchzuführen, die speziellen Voraussetzungen der Schüler in diesem Bereich zu erheben, diese Einheit in den Zusammenhang des gesamten Sportunterrichts einzuplanen (Abschnittsplan) und die einzelnen Feinziele festzulegen (z.B. „Spiele zu erklären", „Mannschaften bilden" ...). Im Anschluss daran sind Entscheidungen über Methoden (z.B. Diskussion), Medien (z.B. Tafeln) und Organisationsformen (z.B. Gruppenarbeit) zu treffen. Die grundsätzlich positiv einzuschätzende verstärkte Zuwendung der Didaktik zu Fragen des Unterrichtsprozesses sollte nicht zu einer Vernachlässigung der Planung führen, die nach wie vor von entscheidender Bedeutung für die Qualität des Unterrichts ist.

Anhang

Tab. 1. Schwerpunkte sensomotorischer Formgenese und altersspezifischer Schulung (Ungerer, 1977, S. 87 f.)

Alter	Sensomotorisches Leistungsprofil als Funktion der Entwicklung		Schwerpunkte altersspezifischer Schulung
	beherrscht	nicht beherrscht	
5- bis 6jährig	Alltagsbewegungen, Rumpfsteuerungen, langsame Simultan-Bewegungen.	Alltagsferne Bewegungsfolgen, Bewegungen mit hoher Geschwindigkeit.	Sprünge mit Rumpfsteuerung, Rollen, Spiele mit großen Bällen, Turnbewegungen mit geringer Folgenzahl.
7- bis 8jährig	Balancierbewegungen, Zielbewegungen ohne scharf umgrenzte Formen.	scharf begrenzte Bewegungsausführungen, gezielte, schnelle Zugriffe.	Hindernisturnen, Sprungschulung, Kraulschwimmen.
9- bis 10jährig	unbegrenzte Zielhandlungen der Peripherie mit geringer Folgenzahl.	mehrere Folgen mit gezieltem Einsatz der Peripherie und schneller Kopplung.	Spiel, taktische Schulung, Sprung- und Wurfschulung. Wasserspringen; turnerische Grundformen (Rollen, Aufschwünge, Stützsprünge).
11jährige Jungen	Bewegungen mit zentriertem Einsatz der Peripherie, Bewegungen mit mehreren Folgen.	hohe Folgenzahl mit dynamischer Simultan-Kopplung der Peripherie.	Sprungschulung, Wasserspringen; turnerische Grundformen (Kipp- und Überschlagsbewegungen).
11jährige Mädchen	geradliniger konzentrischer Bewegungseinsatz.	mehrere Bewegungsfolgen mit dynamischer Simultan-Kopplung der Peripherie.	Salti, Turnen am Stufenbarren, Stützsprünge; Gymnastik.
12- bis 14jährige Jungen	Leistungsmotorik, dynamische Simultan-Kopplung bei geringer Folgenzahl.	schnelle, reaktive Zugriffe der Peripherie.	intensive leichtathletische Schulung.
12- bis 14jährige Mädchen	Leistungsmotorik, dynamisch großräumige Bewegungen.	Bewegungen außerhalb der geschlechtstypischen Grenzen.	uneingeschränkte geschlechtstypische motorische Schulung in allen Sportarten.
15- bis 19jährige Jungen	reaktive Sensomotorik, mehrere Bewegungsfolgen mit hoher Geschwindigkeit und dynamischer Kopplung der Peripherie.	Bewegungen außerhalb der individuellen Grenzen.	uneingeschränkte motorische Schulung in allen Sportarten.
15- bis 19jährige Mädchen	Leistungsmotorik.	Bewegungen außerhalb der geschlechtstypischen Grenzen.	uneingeschränkte geschlechtstypische motorische Schulung in allen Sportarten.

Tab. 2. Übersicht über die Aufnahmekapazität von umweltfreien verbalen Informationen und umweltgebundenen verbalen Informationen (nach Ungerer, 1977, S. 107f.).

	Umweltfreie verbale Informationen (Anzahl der Sequenzen	Umweltgebundene verbale Informationen (Anzahl der Sequenzen)
Vorpuberale Phase	bis zu 2	etwa 4–5
1. puberale Phase	bis zu 3	etwa 3–5
2. puberale Phase	bis zu 4	etwa 5
Maturität	bis zu 5 und individuell mehr	etwa 5 und individuell mehr

Beispiel eines Fragebogens zur Erhebung von Schülerinteressen

Name: Vorname: Klasse:

1. Welche Sportarten würdest Du am liebsten in diesem Schulhalbjahr betreiben?
2. Welche Sportarten möchtest Du auf keinen Fall betreiben?
3. Wie sollte Deiner Meinung nach der Sportunterricht ablaufen?
4. Treibst Du Sport in einem Verein? Wenn ja, welche Sportart(en)?

(Ein solcher Fragebogen sollte nicht wesentlich umfangreicher als das o.a. Beispiel sein, da sonst eine routinemäßige Verwendung zu aufwendig wird.)

ZWEITER TEIL

GRUNDLAGEN
FÜR DIE
PLANUNG VON
SPORTUNTERRICHT

1   Motorisches Lernen

1.1 Vorbemerkung

Eine unabdingbare Voraussetzung für didaktisch-methodische Entscheidungen im Sportunterricht ist die möglichst genaue Kenntnis der Abläufe bei motorischen Lernprozessen. Es gibt bereits eine Vielzahl von Veröffentlichungen zu diesem Problemkreis, obwohl die Erforschung der Lernvorgänge noch immer in den Anfängen steckt. In diesem Kapitel kann lediglich ein Überblick über einige Beschreibungs- und Erklärungsversuche gegeben werden. Einleitend werden eine Reihe der in der Literatur verwendeten Definitionen zum motorischen Lernen kommentiert wiedergegeben, um das Verständnis für die Beschreibungsmodelle zu erleichtern. Nach der Darstellung und dem Vergleich der einzelnen Beschreibungsmodelle wird in einem abschließenden Kapitel versucht, didaktisch-methodische Schlußfolgerungen für die Unterrichtspraxis zu ziehen.

1.2 Begriffsklärung

In der sportwissenschaftlichen Literatur gibt es eine Vielzahl von Definitionen zum motorischen Lernen, die jedoch in ihrer Bedeutung weitgehend übereinstimmen und als motorisches Lernen jede Veränderung des motorischen Verhaltens bezeichnen, soweit sie nicht durch Reifung, Krankheit oder Verletzung verursacht ist. Kohl versteht unter motorischem Lernen „einen Prozess, der zu einer höheren Stufe sportlichen Könnens führt" (Kohl, 1972, S. 4). Im sportwissenschaftlichen Lexikon heißt es: „Motorisches Lernen kann in Anlehnung an allg. Lerndefinitionen als jede bewegungsbezogene, umgebungsbezogene und überdauernde Verhaltensänderung, die als Folge einer individuellen (systemeigenen) Informationsverarbeitung eintritt (…), verstanden werden." (Röthig, 1983, S. 255 f.)

Nach Cratty „kann man das motorische Lernen als eine stabile Veränderung auf der Stufe der Fertigkeiten als ein Resultat wiederholter Versuche bezeichnen" (Cratty, 1975, S. 322). Eine weitere Definition finden wir bei Meinel / Schnabel. Dort heißt es: „Unter motorischem Lernen verstehen wir die Aneignung – die Entwicklung, Anpassung und Vervollkommnung – von Verhaltensweisen und -formen, speziell von Handlungen und Fertigkeiten, deren Hauptinhalt die motorische Leistung ist." (Meinel u. Schnabel, 1998, S. 148)

Demnach umfasst der motorische Lernprozess das gesamte Spektrum vom Beginn des Neuerlernens einer Bewegung bis hin zur perfekten Beherrschung und beinhaltet darüber hinaus auch das Erhalten eines bereits erreichten Standards, d.h. eigentlich das Wiedererlernen vergessener Elemente einer Bewegungsausführung.

1.3 Erklärungs- und Beschreibungsversuche für motorische Lernprozesse

Obwohl bei der Erforschung von Gesetzmäßigkeiten im Bereich von motorischen Lernprozessen in den letzten Jahren große Anstrengungen unternommen wurden, muss festgestellt werden, dass leider noch keine gesicherten Aussagen über die tatsächlichen internen Abläufe im Lernenden gemacht werden können. Daher muss man noch weitgehend von Annahmen ausgehen, wenn man versucht, motorisches Lernen zu beschreiben. In der Literatur gibt es eine Vielzahl von Erklärungs- und Beschreibungsversuchen, die von der jeweiligen theoretischen Grundposition des Autors bestimmt sind. (Vgl. hierzu: Roth / Willimczik, 1999, S. 11 – 15.) Am populärsten und einflussreichsten für die Methodik sind die so genannten Phasen- und Stufenmodelle. Tabelle 3 gibt einen exemplarischen Überblick über derartige Modelle.

Tab. 3 Lehr- und Lernstufen

Autor	1. Lernstufe	2. Lernstufe	3. Lernstufe	4. Lernstufe
Kohl (1956)	Naives Stadium	Lern- und Übungsstadium	Könnensstadium	
Fetz (1972)	Naive Stufe	Zuwendung	Feinformung	
Schmitz (1977)	Vorbereiten	Versuchen	Üben	Anwenden
Meinel / Schnabel (1998)	Grobkoordination	Feinkoordination	Stabilisierung der Feinkoordination und variable Verfügbarkeit	
Starosta (1988)	Elementartechnik	Standardtechnik	Individuelle Technik	Technik des Meisters

Die stärkste Beachtung fand die Phaseneinteilung von Meinel / Schnabel, die in diesem Kapitel ausführlicher betrachtet werden soll. Allen Lernstufenmodellen gemeinsam ist die Auffassung, dass die Phasen nicht als starre Stufen ohne Übergänge betrachtet werden dürfen. Kurt Meinel hatte bereits in der ersten Auflage seiner Bewegungslehre (1960, S. 346 f.) darauf aufmerksam gemacht, dass es in seinem Phasenmodell zwar eine logische Reihenfolge gibt, aber durchaus fließende Übergänge. Neuere Modellvorstellungen versuchen bei grundsätzlicher Beibehaltung einer Phaseneinteilung den Gesichtspunkt kontinuierlicher Übergänge zu berücksichtigen. Hierzu unterbreiteten Hossner und Roth einen interessanten Vorschlag, der neben dem Modell von Meinel / Schnabel hier beschrieben werden soll. (Hossner u. Roth, 2000)

1.3.1 Das Modell von Meinel / Schnabel

Meinel / Schnabel sprechen von drei Lernphasen, die hier etwas ausführlicher dargestellt werden sollen.

Erste Lernphase: Entwicklung der Grobkoordination.
Zweite Lernphase: Entwicklung der Feinkoordination.
Dritte Lernphase: Stabilisierung der Feinkoordination und Entwicklung der variablen Verfügbarkeit.

Diese drei Lernphasen beschreiben einen Weg, der beim Erlernen einer Fertigkeit durchlaufen wird. Zwischen den einzelnen Phasen sind allerdings keine scharfen Grenzen gezogen, da sie z.T. unmerklich ineinander übergehen; auch der zeitliche Umfang der einzelnen Phasen kann je nach motorischem Ausgangsniveau sehr unterschiedlich sein.

1. Entwicklung der Grobkoordination

„Die erste Lernphase umfaßt den Lernverlauf vom ersten näheren Bekanntwerden mit dem neu zu erlernenden Bewegungsablauf bis zu einem Stadium, in dem der Lernende die Bewegung bei günstigen Bedingungen bereits ausführen kann" (Meinel u. Schnabel, 1998, S. 161). Die Ausführung des Bewegungsablaufs muss also durch günstige Bedingungen (Gelände, Übungsstätte, Konzentrationsmöglichkeit) unterstützt werden. Dennoch wird die Bewegungsausführung noch erhebliche Mängel aufweisen. „Wir bezeichnen dieses Ergebnis der ersten Lernphase als Stadium der Grobkoordination" (Meinel u. Schnabel, 1998, S. 161). (Vgl. zur folgenden Beschreibung Abb. 12.)

Am Beginn des Lernprozesses wird dem Lernenden das Lernziel übermittelt. Es ist die erste Eingriffsstelle für methodische Maßnahmen zum Aufbau des Bewegungsprogramms. Der Lernende kann das Lernziel entweder genannt, erklärt oder demonstriert bekommen. „In diesem Stadium entsteht beim Lernenden eine erste Vorstellung vom Bewegungsablauf" (Meinel u. Schnabel, 1998, S. 162). Nachdem die Lernaufgabe vom Lernenden erfasst wurde (Entwicklung des Grobprogramms), werden die ersten Versuche unternommen, die Bewegung auszuführen. Sie wird in den meisten Fällen noch sehr fehlerhaft sein (Fehlversuche), und es sind in der Regel viele Versuche notwendig, bis der Bewegungsablauf gelingt. Die Länge dieser Phase hängt vom motorischen Ausgangsniveau, vom Schwierigkeitsgrad der Übung, vom Interesse und der Motivation des Lernenden und vom methodischen Weg ab. Nach dem ersten Gelingen des geforderten Bewegungsablaufs werden anschließend immer wieder Fehlversuche auftreten, oder die Übung gelingt nur mangelhaft. „Erst nach weiterem Üben wird das Stadium der Grobkoordination erreicht, in dem die Bewegung fast jedesmal gelingt, allerdings nur unter den normalen, günstigen Bedingungen, die beim Erlernen neuer Bewegungen im allgemeinen geschaffen und auch konstant gehalten werden" (Meinel u. Schnabel, 1998, S. 162). Wenn diese gewohnten Bedingungen verändert werden, wird die Bewegungsausführung meist sofort negativ beeinflußt. Weitere typische Merkmale in dieser ersten Lernphase sind ein übertriebener und oft auch falscher Krafteinsatz bei der Bewegungsausführung, „eine ungenügend oder falsch ausgeprägte Bewegungskopplung" und „mangelhafter Bewegungsfluß" (Meinel u. Schnabel, 1998, S. 162 f.). Auch der Bewegungsumfang und das Bewegungstempo entsprechen noch nicht der Zielvorstellung. „Schließlich ist die Grobkoordination durch eine gering ausgeprägte Bewegungspräzision und Bewegungskonstanz im Bewegungsvollzug gekennzeichnet" (Meinel u. Schnabel, 1998, S. 164).

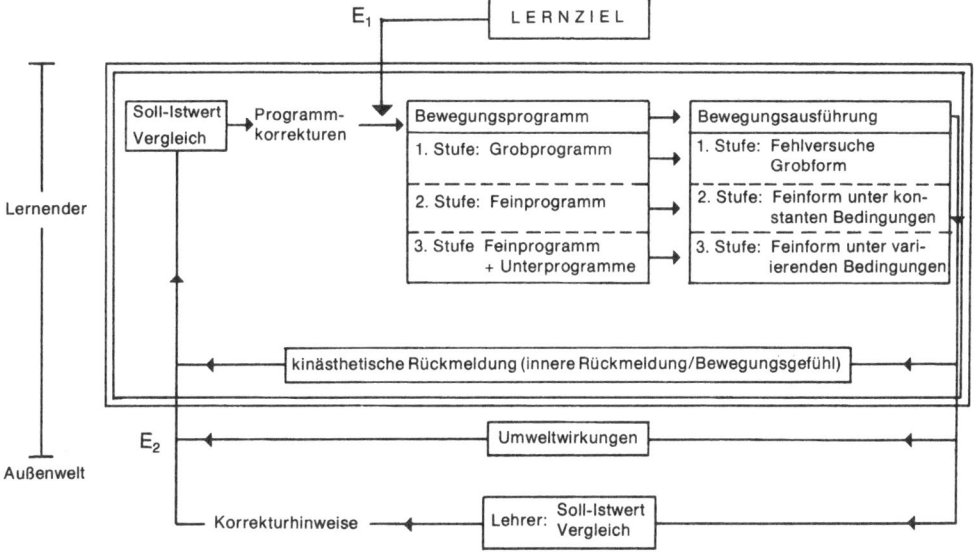

Abb. 12 Funktionskreis zum motorischen Lernen

E_1 = 1. Eingriffsstelle für methodische Maßnahmen (Sollwertvorgabe)
E_2 = 2. Eingriffsstelle für methodische Maßnahmen (Rückmeldung)

Weiter wird ausgeführt, dass diese beschriebenen Erscheinungen sich weitgehend aus den Regelungsprozessen beim motorischen Lernen erklären lassen. Wesentliche Ursachen für das Mißlingen der ersten Bewegungsversuche sind die unzureichende Umsetzung der Zielvorgabe in ein Bewegungsprogramm (Grobprogramm) und die zunächst unzureichende Rückmeldung und deren Verarbeitung. Das Grobprogramm wird z. T. aus bereits bekannten Elementen aufgebaut und zum anderen Teil aus neuen Sequenzverknüpfungen, die erst durch Bewegungserfahrung optimiert werden müssen. Die Rückmeldung und Regelung erfolgt auf dieser Stufe vorwiegend über den „äußersten Regelkreis" (2. Eingriffsstelle für methodische Maßnahmen durch den Lehrer), während die

Wirkungen auf die Umwelt (mittlerer Regelkreis) zwar registriert, aber den Programmelementen nur unzureichend zugeordnet werden können und die innere Rückmeldung (Bewegungsgefühl, kinästhetische Rückmeldung) äußerst diffus ist. Der Soll-Istwert-Vergleich und seine Auswertung ist noch weitgehend auf Fremdhinweise angewiesen und dementsprechend schwerfällig und ungenau. So ist z.B. ein Sportler beim Üben des Korbwurfes (Basketball) in dieser Lernphase kaum in der Lage, Bewegungsfehler selbst zu erkennen. Er hat ein unbestimmtes Gefühl, dass etwas nicht stimmt, ohne den Fehler genau zu erkennen (kinästhetische Rückmeldung). Er sieht zwar, dass der Ball falsch fliegt, aber er kann nicht sicher sagen, woran es liegt (Rückmeldung über Umweltwirkungen). Er ist deshalb darauf angewiesen, Rückmeldungen über seine Fehler durch eine andere Person zu erhalten (äußerster Regelkreis).

2. Entwicklung der Feinkoordination

„Die zweite Lernphase umfasst den Lernverlauf vom Erreichen des Stadiums der Grobkoordination bis zu einem Stadium, in dem der Lernende die Bewegung annähernd fehlerfrei ausführen kann" (Meinel u. Schnabel, 1998, S. 170). Unter den gewohnten und günstigen Übungsbedingungen wird der geforderte Bewegungsablauf fehlerfrei und mit einer relativ hohen Beständigkeit ausgeführt. Treten jedoch Störgrößen (z.B. Wettkampfsituation) oder wechselnde Bedingungen auf, können wieder Fehlbewegungen auftauchen, so dass es sogar Rückfälle in die erste Lernphase und Fehlversuche geben kann. „Wir bezeichnen das Ergebnis der zweiten Lernphase als Stadium der Feinkoordination" (Meinel u. Schnabel, 1998, S. 171). Diese Phase ist durch einen harmonischeren Bewegungsablauf gekennzeichnet, bei dem die bisher überflüssigen Mitbewegungen nicht mehr auftreten. Die Feinkoordination ermöglicht ein rationelles Bewegen, das der jeweiligen Situation angepasst ist. Charakteristisch für die zweite Lernphase ist eine oftmalige Stagnation im Lernprozess. Meinel spricht in diesem Zusammenhang von einer Plateaubildung, die aber „nur eine scheinbare Stagnation des Lernprozesses ausdrückt" (Meinel u. Schnabel, 1998, S. 171 f.). Diese Erscheinung tritt besonders bei sportlich schwierigen Bewegungsabläufen auf, so dass die Phase der Feinkoordination je nach der zu erlernenden technomotorischen Fertigkeit unterschiedlich lange verläuft.

„Das Erscheinungsbild der Feinkoordination … kann wie folgt charakterisiert werden: Der anfangs noch vorhandene übermäßige Kraftaufwand ist im Stadium der Feinkoordination auf das erforderliche Maß reduziert. Der Lernende setzt seine Kraft zweckmäßig und zum richtigen Zeitpunkt ein" (Meinel u. Schnabel, 1998, S. 172). Auch die Bewegungskopplung und der Bewegungsumfang werden zweckmäßiger, und der Bewegungsfluß ist gut ausgeprägt. „Das Stadium der Feinkoordination ist schließlich unter bekannten, günstigen und konstanten Bedingungen durch eine hohe Präzision und Konstanz des Bewegungsablaufs gekennzeichnet." (Meinel u. Schnabel, 1998, S. 174). Das Bewegungsprogramm (Feinprogramm) ist stark verfeinert und bildet auch die neuen Verknüpfungen optimal ab. Die Regelungsprozesse laufen genauer ab, da aufgrund der Bewegungserfahrung die innere Rückmeldung immer besser funktioniert und auch die Rückmeldung über die Umweltwahrnehmung ohne Zwischenschaltung einer anderen Person ablaufen kann. Dies bedeutet für das Üben des Korbwurfes, dass das Selbsterkennen von Bewegungsfehlern zunimmt und die Abhängigkeit von Korrekturhinweisen durch andere Personen abnimmt.

3. Stabilisierung der Feinkoordination und Entwicklung der variablen Verfügbarkeit

„Die dritte Lernphase umfasst den Lernverlauf vom Erreichen des Stadiums der Feinkoordination bis zu einem Stadium, in dem der Lernende die Bewegung auch unter schwierigen und ungewohnten Bedingungen sicher ausführen und jederzeit erfolgreich anwenden kann" (Meinel u. Schnabel, 1998, S. 183). Somit kann jetzt also der geforderte Bewegungsablauf auch im Wettkampf und unter Störgrößeneinfluß technisch perfekt ausgeführt werden. „Wir bezeichnen das Ergebnis der dritten Lernphase – und zugleich des gesamten Lernprozesses – als Stadium der variablen Verfügbarkeit." (Meinel u. Schnabel, 1998, S 183f.). Es sind jetzt die Voraussetzungen dazu gegeben, die jeweilige motorische Fertigkeit jederzeit praktsich anwenden zu können. Das eigentliche Ziel des motorischen Lernprozesses ist dann erreicht, wenn der Lernende die Bewegung unter schwierigsten und ständig wechselnden Bedingungen technisch perfekt ausführen kann, d. h., dass er sich sofort den jeweils auftretenden Bedingungen anpassen und alle Störeinflüsse kompensieren kann. Störeinflüsse müssen nicht immer von außen einwirken, sondern können auch im Sportler selbst auftreten (z.B. Schmerzen, Verletzungen, psychische Belastung bei Fehlversuchen usw.). Bezogen auf den Leistungssport lässt sich sagen, dass diese dritte Lernphase niemals völlig abgeschlossen ist; „ein nicht mehr zu überbietendes Optimum wird nie erreicht, sondern nur eine Annäherung an dieses Optimum" (Meinel u. Schnabel, 1998, S. 185).

Das Erscheinungsbild der dritten Lernphase ist nicht so deutlich von dem der zweiten Lernphase zu unterscheiden. „Ein Unterschied wird erst sichtbar, wenn die Bewegung unter erschwerten Bedingungen oder im Wettkampf ausgeführt wird. Der Grad der erreichten Stabilität prägt sich in stärkerem Maße in dem Merkmal Bewegungspräzision aus" (Meinel u. Schnabel, 1998, S. 186).

Weitere Merkmale für die Stabilität des Bewegungsablaufs sind die Bewegungskonstanz und eine Gleichmäßigkeit im Bewegungsrhythmus und in der Stärke des Krafteinsatzes. Das Bewegungsprogramm wird durch jederzeit anwählbare Unterprogramme ergänzt, die beim Auftreten von Störeinflüssen eingeschaltet werden. Die Rückmeldung über Abweichungen erfolgt wesentlich schneller und genauer, da jetzt der innere Regelkreis optimal funktioniert. Eine äußere Rückmeldung ist nicht mehr erforderlich. Da die Rückmeldung sehr schnell erfolgt, ist noch ein regelndes Eingreifen während des Bewegungsversuches möglich. Das bedeutet für das Üben des Korbwurfes, dass der Spitzensportler noch während des Wurfes Rückmeldungen über eventuelle Abweichungen erhält und den Bewegungsablauf noch korrigieren kann.

Nahezu alle Autoren von Phasenmodellen weisen darauf hin, dass die Übergänge zwischen den einzelnen Phasen fließend sind und keine klaren Abgrenzungen vorgenommen werden können. So sind die Inhalte der einzelnen Phasen keine Beschreibungen des eigentlichen Lernvorgangs, sondern von außen beobachtbare Ergebnisse zu bestimmten Zeitpunkten des Lernprozesses. Der Lernvorgang selbst wird von den meisten Autoren als Regelungsprozess (vgl. Abb. 12.) aufgefasst.

Methodisch-didaktische Schlussfolgerungen

Aus dem derzeitigen Kenntnisstand über den motorischen Lernprozess lassen sich einige allgemeine Schlussfolgerungen für die Unterrichtspraxis ziehen, während detaillierte Handlungsempfehlungen nur sporart- und altersspezifisch gegeben werden können, d. h. bei Kenntnis des motorischen Ausgangsniveaus und der Bewegungsstruktur. Bei den folgenden Ausführungen soll das Phasenmodell von Meinel / Schnabel zugrunde gelegt werden.

In der **ersten Lernphase** geht es um den Aufbau eines Grobprogramms (Entwicklung eines ersten Bewegungsentwurfes) und um die Optimierung der Bewegungsausführung bis zu einem Standard, der als Grobform bezeichnet wird.

Für die Entwicklung des Bewegungsentwurfs sollten die Informationen über das Ziel so gestaltet sein, dass zum einen keine Überforderung der Aufnahmekapazität erfolgt, zum anderen dem Lernenden der Zugriff zu bereits beherrschten Bewegungsmustern erleichtert wird, d. h. Anknüpfen an Bewegungserfahrungen und Aufgliedern der Zielbewegung in sinnvolle Teileinheiten. Die Information über den Bewegungsablauf sollte sowohl visuell (Demonstration) als auch verbal erfolgen. Diese verbalen Anweisungen sollten sich an der Lerngruppe orientieren und umweltgebunden gegeben werden. Möglichst unmittelbar sollte Gelegenheit zur Bewegungsausführung gegeben werden. Die Bedingungen für die ersten Bewegungsversuche sollten so gestaltet sein, dass die Wahrscheinlichkeit für das Gelingen sehr hoch ist. Da in dieser Lernphase vor allem der äußerste Regelkreis funktioniert, ist der Unterrichtsablauf so zu organisieren, dass eine Rückkopplung über den Lehrer erfolgen kann. Bei den Korrekturhinweisen sollte sich der Lehrer auf den jeweils bedeutsamsten Fehler beschränken, um eine Überforderung zu vermeiden. (Vgl. hierzu auch S. 132ff.)

In der **zweiten Lernphase** geht es um den Aufbau eines Feinprogramms (Entwicklung eines genauen, differenzierten Bewegungsentwurfes) und um die Optimierung der Bewegungsausführung bis zu einem Standard, der als Feinform bezeichnet wird.

Während es in der ersten Lernphase für den Aufbau des Grobprogramms methodisch richtig war, nicht zu detaillierte Informationen über den Bewegungsablauf zu geben, ist es für den Aufbau des Feinprogramms geradezu erforderlich, präzise Detailinformationen zu vermitteln. Die Menge der Detailinformationen darf natürlich nicht die Aufnahmekapazität überschreiten, d.h., dass die Aufmerksamkeit des Lernenden nur auf einen Teilbereich der Bewegung gerichtet werden darf. Der Gesamtbewegungsablauf wird trotzdem gelingen, da das Grobprogramm bereits automatisch – d. h. unterhalb der Bewusstseinsschwelle – abläuft. Geht es z. B. um das Erlernen des Flops, so kann in dieser Phase die Aufmerksamkeit z. B. voll auf den Schwungbeineinsatz gerichtet sein, um diesen im Detail zu verbessern, während die anderen Teilelemente des Sprunges nicht über das Bewusstsein gesteuert werden, sondern automatisch ablaufen. In der ersten Phase hingegen musste die Aufmerksamkeit noch auf den Gesamtablauf gerichtet werden, ohne Details zu berücksichtigen; d.h., der Lernende denkt z. B. während der Ausführung zwar an den Schwungbeineinsatz aber noch nicht an Streckung und Führung des Schwungbeines. Auf diese Weise wird ein immer größerer Anteil der Gesamtbewegung vom Grobprogramm zum Feinprogramm geführt.

Die Optimierung der Bewegungsausführung erfordert viele Versuche, da jeder Teilbereich, der ins Feinprogramm überführt wird, auch in der Bewegungsausführung optimiert werden muss. Der Optimierungsfortschritt ist um so größer, je besser die Rückmeldung funktioniert. In dieser Phase nimmt der Anteil der inneren Rückmeldung durch die Vielzahl der Versuche und der damit verbundenen Bewegungserfahrung zu und die Rückmeldung über den Lehrer verliert an Bedeutung. Methodisch kommt es darauf an, durch geeignete Maßnahmen, die als besonders wirkungsvoll eingeschätzte innere Rückmeldung zu verbessern. Dies kann z. B. dadurch geschehen, dass die Korrekturhinweise bewusst mit dem Bewegungsgefühl in Verbindung gebracht werden. Hierfür ist der Einsatz eines Video-Recorders zur visuellen Rückmeldung ein hervorragendes Mittel. Auch die Rückmeldung über Umweltwirkungen sollte durch den Einsatz spezieller Hilfsmittel verbessert werden. Dies geschieht z. B., wenn ein Ball auf einen Kasten gelegt wird, der nicht runtergestoßen werden darf (der Lernende erhält über den Ball die Rückmeldung, ob seine Beine bei der Flanke eine ausreichende Höhe hatten).

In der **dritten Lernphase** geht es um den Aufbau von Unterprogrammen zum Ausgleich von Störeinflüssen. Am Ende der zweiten Phase verfügt der Lernende über ein differenziertes Feinprogramm, die Bewegungsausführung ist unter gleichbleibenden Bedingungen optimal und die innere (kinästhetische) Rückmeldung funktioniert so gut, dass er von Fremdkorrekturen unabhängig ist. In der dritten Lernphase kommt es nun darauf an, die Bedingungen, unter denen die Leistung erbracht wird, planmäßig so zu verändern, dass eine automatische Anpassung an die jeweils wechselnden Bedingungen erreicht wird. Die Grenze zwischen zweiter und dritter Lernphase ist im realen Lernprozess vermutlich nicht zu registrieren, da der Aufbau von Unterprogrammen immer schon vor Abschluss der Feinkoordination einsetzen wird. Die Phaseneinteilung hat jedoch Vorteile für die theoretische Betrachtung und Darstellung sowie für die Schwerpunktsetzung der methodischen Maßnahmen im Laufe des Lernprozesses.

Nach diesen methodisch-didaktischen Schlussfolgerungen für die Unterrichtspraxis, denen als Ableitungsgrundlage das Phasenmodell von Meinel / Schnabel diente, soll nun der Modellvorschlag von Hossner / Roth dargestellt werden.

1.3.2 Die Modellvorstellung von Hossner und Roth

Den Erfindern der Phasen- und Stufenmodelle ist schon frühzeitig klar geworden, dass mit diesen Modellen das Prozesshafte des motorischen Lernens nur unvollkommen abgebildet werden kann. Deshalb finden wir auch immer wieder die Hinweise auf fließende Übergänge. Diese Überlegungen greifen Hossner und Roth (2000) auf und entwickeln eine Modellvorstellung, die das prozesshafte des Lernens in einer Kombination von Phasen und Kontinua berücksichtigt.

Sie unterscheiden vier Bereiche des Lernens:

1. Erste Phase – Neulernen
2. Zweite Phase – Überlernen
3. Kontinuum – Automatisieren
4. Kontinuum – Stabilisieren und Variieren

Die beiden Phasen folgen sukzessive aufeinander. Die erste Phase (Neulernen) endet mit der erstmaligen Realisierung und die zweite Phase (Überlernen) mit der sicheren Beherrschung der Bewegung unter günstigen Bedingungen. Das Neue an diesem Modell liegt in der Berücksichtigung der beiden Kontinua. Es wird davon ausgegangen, dass von Beginn an bereits Prozesse der Automatisierung einsetzen, d. h., dass zunehmende Teile der Bewegung nicht mehr bewusst gesteuert werden müssen und damit Aufmerksamkeit freigesetzt wird. Die Automatisierung wird grundsätzlich als ein Vorgang ohne endgültigen Abschluss betrachtet. Das zweite Kontinuum (Stabilisieren und Variieren) schließt an die zweite Phase (Überlernen / sichere Beherrschung unter günstigen Bedingungen) an und läuft parallel zu den längst begonnenen Automatisierungsprozessen ab.

Methodische Hinweise zu den Phasen und Kontinua

Die Entwicklung methodischer Hinweise zum Bewegungslernen kann immer nur auf der Basis eines Lernmodells erfolgen. Unterschiedliche Lernmodelle führen zu unterschiedlichen Methoden. So wie die methodischen Hinweise von Meinel / Schnabel aus einer ganzheitlichen Betrachtungsweise des motorischen Lernprozesses entwickelt wurden, bilden bei Hossner und Roth (vgl. Hossner u. Roth, 2000 und Roth, 1998, S. 27−46) die Betrachtungsweisen der Informationsverarbeitungs-Konzepte (Roth u. Hossner, 1999, S. 176 ff.) die Grundlage.

Erste Phase – Neulernen

Beim Neuerwerb von Bewegungen geht es um den Aufbau eines neuen, im Lernenden bisher nicht vorhandenen *motorischen Programmes.* Dieses Programm wird gespeichert und kann dann jederzeit zur Ausführung der Bewegung abgerufen werden. Anders als bei Meinel / Schnabel (Grobprogramm) wird bei diesem Lernkonzept angenommen, dass das erworbene *motorische Programm* nicht alle Details der Bewegungsausführung enthält. Das *motorische Programm* enthält nur die **unveränderbaren Merkmale** einer Bewegung und bestimmt damit die Bewegungsstruktur (z. B. gerader Wurf, Floptechnik, paralleles Grundschwingen beim Skilauf) nicht aber die spezifische Ausführung (z. B. Wurfweite, Sprunghöhe, Schwungfrequenz). Die veränderbaren Merkmale der Ausführung werden als Parameter bezeichnet. Diese Parameter werden extra gespeichert und jeweils für die Bewegungsausführung gesondert abgerufen und in das Programm eingelesen. Beim Bewegungslernen werden also einerseits ein *motorisches Programm* und andererseits Regeln für den zielgerichteten Einsatz der steuernden Parameter gelernt. Das Neulernen zielt auf den Aufbau des *motorischen Programms.*

Methodische Hilfen sind dann erforderlich, wenn das zu erlernende Programm zu komplex ist, um in einem Schritt erlernt zu werden. Methodische Hilfen beim Neulernen sind immer Vereinfachungen im Hinblick auf bestimmte Überforderungen. (Vgl. hierzu Roth, 1998, S. 31 ff.)

Welche Besonderheiten sind bei der methodisch gewollten Vereinfachung aufgrund des hier vorliegenden Lernkonzepts zu beachten?

1. Vereinfachung durch Zergliedern in Bewegungsabschnitte bei zu langen Programmen:
    Bewegungen, die zu viele Teile zeitlich nacheinander haben, werden üblicherweise in Einzelteile zerlegt und nacheinander gelernt (z. B. Kugelstoß: Angleiten – Stoßauslage – Ausstoßbewegung).
    Diese Art der Vereinfachung ist nur dann sinnvoll, wenn die Bewegungsabschnitte relativ gut isoliert voneinander sind. Bei engen Übergängen wie z. B. zyklischen Bewegungen ist eine Verfälschung des motorischen Programms zu befürchten.

2. Vereinfachung bei Programmen mit parallel ablaufenden Teilbewegungen:
   Für Bewegungen, bei denen zu viele Teile simultan koordiniert werden müssen, kommen in der Praxis zwei Vereinfachungsstrategien zur Anwendung.

   • Isoliertes Lernen von Teilbewegungen (z. B. Aufgliedern des Brustschwimmens in Arm- und Beinarbeit).
     Auch hier gilt, dass diese Methode nur dann sinnvoll ist, wenn die Teilbewegungen gut isolierbar sind. Bei engen Wechselwirkungen (z. B. Kraularmbewegung rechts und links) ist von einer Zergliederung abzuraten.

   • Unterstützungsmaßnahmen bei Erhalt der Gesamtbewegung:
     Hierunter fallen akustische Hilfen, Orientierungshilfen, taktile Hilfen und Erleichterung der Ausführungsbedingungen (z. B. Turnbank statt Schwebebalken, verkürzte Skilänge, größere Fläche des Tennisschlägers).

3. Vereinfachung durch Veränderung der Parameter:
   Parameter sind nach der vorliegenden Konzeption zwar nicht Bestandteil des motorischen Programms, aber ohne Realisierung von Parametern ist keine Bewegungsausführung möglich. Überforderung beim Lernen kann z. B. die Folge von zu hoher Geschwindigkeit, zu kurzer Bewegungsdauer oder auch von zu hohen Kraftanforderungen sein.
   Methodisch macht man sich nun die Annahme zu Nutze, dass das motorische Programm erhalten bleibt, wenn die Parameter verändert werden. Vereinfachungsstrategien sind:

   • Verlangsamte Bewegungsausführung
     Hierunter fallen z. B. Übungen zunächst aus dem Angehen statt aus dem Anlauf, Tanzschritte zunächst nach langsamer Musik oder langsame Armführung bei Schwimmtechniken. Es muss allerdings eine Grenze der Verlangsamung beachtet werden, bei der es zum Zusammenbruch der motorischen Programmstruktur kommen kann. Bestimmte Bewegungen sind praktisch nicht zeitlich dehnbar. (Z. B. Wasserspringen, Sprünge beim Bodenturnen)

   • Verlängerung der Bewegungsdauer durch Änderung der Bedingungen
     Hierunter fallen z. B. der Einsatz von Absprunghilfen zur Verlängerung der Flugphase beim Weitsprung.

   • Reduzierung der Kraftanforderungen
     Es ist offensichtlich, dass z. B. die Kugelstoßtechnik oder das Diskuswerfen mit leichteren Geräten gelernt werden können, ohne dass das motorische Programm beeinträchtigt wird.

Die dem Lernmodell zugrunde liegende Annahme der separaten Speicherung von motorischem Programm für die Struktur der Bewegung und Parametern für die spezifische Bewegungsausführung ermöglicht ein weitgehend variables Übungsangebot schon in der Phase des Neulernens. Durch dieses variable

Übungsangebot soll den Lernenden Gelegenheit gegeben werden, die Grundstruktur der Bewegung zu entdecken und zu erkunden. Die vorrangige Aufgabe des Lehrers in dieser Phase ist somit die Bereitstellung eines vielfältigen Lern- und Übungsangebots.

Zweite Phase – Überlernen

Am Ende der ersten Phase konnte die Bewegung erstmalig richtig ausgeführt werden. Das bedeutet, dass das motorische Programm gelernt ist und das Einlesen der Ausführungsparameter bei günstigen Rahmenbedingungen gelingt. Allerdings sind die Ausführungen noch sehr störanfällig und durch Ungenauigkeiten gekennzeichnet. Ziel der zweiten Phase ist die sichere Beherrschung der Bewegung.

Die methodische Devise für diese Phase lautet üben, üben, üben – also ständige, aber variantenreiche Technikwiederholungen, denn es kommt auf vielfältige Abspeicherung und das sichere Abrufen von Ausführungsparametern an.

Kontinuum – Automatisierung

Automatisierungsvorgänge setzen mit großer Wahrscheinlichkeit bereits bei den ersten Technikwiederholungen ein, auch ohne dass besondere methodische Maßnahmen zur Unterstützung der Automatisierung ergriffen wurden. Die Automatisierung bewirkt, dass der Lernende die Bewegungsausführung in immer geringerem Maße über das Bewusstsein steuern muss. Er kann seine Aufmerksamkeit auf Teile der Bewegung oder auch auf Situationsbedingungen lenken, ohne dass die Bewegungsausführung zusammenbricht.

Soll die Automatisierung methodisch initiiert und gefördert werden, so kommt es darauf an, dem Lernenden Aufgaben zu stellen, die seine Aufmerksamkeit behutsam vom Bewegungsablauf weglenken. Der Lernende wird so gezwungen, das motorische Programm auzuführen aber an etwas anderes zu denken. (Vgl. Roth, 1998, S. 42 f. und Rockmann-Rüger, 1991) Ein einfaches Beispiel für Automatisierungstraining ist das Dribbeln des Basketballes bei konzentrierter Beobachtung eines Partners.

Kontinuum – Stabilisieren und Varieren

Stabilisierung heißt Absichern des motorischen Programmes gegen Störeinflüsse. Da das Kontinuum Stabilisieren und Varieren für das schulische Lernen kaum von Bedeutung ist, sollen hier nur folgende methodischen Grundsätze genannt werden: Zum Stabilisieren werden Mentales Training, Kontrastübungen, Übungen unter physischem und psychischem Stress und Wettkampftraining eingesetzt.

Die Variabilität kann, so banal es auch erscheint, nur durch variable Übungen geschult werden.

Zusammenfassend lässt sich die Kombination von Phasen und Kontinua durch folgende Tabelle darstellen:

Tab. 4 Lernphasen u. Kontinua

Phase / Kontinuum	Ziel	Methodische Hinweise
Neulernen	Erstmalige Realisierung (Motorisches Programm)	Vereinfachungen
Überlernen	Sichere Beherrschung unter günstigen Bedingungen (Festigung des motorischen Programms / sicherer Einsatz von Ausführungsparametern)	Wiederholungen
Automatisieren	Sichere Bewegungsausführung bei abgelenkter Aufmerksamkeit	Ablenken der Aufmerksamkeit durch Zusatzaufgaben
Stabilisieren / Variieren	Sichere Bewegungsausführung auch bei Einwirken von Störgrößen. Vielfältige Verfügbarkeit von Varianten	Übungsaufgaben mit wechselnden Bedingungen und üben von Ausführungsvarianten

2 Analyse von Bewegungsabläufen

2.1 Vorbemerkung

Der Analyse von Bewegungsabläufen kommt im Sportunterricht immer dann eine herausragende Rolle zu, wenn das Erlernen motorischer Fertigkeiten angestrebt wird. Die unterrichtliche Funktion von Bewegungsanalysen entspricht dann der einer Sach- oder Lehrstoffanalyse zum Zwecke der Ableitung methodischer Entscheidungen. Diese Entscheidungen sollen Grundlage für die Planung sein. Es muss überlegt werden, in welcher Form eine Bewegungsvorstellung im Adressaten erzeugt werden soll, wie der methodische Weg zur Zielerreichung strukturiert wird und wie Korrekturen eingeplant werden. Gerade die Bedeutung einer sachgerechten, d.h. auf einer Bewegungsanalyse basierenden Korrektur muss immer wieder betont werden, da sich die Notwendigkeit in der täglichen Arbeit des Sportlehrers und Trainers unablässig zeigt. Bei der Planung von Unterricht muss eine intensive Auseinandersetzung mit den zu erlernenden Bewegungsabläufen erfolgen, damit im Unterricht selbst der Zusammenhang von Fehlern und deren Ursachen hergestellt werden kann.

2.2 Verfahren zur Analyse von Bewegungsabläufen

In der Literatur gibt es eine Reihe von Verfahren, um Bewegungsabläufe zu analysieren, die nur zum Teil die Grundlage für methodische Entscheidungen darstellen wollen (ausführliche Darstellungen gegenwärtiger bewegungsanalytischer Konzepte im Sport finden sich bei Göhner, 1979; Willimczik u. Roth, 1988). Die Unterschiede zur Analyse von Bewegungsabläufen beruhen auf andersartigen Forschungsansätzen. In der Literatur werden unterschiedliche Betrachtungsweisen dargestellt. Hier sollen nur die Verfahren kurz skizziert werden, die für die methodischen Entscheidungen unmittelbare Bedeutung haben.

Die morphologische Betrachtungsweise wird auch als pädagogisch ausgerichtete Bewegungsanalyse bezeichnet, da sie versucht, „den Lehrenden alle erforderlichen Informationen zur Anleitung und zur Korrektur von Bewegungsausführungen zu liefern." (Willimczik u. Roth, 1988, S. 17) Von daher hat sie einen hohen didaktischen Stellenwert, da theoretische Grundlagen für das methodische Handeln beim Bewegungslernen vermittelt werden. Als ein besonderer Vorteil der morphologischen Betrachtungsweise wird gesehen, dass sie in ihrer ganzheitlichen Erfassung der Bewegung Komponenten wie Bewegungsdynamik, Bewegungspräzision, Bewegungsfluß berücksichtigt, die bei einer stark elementaren Analyse vernachlässigt werden.

Bei der **biomechanischen Betrachtungsweise** wird die Bewegung des Sportlers in Abhängigkeit von Raum und Zeit untersucht. Die Erscheinungsformen werden objektiv beschrieben und erklärt. Bewegungen werden mit Hilfe mecha-

nischer Größen beschrieben. Zeit, Länge und Masse sind dabei die Grundgrö-
ßen, abgeleitete Größen sind u. a. Geschwindigkeit, Beschleunigung, Kraft,
Drehmoment usw. Bewegungen werden bei dieser Art der Analyse in exakt ver-
messene Einzelmerkmale zerlegt. Bei aller Exaktheit der biomechanischen Beschreibung hat diese den Nachteil, dass sie vom Praktiker nicht unmittelbar in
methodisches Handeln umgesetzt werden kann.

Bei der **funktionalen Betrachtungsweise** kommt es im Gegensatz zur biomechanischen Betrachtungsweise nicht auf die exakte Beschreibung jedes Details
realer Bewegungen von Sporttreibenden an, sondern im Mittelpunkt steht die
Funktion von Teilbewegungen für die Gesamtbewegung. Aus der jeweiligen Bedeutung einzelner Funktionen werden methodische Schlussfolgerungen gezogen. Die Bedeutung der Bewegungsanalyse hat in diesem Konzept eindeutig die
Funktion einer Lehrstoffanalyse. Bewegungsaktivitäten werden immer als Funktionen mit einer zielgerichteten Bedeutung gesehen. Die Funktionsanalyse umfasst einen äußeren und einen inneren Aspekt, wobei sich der äußere Aspekt auf
das Sichtbare der Bewegung bezieht und der innere Aspekt auf die inneren Abläufe im Sportler selbst.

Für die Unterrichtspraxis haben folgende Konzepte zur Bewegungsanalyse besondere Bedeutung gewonnen.

– Konzept der Aufschlüsselung in sensomotorische Sequenzen (Ungerer,
  1977)
– Konzept der Phasengliederung von Bewegungsabläufen (Meinel u. Schnabel
  1987)
– Konzept der Zerlegung in funktional abgeschlossene Teilbewegungen (Göhner, 1979)

Grundlage des ersten Verfahrens ist die Zerlegung einer Bewegung in sensomotorische Sequenzen. Dabei versteht man unter sensomotorischen Sequenzen
elementare Bewegungsabschnitte, die durch die beiden Punkte begrenzt sind,
an denen ein ausgewählter Punkt des Adressaten seine Bewegungsrichtung
ändert.

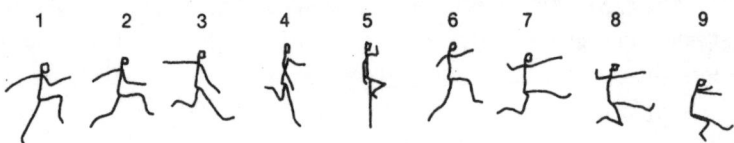

1   2   3   4   5   6   7   8   9

„Betrachten wir beispielsweise die sensomotorische Fertigkeit Hitch-Kick (Weitsprung). Wählt man als Meßpunkt den Knöchel des Schwungbeines, so ergeben sich folgende Sequenzen: Kick-Sequenz (Bild 1–3), Rückführsequenz (Bild 3 4 5) und Landesequenz (Bild 5–9)." (Röthig, 1983, S. 320)

Bei diesem Beispiel handelt es sich um eine sogenannte Sequenzkette, da die einzelnen Sequenzen sukzessiv ablaufen. Bei den meisten komplizierten Bewegungsabläufen liegen simultane Sequenzkopplungen vor, d. h., dass zwei oder mehrere Sequenzen gleichzeitig ablaufen. Ein einfaches Beispiel hierfür ist der gleichzeitige Ablauf von Arm- und Beinbewegung beim Kraulschwimmen.

Für methodische Entscheidungen haben nicht alle Sequenzen die gleiche Bedeutung, da nach Auffassung der Sensomotorik jeweils bestimmte Sequenzen besonders lernrelevant sind; sie werden als Schlüsselsequenzen bezeichnet. Jede dieser Schlüsselsequenzen bildet die Grundlage für einen Lernschritt. So ergaben sich zum Beispiel für ein Lehrprogramm zum Weitsprung (Hitch-Kick) die folgenden Lernschritte:

„Information (A):   'Springe ab und kicke während des Absprungs das Schwungbein!'

Information (B):   'Springe ab, kicke während des Absprungs das Schwungbein und führe es rückwärts!'

Information (C):   'Springe ab, kicke während des Absprungs das Schwungbein, führe es rückwärts und dann zur Landung!" (Ungerer, 1971, S. 153)

Bemerkenswert ist, dass die Sensomotorik bisher kein Verfahren zur Ermittlung der so bedeutsamen Schlüsselsequenzen bereitstellt, sondern in diesem Fall auf Erfahrungen von Praktikern des Sportunterrichts angewiesen ist.

Das Konzept der Aufschlüsselung in sensomotorische Sequenzen ermöglicht begründete Entscheidungen zum Auffinden und Ordnen von Lernschritten.

Nach dem Konzept der Phasengliederung von Bewegungsabläufen weisen sportliche Bewegungsakte „eine dreiphasige Grundstruktur auf, für die der Zweck der Phase bestimmend ist. Die Grundelemente werden als Vorbereitungsphase, Hauptphase und Endphase bezeichnet" (Meinel u. Schnabel, 1987, S. 111).

„Die Vorbereitungsphase bereitet die Hauptphase optimal vor, in der Regel durch eine Ausholbewegung, bei einer Reihe von Bewegungsformen zusätzlich durch Anlauf-, Anschwung- oder Angleitbewegungen … Die Hauptphase stellt die unmittelbare Lösung der gestellten Bewegungsaufgabe dar … Die Endphase ergibt sich in den meisten Fällen zwangsläufig aus der noch bei Abschluss der Hauptphase vorhandenen Bewegungsgröße und dem labilen Gleichgewichtszustand" (Meinel u. Schnabel, 1987, S. 111). Aus dieser Phasenstruktur werden Schlussfolgerungen für die Reihenfolge des methodischen Vorgehens und insbesondere für die Gewichtung einzelner Teilelemente des Bewegungsablaufs gezogen. Besonders beim Erkennen und Korrigieren von Fehlern ist die richtige Einordnung des jeweiligen Einzelelements der Bewegung in den Phasenverlauf von entscheidender Bedeutung. (Häufig ist zu beobachten, dass viel Zeit für die Korrektur von Fehlern aufgewendet wird, die sich bei einer genaueren Analyse als nicht entscheidend für den Hauptzweck der Bewegung herausstellen.) Für das Hauptproblem der Zerlegung von komplexen Bewegungsabläufen in Teilbewegungen ist dieses Konzept der Phasengliederung wegen seiner sehr allgemeinen Struktur nur bedingt geeignet.

Das Konzept der Zerlegung in funktional abgeschlossene Teilbewegungen ist nur ein Teil eines umfassenden Analysesystems, das von Göhner (1979) als Verfahren einer funktionalen Bewegungsanalyse bezeichnet wird. In diesem Verfahren werden zunächst die Bezugsgrundlagen einer Bewegung analysiert. Diese Bezugsgrundlagen sind Bewegungsziele, Movendumbedingungen (hierunter wird die zu bewegende Größe, also z. B. der Ball, das Wurfgerät oder der Sportler selbst verstanden), Bewegerbedingungen (Göhner unterscheidet natürliche Beweger, also den Sportler selbst ohne Gerät, instrumentell-unterstützte Beweger, also den Sportler bei Verwendung einer instrumentellen Hilfe, z. B. eines Tennisschlägers, partner-unterstützte Beweger, z. B. beim Mannschaftsspiel, gegnerbehinderte Beweger, z. B. bei Kampfsportarten), Umgebungsbedingungen und Regelbedingungen (z. B. Spielregeln). Aufgrund der Analyse der Bezugsgrundlagen (Bewegungsziele, Movendumbedingungen, Bewegerbedingungen, Umgebungsbedingungen, Regelbedingungen) wird eine Verlaufsanalyse von sportlichen Bewegungen durchgeführt.

Dabei geht es um eine Gliederung der Bewegungsabläufe in funktionale Verlaufsbestandteile. „Aus der Analyse der ablaufrelevanten Bezugsgrundlagen und aus der Untersuchung der entsprechenden Bewegungsabläufe lassen sich dann Konsequenzen für den Lernprozess erkennen, die primär auf die Besonderheiten des Lehrgegenstandes 'sportliche Bewegung' zurückgehen" (Göhner, 1979, S. 11). So lassen sich z. B. aus der Gliederung einer Bewegung in Haupt- und Hilfsfunktionsphasen und aus der Analyse von Folgeabhängigkeiten Schlüsse für die Wichtigkeit einzelner Bewegungsteile und für die Reihenfolge im Lernprozess ableiten. Dieses Analysekonzept gewinnt immer dann besondere Bedeutung, wenn eine Bewegung aufgrund ihrer Komplexität in Teilbewegungen zerlegt werden muss. Eine sinnvolle Zerlegung ist so vorzunehmen, dass es sich um funktional abgeschlossene Teilbewegungen handelt. Funktional abgeschlossene Teilbewegungen sind so charakterisiert,

„– dass dem aus einer längeren Geschehensfolge abgetrennten Bewegungsabschnitt ein Bewegungsziel zugeordnet werden kann,

– dass dieses Bewegungsziel mit den im abgegrenzten Bewegungsabschnitt erkennbaren Operationen ohne Zuhilfenahme weiterer Operationen erreichbar ist und

– dass schließlich in diesem Abschnitt auch keine weiteren Operationen und keine besonderen Verlaufsmerkmale zu erkennen sind, die eine Funktion erfüllen sollen, die nicht auf dieses Bewegungsziel gerichtet sind." (Göhner, 1979, S. 205).

Das Verfahren der funktionalen Bewegungsanalyse kann Entscheidungshilfen geben für die Festlegung der Reihenfolge im Unterrichtsprozess, für die Festlegung derjenigen Bewegungsabschnitte, die besonders sorgfältig vermittelt werden müssen (Hauptfunktionsphasen) und für die Zerlegung komplexer Bewegungsabläufe in funktional abgeschlossene Teilbewegungen.

3   Differenzierung im Sportunterricht

3.1 Vorbemerkung

Der Einsatz differenzierender Maßnahmen im Unterricht hat in der didaktischen Diskussion immer mehr an Bedeutung gewonnen. Dies zeigt sich einmal in der Anzahl von Veröffentlichungen zu diesem Themenbereich und zum anderen in den faktischen Veränderungen des Schulsystems (z.B. Wahlpflichtkurse, Leistungskurse). In diesem Kapitel sollen vorrangig nur die Differenzierungsmöglichkeiten aufgezeigt werden, die im Entscheidungsspielraum des einzelnen Lehrers liegen. Dies sind also Maßnahmen, die eine Differenzierung innerhalb der jeweiligen Lerngruppe ermöglichen; lerngruppenübergreifende schulorganisatorische Differenzierungsmaßnahmen werden hier nur im Überblick behandelt.

3.2 Begriffsklärung

Unter Differenzierung versteht man das Anwenden unterschiedlicher Maßnahmen für verschiedene Schüler, um ihren individuellen Voraussetzungen gerecht zu werden. Die Differenzierung besteht in der Variation von Zielen, Inhalten, Methoden und Medien, die die unterschiedlichen Vorkenntnisse, Fertigkeiten, Lerngeschwindigkeiten und Interessen zum Zwecke der optimalen Förderung jedes einzelnen berücksichtigt.

In der sportdidaktischen Literatur wird eine Einteilung der in der Praxis entstandenen Einzelmaßnahmen auf zwei Ebenen vorgenommen. Einmal teilt man die Maßnahmen in solche der Leistungs- und Interessendifferenzierung und zum anderen mehr unter organisatorischen Gesichtspunkten in solche der inneren und äußeren Differenzierung ein. Dabei ist darauf hinzuweisen, dass beide Ebenen einander überschneiden, d.h. z.B., dass leistungsdifferenzierende Maßnahmen sowohl in der inneren als auch in der äußeren Differenzierung auftreten.

Leistungsdifferenzierung bedeutet, dass jeder Schüler seinem derzeitigen Leistungsstand gemäß unterrichtet wird. In der Praxis findet in der Regel eine Einteilung der Schüler in Lerngruppen mit etwa gleichem Leistungsniveau statt. Demzufolge bedeutet Interessendifferenzierung, dass die unterschiedlichen Interessen der Schüler berücksichtigt werden. Der Begriff innere Differenzierung bezieht sich auf alle Maßnahmen innerhalb einer Lerngruppe (z.B. Klasse), während die äußere Differenzierung die entsprechenden Lerngruppen vorgibt. Die äußere Differenzierung ist also das schulorganisatorische System, durch das die Lerngruppen festgelegt werden (z.B. Kurssystem der gymnasialen Oberstufe).

3.3 Notwendigkeit und Ziele von Differenzierungsmaßnahmen

Die Notwendigkeit von Differenzierungsmaßnahmen ist begründet durch die Zielsetzung unseres Schulsystems, jedem Schüler die größtmögliche Förderung zukommen zu lassen. Auf dem Hintergrund dieser Forderung wäre eine Differenzierung nur dann nicht erforderlich, wenn alle Schüler mit gleichem motorischen Fertigkeitsniveau, mit gleichem Lerntempo, mit gleicher Motivation und gleichen Interessen am Unterricht teilnähmen. Da aber in diesen Punkten erhebliche Unterschiede bestehen, kommt es zwangsläufig im nichtdifferenzierten Unterricht zu Unter- bzw. Überforderungen für einen beträchtlichen Teil der jeweiligen Lerngruppe. Wiederholte Unter- bzw. Überforderungen rufen im Lernenden durch das Ausbleiben von Erfolgserlebnissen häufig Unlust, Motivationsverlust und damit Frustrationen hervor.

Oftmals räumen die Lernenden die bestehenden Hindernisse auf dem Weg zur Zielvorgabe durch aggressive Handlungen aus dem Weg. Wenn diese Aggressionskräfte sich nicht auf die Zielerreichung richten, können sie sich an anderen Objekten entladen. Für den Sportunterricht könnte das zum Beispiel bedeuten, dass bei einzelnen Schülern durch Frustration (keine Lernbestätigung) aggressive Tendenzen hervorgerufen werden, die sie an schwächeren Mitschülern auslassen, wenn sie sie nicht an den Lehrer richten können.

Die hervorgerufenen Aggressionen können auch zur Regression führen, d. h. das oftmals nicht erreichte Ziel wird durch ein anspruchsloseres Ziel ersetzt. Die im Sportunterricht überforderten Schüler werden nach geraumer Zeit mit Bewegungsfertigkeiten zufrieden sein, die weit unter ihrem tatsächlichen Leistungsvermögen liegen. Schafft der Sportlehrer – wenn auch unbewusst – häufig Frustrationsbedingungen für seine Schüler, wird ihr Verhalten oftmals planlos, lustlos und desinteressiert sein.

Demnach muss der Sportunterricht also auf die individuellen Besonderheiten der Schüler eingehen, um solche Verhaltensweisen weitgehend auszuschließen. Es bleibt also nicht aus, den Unterricht zeit- und teilweise den unterschiedlichen Voraussetzungen der Schüler anzupassen, d. h. der jeweiligen Adressatengruppe ein differenziertes Lernangebot zu unterbreiten, damit zum einen das für alle verbindliche Ziel erreicht und zum anderen jeder einzeln intensiv gefördert werden kann.

Auf den Schüler hin betrachtet wird mit Differenzierungsmaßnahmen eine weitgehende Anpassung des Unterrichts an die Interessen und Fähigkeiten des Schülers bezweckt, um jeden Schüler optimal zu fördern. Für die Institution Schule bedeuten Differenzierungsmaßnahmen, dass der Wirkungsgrad des Unterrichts erhöht wird.

3.4 Formen der äußeren Differenzierung

In unserem stark gegliederten Schulsystem gibt es u. a. auch Schulen mit sport-
bezogenen Schwerpunkten. Deren Aufgabe ist es, besonders talentierte Schüler
über das sonst mögliche Maß hinaus zu fördern. Dabei handelt es sich prinzipiell
um eine Differenzierung nach Leistung. In diese Gruppe gehören Gymnasien,
die sich auf besondere Sportarten spezialisiert haben und in aller Regel mit einem Internat gekoppelt sind. Eine andere Variante sind Schulen mit sportbeton-
tem Zug, in denen die Anzahl der Sportstunden erhöht worden ist.

Innerhalb der einzelnen Schule werden Differenzierungsmöglichkeiten durch die
Einrichtung verschiedener Kurse geschaffen. Hierbei werden zwei Prinzipien unterschieden, das Prinzip der Differenzierung nach Leistung und das Prinzip der
Differenzierung nach Interessen. Das Prinzip der Differenzierung nach Leistung
findet sich organisatorisch in den verschiedenen Fördergruppen und auch in den
Leistungskursen der gymnasialen Oberstufe. Fördergruppen werden sowohl für
besonders begabte als auch für sportschwache Schüler eingerichtet. Dem Prinzip der Differenzierung nach Interessen kommt man in aller Regel durch das Angebot von Neigungsgruppen für unterschiedliche Sportarten nach.

Weit verbreitet in unserem Schulsystem ist aus den unterschiedlichsten Gründen
in bestimmten Jahrgängen eine Differenzierung nach dem Geschlecht.

3.5 Formen der inneren Differenzierung

Im folgenden werden Formen und Möglichkeiten von Differenzierungsmaßnahmen dargestellt, die im Einflußbereich des einzelnen Lehrers liegen; also Differenzierungsmaßnahmen innerhalb der vom Lehrer betreuten Lerngruppe (z. B.
Klasse). Diese im weiteren aufgeführten Formen der inneren Differenzierung
gelten – wenn auch mit unterschiedlichem Notwendigkeitsgrad – für alle durch
äußere Differenzierungsmaßnahmen schon weitgehend homogenisierten Lerngruppen (z. B. Neigungsgruppen, Förderkurse usw.). Will man als Lehrer dem
Anspruch, jeden Schüler nach seinen Fähigkeiten zu fördern, gerecht werden,
so wäre es in letzter Konsequenz erforderlich, Einzellernen zu ermöglichen, also
die Differenzierung so weit auszubauen, dass jeder Schüler seinem Lerntempo
gemäß lernen kann, also individualisierender Unterricht erteilt wird. Ein derarti-
ges Vorhaben stößt sehr schnell an die Grenzen der Leistungsfähigkeit des Lehrers in allen unterrichtlichen Funktionen. Hierbei wären besonders Informationsdarbietung und individuelle Rückmeldung zu nennen. Ein individualisierender
Unterricht ist nur durch den Einsatz von Lehrprogrammen zu verwirklichen. Bei
Lehrprogrammen handelt es sich um vorgefertigten Unterricht. Die Programme
enthalten die für die Schüler notwendigen Informationen, aufgeteilt in einzelne
Lehr- / Lernschritte, mit Aufgabenstellung zur Steuerung der Eigenaktivität und
geben dem Schüler an, wie er nach der jeweiligen Aufgabenstellung im Pro-

gramm weiterlernen soll. Der Lehrer übernimmt in der Regel Beratungs- und Kontrollfunktion.

Individualisierende Verfahren sind aber nicht durchgängig im Sportunterricht einsetzbar, da eine Reihe wichtiger Zielsetzungen des Sportunterrichts (z.B. Sozialverhalten) so nicht erreicht werden können, da sie auf Kommunikation und Auseinandersetzung in der Gruppe angewiesen sind. Auch der gesamte Komplex der Spiele lässt sich mit dieser Art von Unterricht nur bruchstückhaft erarbeiten, nämlich im Bereich der reinen Fertigkeitsschulung. Lehrprogramme für den Sportunterricht findet man daher vor allem in Individualsportarten wie Leichtathletik, Gerätturnen und Schwimmen. Im folgenden wird ein Ausschnitt aus einem Lehrprogramm für eine Hochsprungtechnik wiedergegeben (siehe Kruber u. a., 1975, S. 85–100).

„Leitsätze zum Lehrprogramm Flop

1. Suche Dir einen oder zwei Partner, die mit Dir üben.
2. Wer korrigiert, sollte stets das Programmheft in Händen haben, damit er sieht, wie die Bewegungen richtig sind.
3. Du kannst Dein Lerntempo selbst bestimmen, solltest aber jede Bewegung so lange üben, bis Du selbst und Deine Beobachter der Meinung sind, dass Du sie gut beherrschst.
4. Lass Dich in Zweifelsfällen zusätzlich von Deinem Lehrer beurteilen.
5. Wenn Du eine Übung gut kannst, gehe sofort zur nächsten über.
6. Lass keine Übung aus.
7. Wenn Du viele Fehler machst, solltest Du die vorausgehende Übung nochmals wiederholen.
8. Die manchmal angegebenen Hilfsübungen helfen Dir, Schwierigkeiten der Hauptübung zu überwinden.
9. Nimm Rücksicht auf Deine Mitschüler.
10. Führe im Laufe der Stunde oder zu Hause einige der angegebenen Zusatzaufgaben durch. Sie erhöhen Deine Kraft (K), Deine Gewandtheit (G), Deine Schnelligkeit (S) und Deine Beweglichkeit (B).

Flop-Technik (Linksspringer)

Ziel: Wir lernen den Standflop

Springe rückwärts über die Schnur.

Achtung! Weit springen!

Die drei Abbildungen stammen aus:
Kruber, D.; Fuchs, E.; Cords, J.: Straddle – Flop – Stabhochsprung. Schorndorf:
Verlag Karl Hofmann.

Flop-Technik (Linkssspringer)

links

Ziel: Wir lernen Anlauf und Absprung

Laufe auf dem Anlaufbogen und springe links ab.

Fliege rücklings über die Latte.

Flop-Technik
(Links- und Rechtssspringer)

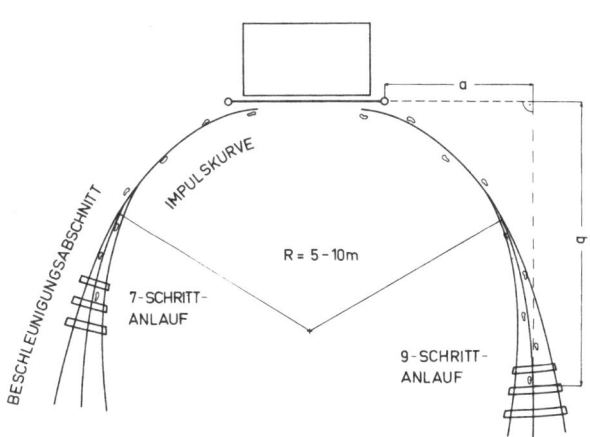

Anleitung zur Festlegung des Anlaufs

Die letzten 3 Anlaufschritte sollen auf einer Kreisbahn durchgeführt werden (Impulskurve).

Die ersten Schritte sollten dagegen geradliniger verlaufen (Beschleunigungsabschnitt).

Der Anlauf soll stets als Steigerungslauf durchgeführt werden.

Der Sportler sollte sich die Strecken a und b für seine Ablaufmarke genau ausmessen und sich die Maße aufschreiben. Er findet dann seine Ablaufmarke in jeder Übungsstunde leicht wieder."

Ohne Einsatz von Lehrprogrammen kann der einzelne Lehrer differenzierende Maßnahmen nur für überschaubare Teilgruppen einsetzen. Für diese gruppenweise Differenzierung treffen auch die oben genannten Einschränkungen im Lernzielbereich (soziale Lernziele) nicht zu. Die Differenzierung kann zum einen nach Interessen und zum anderen nach Leistungsgesichtspunkten erfolgen. Differenzierung nach Interessen bedeutet Differenzierung in den Inhalten, d. h., jede Gruppe wendet sich einem anderen Inhaltsbereich zu. So können zum Beispiel in einer Sportstunde folgende Inhaltsbereiche vorgegeben werden: Jazzdance, Stützsprünge und Bodenturnen. Die Schüler verteilen sich ihren Interessen gemäß, erhalten Aufgabenstellungen und üben in der Regel weitgehend selbständig. In der Praxis kann der Lehrer entweder Beratungs- und Kontrollfunktion übernehmen, oder er wendet sich verstärkt einer Gruppe zu, in der neue Fertigkeiten gelernt werden.

1. Differenzierung nach Interessen ist in hervorragender Weise geeignet, Schüler zur Mitarbeit im Sportunterricht zu motivieren, wenn auch nicht auszuschließen ist, dass einige Schüler ihre Interessen nicht berücksichtigt finden; es kann sich also immer nur um eine Annäherung an das tatsächliche Interessenfeld der Schüler handeln. Trotz der großen Vorteile der Differenzierung nach Interessen ist eine durchgängige Verwendung nicht anzustreben, da zum einen durch die Rahmen- oder Lehrpläne verbindliche Zielsetzungen für alle Schüler vorgegeben sind, die nicht immer unbedingt den aktuellen Schülerinteressen entsprechen, und zum anderen die Gefahr einer organisatorisch-methodischen Monotonie besteht.

2. Differenzierung nach Leistungsfähigkeit bietet sich bei grundsätzlich gleichem Zielbereich für alle Schüler an. Es werden relativ leistungshomogene Gruppen gebildet. Die Differenzierung kann in der Verwendung unterschiedlicher Methoden und/oder Medien, im Schwierigkeitsgrad der Zielsetzung oder in der Vorgabe weiterführender bzw. zusätzlicher Ziele bestehen.

Differenzierung nach unterschiedlichen Methoden bedeutet, dass für die einzelnen Gruppen unterschiedliche methodische Maßnahmen vorgesehen sind. Die Gruppe mit dem höchsten Leistungsstandard wird eine geringere Anzahl methodischer Teilschritte benötigen als die leistungsschwächeren Gruppen. Für das Erlernen des Hüftaufschwungs vorlings rückwärts bedeutet dies, dass die Klasse in drei Leistungsgruppen aufgeteilt werden kann, die mit folgenden Lernschritten beginnen:

Gruppe I: Sprossenwand als Lernhilfe
            Einholmiger Barren vor der Sprossenwand. Hüftaufschwung durch
            Hochlaufen an der Sprossenwand.

Gruppe II: Aus dem Stand vorlings mit zurückgestelltem Bein (das Standbein
            steht auf erhöhter Abdruckstelle) Hüftaufschwung mit gehockten
            Beinen in den Stütz.

Gruppe III: Aus dem Stand vorlings mit zurückgestelltem Bein

Alle Gruppen haben die gleiche Zielsetzung und werden unter Einsatz unterschiedlicher methodischer Maßnahmen unterrichtet. Gruppe I lernt mit einer
nicht-personalen Bewegungshilfe, die den Bewegungsablauf sehr stark unterstützt und sukzessiv abgebaut wird. Gruppe II erhält eine weniger wirksame
nicht-personale Bewegungshilfe, die nach den ersten gelungenen Bewegungs-
versuchen entfallen kann. Gruppe III benötigt aufgrund ihrer Voraussetzungen
keine Bewegungshilfen.

Differenzierung durch die Verwendung unterschiedlicher Medien kann sowohl bei der Soll-Wert-Vorgabe als auch bei der Rückmeldung sinnvoll sein. Wird mit einer Lehreinheit zu einer Bewegungsfertigkeit begonnen, und ein Teil der Schüler beherrscht die Grobkoordination der Bewegung bereits, während der andere Teil der Schüler neu beginnt, so ist eine Differenzierung auch in den Medien angebracht. Die erste Gruppe hat bereits eine Vorstellung vom Bewegungsablauf, so dass eine vollständige Vorgabe (z. B. Film) nicht erforderlich ist. Es kommt für die Feinkoordination vielmehr darauf an, dass Bewusstsein auf bestimmte Details des Bewegungsablaufs zu lenken; dies kann über eine Lehrbildreihe geschehen. Die zweite Gruppe hingegen benötigt eine vollständige Vorgabe zum Aufbau der ersten Bewegungsvorstellung (z. B. Film).

Differenzierung nach Inhalten und Zielen bedeutet, dass die Bedingungen, unter denen der gleiche Bewegungsablauf ausgeführt wird, unterschiedlich sind. Dies ist zum Beispiel der Fall, wenn bei den Stützsprüngen die Hocke über den Bock, Doppelbock, Kasten und Pferd ausgeführt wird.

Wenn zu erwarten ist, dass ein Teil der Klasse die Zielbewegung wesentlich schneller erlernt, so ist zu empfehlen, zusätzliche Ziele vorzugeben. Beim Erlernen des Hüftaufschwungs vorlings rückwärts könnte dies zum Beispiel der Hüftumschwung vorlings rückwärts sein; bei den Stützsprüngen (Hocke) könnte es ein anderer Sprung aus dieser Bewegungsfamilie sein.

4 Lernziele

4.1 Vorbemerkung

In der fachdidaktischen Diskussion nahm die Lernzielproblematik einen breiten Raum ein. Hier ging es einmal um die grundlegende Bedeutung von Lernzielen für den Unterricht, um den Beitrag der Unterrichtswissenschaft bei der Auswahl von Lernzielen, um die Hierarchisierung und Klassifizierung von Lernzielen, um die Technik der Lernzielformulierung und um die Bedeutung der Lernzielkontrolle. Darüber hinaus war ein erheblicher Anteil der Diskussion mit terminologischen Streitigkeiten ausgefüllt (Bildungsziel, Lehrziel, Lernziel, Intention usw.), die in diesem Kapitel nicht nachvollzogen werden sollen.

Die grundlegende Diskussion um Lernziele wurde durch das Aufkommen des Programmierten Unterrichts ausgelöst. Dies hängt damit zusammen, dass das Austesten von Lehrprogrammen nur möglich ist, wenn eine präzise Zielvorgabe vorhanden ist. In der Diskussion wurden diese präzisen Zielvorgaben auf den nicht-programmierten Unterricht zunächst uneingeschränkt übertragen, da der Zielorientierung für die Effektivität des Unterrichts ein besonders starkes Gewicht zufällt. Die Wirksamkeit der unterrichtlichen Maßnahmen ist überhaupt nur dann zu beurteilen, wenn das Ergebnis an vorher festgelegten Zielen gemessen werden kann. Da diese Übertragung in einigen Zielbereichen des Sportunterrichts auf große Schwierigkeiten stieß (z. B. affektiver Zielbereich) und somit die Gefahr bestand, dass diese Zielbereiche nur noch unzureichend berücksichtigt wurden, tauchten in der Diskussion Ansätze auf, die davon ausgingen, dass nicht alle Bereiche im Sportunterricht durch Lernziele gesteuert werden. Danach wird ein lernzielorientierter und ein nichtlernzielorientierter Unterricht (sogenannter prozessorientierter Unterricht) unterschieden. Da aber Unterricht gerade durch Planmäßigkeit und Zielgerichtetheit definiert ist (vgl. Wulf, 1974, S. 591 ff.), ist zumindest die Bezeichnung „Unterricht" unzutreffend, wenn kein Lernziel bestimmt ist. Es soll hierbei nicht übersehen werden, dass in der Schule und damit auch in der Sportstunde nicht nur Unterricht stattfindet, sondern z.B. auch Zeiträume für die freie, nicht zielgerichtete Kommunikation bereitgestellt werden. Neben diesen grundlegenden Erörterungen beherrschten Bemühungen um ein Ordnungssystem der Lernziele die Diskussion. Die herausragenden Arbeiten auf diesem Gebiet sind die amerikanischen Systeme zur Hierarchisierung der Lernziele, die in den deutschen Sprachgebrauch als Lernzieltaxonomien eingegangen sind. Es gibt eine Taxonomie zum kognitiven, zum affektiven und zum psychomotorischen Bereich. Das grundlegende Kriterium für die hierarchische Ordnung ist die zunehmende Komplexität des Zielverhaltens. Da die Taxonomien für die konkrete Unterrichtsplanung nur eine geringe Bedeutung haben, soll eine weitere Auseinandersetzung an dieser Stelle nicht erfolgen. Ihre eigentliche Bedeutung liegt auf der Ebene der Erstellung von Lehrplänen und

Prüfungsordnungen. Für die konkrete Unterrichtsplanung sind die Problemkreise Lernzielauswahl, Lernzielformulierung und Lernzielkontrolle bedeutsamer.

4.2 Lernzielauswahl

Bei der Diskussion um die Bestimmung oder Auswahl von Lernzielen sind zwei Ebenen zu unterscheiden. Auf der sogenannten oberen Ebene geht es um die Festlegung von Lernzielen für Lehrpläne oder Rahmenpläne, während es auf der unteren Ebene um die Auswahl von Lernzielen für einzelne Lehreinheiten auf der Basis der Lehr- oder Rahmenpläne durch den einzelnen Lehrer geht. Die Lernzielproblematik ist auch in der Curriculumforschung, die aus dem Wunsch nach Revision der Lehr- und Rahmenpläne entstanden ist, stark verankert, da zunächst geklärt werden muss, was denn eigentlich gelernt werden soll. Die Bestimmung von Lernzielen auf der Ebene der Lehrpläne ist jedoch grundsätzlich kein wissenschaftlicher, sondern ein normativer Vorgang, der durch die jeweiligen politischen Kräfte einer Gesellschaft bestimmt wird. Das heißt, die Setzung von Zielen ist nicht Gegenstand der Erziehungs- oder Unterrichtswissenschaften (z.B. der Sportdidaktik). Aufgabe dieser wissenschaftlichen Disziplinen ist die Analyse vorgegebener Zielsetzungen auf Widerspruchsfreiheit, Erreichbarkeit u.a.m. (vgl. von Cube, 1977, S. 54f.). Auf der unteren Ebene der Lernzielauswahl, auf der es um die Lernzielentscheidung des einzelnen Lehrers geht, handelt es sich um wissenschaftlich (fachdidaktisch) begründete Entscheidungen. Es geht hier nicht mehr um Setzung, sondern um Auswahl von Lernzielen aus den jeweils vorgegebenen Lehrplänen. Kriterien für die Auswahl sind die Voraussetzungen der Schüler und die institutionellen Voraussetzungen (vgl. hierzu: Erster Teil, Kap. 1 und 2).

Sowohl auf der Ebene der Lehrplanentscheidung als auch auf der Ebene der Lernzielauswahl für Lehreinheiten und einzelne Stunden ist das gesamte Spektrum der Lernziele für den Sportunterricht zu berücksichtigen. In der Unterrichtswissenschaft hat es sich eingebürgert, drei Klassen von Lernzielbereichen zu unterscheiden:

- psychomotorische Lernziele
- kognitive Lernziele
- affektive Lernziele

Im Unterschied zu den meisten anderen Unterrichtsfächern nehmen die psychomotorischen Lernziele im Sportunterricht eine herausragende Stellung ein. Dennoch ist festzustellen, dass auch die anderen beiden Lernzielbereiche ihre Bedeutung haben, obwohl sie in Lehrplänen und Unterrichtsplanungen nur selten mit dem gleichen Präzisierungsgrad angegeben sind wie die psychomotorischen Lernziele. Bezogen auf den Sportunterricht, lassen sich die oben angegebenen Lernzielbereiche wie folgt darstellen:

Handlungsfähigkeit im Sport		
Psychomotorische Lernziele	**Kognitive Lernziele**	**Affektive Lernziele**
– motorische Fertigkeiten, z.B. Flop, Brustschwimmen, Korbleger. – motorische Eigenschaften, z.B. Ausdauer, Schnelligkeit, Kraft.	– Kenntnisse, z.B. über Bewegungsabläufe, Regeln, Taktik. – Einsichten, z.B. in biomechanische Zusammenhänge, psychologische Vorgänge beim Sporttreiben und die Bedeutung von Regeln. – Analysieren, z.B. von Spielabläufen. – Beurteilen, z.B. von Eigen- und Fremdverhalten.	– Sportartspezifische Gewohnheiten ausprägen – Interesse am Sporttreiben wecken. – Freude an der Bewegung vermitteln. – Positive Einstellung zu fairem Verhalten entwickeln.

Abb. 13 Lernzielbereiche im Sportunterricht

Handlungsfähigkeit im Sport ist das übergeordnete komplexe Lernziel und umfasst das gesamte Spektrum sportlichen Handelns, wie z.B. aktives Sporttreiben, Sport erleben als Zuschauer und Sport organisieren. Diese komplexen übergeordneten Ziele umfassen in der Regel Teilelemente sowohl aus den psychomotorischen als auch aus den kognitiven und affektiven Lernzielbereichen. Seltener kommt es vor, dass in einzelnen Lehreinheiten oder Unterrichtsstunden lediglich Ziele aus einem Bereich angesteuert werden. (Hierzu vgl. 1. Teil, Kap. 3.3 – Beispiele für Grobziele.)

4.3 Lernzielformulierung

In der Diskussion über Lernziele nahm das Problem der Lernzielformulierung einen breiten Raum ein. Dabei ging es hauptsächlich um den notwendigen Grad der Präzisierung. In erster Linie wurde diese Diskussion durch R. F. Magers (1972) Veröffentlichung „Lernziele und programmierter Unterricht" (1965 übersetzt aus dem Amerikanischen; 1. Auflage 1961 in den USA) ausgelöst, in der er eine Technik zur sogenannten operationalen Lernzielbestimmung vorstellt. Die umfangreiche Literatur zu dieser Problematik ging über den Vorschlag Magers nicht wesentlich hinaus. Einerseits handelte es sich um Verfeinerungen und leichte Modifizierungen, zum anderen wurden die Möglichkeiten und Grenzen dieser Art der Lernzielformulierung diskutiert. Daher sollen an dieser Stelle die Merkmale und Vorteile der operationalen Lernzielformulierung dargestellt werden und die Grenzen dieser Art der Beschreibung für den Sportunterricht aufgezeigt werden.

Ein operational formuliertes Lernziel ist durch folgende Merkmale gekennzeichnet:

1. **Das Ziel muss als beobachtbares Endverhalten beschrieben werden**

   Es darf z. B. nicht heißen: „Die Schüler kennen die richtigen Sicherheitsmaßnahmen bei der Hocke über das längsgestellte Pferd." Diese Formulierung gibt kein *beobachtbares* Endverhalten an, da nicht beobachtet werden kann, ob die Schüler die richtigen Sicherheitsmaßnahmen kennen. Man könnte aber beobachten, ob die Schüler die richtigen Sicherheitsmaßnahmen aufzählen oder anwenden können. Eine treffende Formulierung wäre: „Die Schüler können die richtigen Sicherheitsmaßnahmen bei der Hocke über das längsgestellte Pferd anwenden."

2. **Die Bedingungen, unter denen das beobachtbare Endverhalten geäußert werden soll, müssen angegeben werden**

   Es genügt z. B. nicht anzugeben ... „eine Hocke über das längsgestellte Pferd springen", sondern es müsste zusätzlich die Höhe des Geräts angegeben werden.

3. **Der Beurteilungsmaßstab muss angegeben werden**, d. h. bei welcher Qualität der Ausführung das Lernziel als erreicht gelten soll. So müsste z. B. zu dem oben angegebenen Lernziel „eine Hocke über das längsgestellte Pferd springen" noch zusätzlich angegeben werden, welche Bewegungsmerkmale unbedingt erkennbar sein sollen (z. B.: beidbeiniger Absprung, gestreckte Flugphase ...).

Zur Verdeutlichung seien hier noch einige Beispiele für Lernzielformulierungen aus dem Sportunterricht aufgeführt:

– Die Schüler können in der Floptechnik über eine Sprunglatte, bei der Höhe von 1,10 m, springen. Dabei müssen folgende Merkmale erkennbar sein: bogenförmiger Anlauf, Absprung mit dem lattenfernen Bein, Hüftstreckung bei der Lattenüberquerung.

– Die Schüler können an einem stirnhohen Reck, den Hüftaufschwung vorlings rückwärts ausführen. Das Lernziel gilt als erreicht, wenn der Schüler in den Stütz kommt. (Bei dieser Lernzielformulierung kommt es also nicht auf Feinheiten des Bewegungsablaufs an.)

– Die Schüler können im Lehrschwimmbecken ohne Verwendung von Hilfsmitteln nach beidbeinigem Abstoß von der Beckenwand 3 m weit in der Brustlage bei völlig gestrecktem Körper, Gesicht im Wasser, gleiten.

– Die Schüler können mit einem Fallwurf aus dem Grätschstand nach vorn auf einer Bodenturnmatte einen niederen Kasten aus einer Entfernung von 7 m treffen. Dabei müssen folgende Merkmale erkennbar sein: Vorbeugen der Knie, Zurücknahme der Wurfarmschulter, Körperstreckung im Fallen, schlagartiges Nachvorneführen von Wurfarmschulter und Wurfarm, flüchtiges Aufstützen der Nichtwurfhand, Abrollen über die Wurfschulter.

– Die Schüler können mit einem Innenseitstoß den Ball zu einem in 10 m Entfernung stehenden Partner flach spielen und dabei folgende Merkmale demonstrieren: Das Standbein ist im Kniegelenk leicht gebeugt und steht neben dem Ball mit der Fußspitze in Stoßrichtung; das Fußgelenk des Spielbeines ist festgestellt, seine Fußspitze ist etwas angehoben; der Ball wird mit der Innenseite des Fußes im Zentrum getroffen; der Oberkörper ist über den Ball geneigt.

– Die Schüler können die folgenden Bewegungsmerkmale des Kraulschwimmens aufzählen: Wechselarmzug mit S-förmigem Muster der Unterwasserarbeit, Wechselbeinschlag, 6 Beinschläge auf einen Armzyklus, Ausatmung ins Wasser, Einatmen durch Kopfdrehen zur Seite.

– Die Schüler können im Dreischrittrhythmus über 4 Turnbänke laufen, die im Abstand von 4 m stehen.

Ist es überhaupt notwendig, Lernziele derart präzis und operational zu formulieren? Welche Vorteile für die Unterrichtsplanung und Unterrichtsdurchführung haben operational formulierte Lernziele? Unseres Erachtens gibt es fünf Hauptvorteile, die für derartig formulierte Lernziele sprechen:

1. Wer Lernziele so formuliert, muss sich zwangsläufig sehr intensiv mit dem jeweiligen Lerngegenstand im Zusammenhang mit den Schülern auseinandersetzen.

2. Je präziser das Lernziel formuliert ist, desto zielgerichteter kann der Unterricht ablaufen; d.h. es kann bei der Planung leichter entschieden werden, welche Inhalte für die Zielerreichung überflüssig sind.

3. Nur bei einem operational formulierten Lernziel ist eine widerspruchsfreie Lernerfolgskontrolle möglich.

4. Nur operationale Zielvorgaben können den Schülern genau vermitteln, was sie am Ende des Unterrichts können sollen. Dadurch wird die Aufmerksamkeit der Schüler automatisch auf die entscheidenden Punkte des Unterrichts gelenkt. Damit ist eine aktive Beteiligung der Schüler am Unterrichtsprozess ermöglicht.

5. Klare Zielvorgaben ermöglichen sinnvolle Methodenentscheidungen.

Aufgrund dieser genannten Vorteile ist es notwendig, Lernziele operational zu formulieren, wenn auch die Grenzen einer solchen Art der Lernzielformulierung nicht übersehen werden sollen. Zunächst einmal sollte vor übertriebenem Perfektionismus in der Lernzielformulierung gewarnt werden, da sonst der Planungsaufwand überdimensional anwächst. Hiermit ist insbesondere eine allzu pedantische Beschreibung der Bedingungen und Hilfsmittel (z. B. Raumtemperatur, Tageszeit, Bodenbeschaffenheit) und eine zu differenzierte Aufgliederung in Feinstziele (z. B. Aufgliederung des Pferdsprungs in 6 Feinziele) gemeint. Außerdem gibt es Lernbereiche im Sportunterricht, die sich zumindest auf dem Niveau einzelner Unterrichtsstunden nur wenig für eine Operationalisierung eignen. Dazu gehören z. B. der Bereich der allgemeinen Konditionsschulung und der sozial-affektive Lernzielbereich. Hier ist eine Operationalisierung und Erfolgskontrolle nur für längere Unterrichtszeiträume möglich. Letztlich sollte es sich aber auch in diesen Bereichen nicht um zufalls-, sondern um zielgesteuerten Unterricht handeln, d. h. der Grundsatz der Operationalisierung von Lernzielen gilt auch hier, wenn auch die Detailfestlegung stärker im Ermessensspielraum des einzelnen Lehrers liegt.

4.4 Lernzielkontrolle

Die Lernzielkontrolle ist ebenfalls wesentlicher Diskussionsgegenstand innerhalb der gesamten Lernzieldiskussion. Zunächst einmal sei deutlich festgestellt, dass Lernzielkontrolle nicht gleich Zensierung und Einstufung von Schülern ist. In der Lernzielkontrolle wird festgestellt, ob die Minimalanforderungen zum Erreichen des Lernziels erfüllt sind. Funktion der Lernzielkontrolle ist die Rückmeldung an den Schüler über die erbrachte Lernleistung (Lernerfolgsbestätigung, Verstärkung) und die Rückmeldung an den Lehrer, damit er den nachfolgenden Unterricht an den jeweiligen Lernstatus anpassen kann. In der Diskussion über die Häufigkeit von Lernzielkontrollen setzte sich die Tendenz durch, derartige Lernzielkontrollen nicht unbedingt in jeder Stunde, sondern am Ende von Lehreinheiten und an den neuralgischen Punkten innerhalb eines Lernprozesses durchzuführen. Als neuralgische Punkte werden solche Teilziele angesehen, die unbedingt erreicht sein müssen, um den Unterrichtsprozess fortzusetzen.

Die Technik der Lernzielkontrolle ist durch die Lernzielformulierung vorbestimmt. Jedes Lernziel muss durch eine inhaltsgültige Testaufgabe überprüft werden. Inhaltsgültig bedeutet, dass genau das Lernziel (nicht mehr und nicht weniger) überprüft wird.

Beispiel:

Lernziel: Die Schüler können die folgenden Bewegungsmerkmale des Kraulschwimmens aufzählen: Wechselarmzug mit S-förmigem Muster der Unterwasserarbeit, Wechselbeinschlag, 6 Beinschläge auf einen Armzyklus, Ausatmung ins Wasser, Einatmen durch Kopfdrehen zur Seite.

Testaufgabe: Welche der folgenden Bewegungsmerkmale gehören zum Kraulschwimmen? (Bitte ankreuzen)

- S-förmiges Muster der Unterwasserarbeit
- symmetrischer Beinschlag
- 6 Beinschläge auf einen Armzyklus
- gestreckte Gleitphase

Diese Testaufgabe ist nicht inhaltsgültig, da sie nicht Aufzählen, sondern Entscheiden und Zuordnen verlangt. Außerdem werden weniger Merkmale verlangt, als im Lernziel angegeben sind.

Es müsste heißen: Zähle alle Bewegungsmerkmale des Kraulschwimmens auf, die Du kennst!

5 Methodik des Sportunterrichts

5.1 Vorbemerkung

Unter den Veröffentlichungen zu den Methoden im Sportunterricht sind fünf Werke hervorzuheben, die sich zentral mit der Methodenfrage beschäftigen. (Fetz, 1979; Stiehler, 1979; Koch u. Mielke, 1977; Czwalina, 1988; Bielefelder Sportpädagogen, 1998.) In diesen und in weiteren Veröffentlichungen sind zahlreiche Vorschläge zur Systematisierung des methodischen Repertoires vorgenommen worden, die jedoch wegen ihrer vermeintlichen Unterschiedlichkeit zunächst eher verwirren, als dass sie Orientierungshilfen geben. Die Unterschiede erscheinen jedoch vorwiegend darstellungs- und nicht inhaltsbedingt.

Gemeinsam ist den meisten Veröffentlichungen eine Unterscheidung von zwei Hauptebenen methodischer Entscheidungen. Auf der ersten Ebene geht es um das allgemeine Unterrichtskonzept und das generelle methodische Vorgehen. Wir nennen diese Ebene in Übereinstimmung mit zahlreichen Autoren die Ebene der methodischen Verfahren.

Auf der zweiten Ebene geht es um Einzelheiten des methodischen Vorgehens, wie z. B. die Einteilung in Unterrichtsschritte oder den Einsatz methodischer Reihen, die Auswahl bestimmter methodischer Maßnahmen oder Aktionsformen und die Entscheidung für bestimmte Sozialformen des Unterrichts.

Im Folgenden sollen auf der Ebene der methodischen Verfahren nur die generellen methodischen Vorgehensweisen beschrieben werden, während Fragen eines allgemeinen Unterrichtskonzeptes in Kap. 8 dargestellt werden.

Auf der zweiten Ebene werden erstens ausgewählte methodische Maßnahmen und zweitens methodische Reihen genauer beschrieben. Es wird außerdem versucht, den Implikationszusammenhang von methodischen Maßnahmen und anderen Faktoren des Unterrichts andeutungsweise darzustellen.

5.2 Methodische Verfahren

In der sportdidaktischen Literatur sind verschiedene Versuche zur Klassifizierung des grundsätzlichen methodischen Vorgehens zu verfolgen. Dabei wird davon ausgegangen, dass bei der Planung von Sportunterricht zunächst eine Grundsatzentscheidung über das methodische Verfahren getroffen wird, die dann bestimmend für die Auswahl der methodischen Einzelmaßnahmen ist.

Interessant ist, dass die bekanntesten Einteilungsversuche jeweils eine Klassifizierung in alternative Verfahren vornehmen. Das methodische Vorgehen ist danach entweder direkt oder indirekt, deduktiv oder induktiv, ganzheitlich oder elementenhaft. Vom Denkansatz dieser Klassifizierungsversuche her kann es im Sportunterricht also nur einander ausschließende Alternativen des grundsätzlichen methodischen Vorgehens geben. In kommentierenden und zusammenfassenden Darstellungen der Sportdidaktik (z. B. Größing, 1988; Söll, 1972) wird diese Reduzierung der methodischen Entscheidung auf eine Alternativentscheidung jedoch zum einen relativiert, indem darauf hingewiesen wird, dass die jeweiligen Verfahren nur selten in reiner Form vorkommen (Söll, 1972, S. 133), und zum anderen wird eine Verknüpfung der Verfahrenspaare zu einem System versucht (Größing, 1988; Söll, 1972). Im folgenden sollen zunächst die Klassifizierungen im einzelnen dargestellt werden.

Dabei werden die direkte und die indirekte Methode nicht näher behandelt, da diese Klassifizierung eine mehr theoretische Bedeutung hat und dem Praktiker kaum Hilfestellungen geben kann. Aufgrund dieser Tatsache wird wohl auch in den meisten anderen zusammenfassenden Darstellungen auf eine intensive Auseinandersetzung mit diesen beiden Methoden verzichtet. Der Unterschied ist lediglich darin zu sehen, dass bei der direkten Methode die zu erlernende Bewegungsfertigkeit ohne methodische Zwischenschritte unmittelbar nach Sollwert-Vorgabe (z. B. Demonstration des Bewegungsablaufs) erlernt wird, während bei der indirekten Methode das Lernziel über Teilziele angesteuert wird. Die Anzahl der Teilziele wird durch die Schwierigkeit der zu erlernenden Bewegungsfertigkeit in Relation zu den Schülervoraussetzungen bestimmt.

Ganzheitliche – elementenhaft-synthetische Methode

Ähnlich wie in anderen Lernbereichen (z. B. Erstleseunterricht) ist auch in der Methodik des Sportunterrichts eine Entwicklung zu verfolgen, in der zunächst ein z. T. übersteigertes elementenhaft-synthetisches Verfahren (auch als Teilmethode, Teillernmethode, analytisch-synthetisches Verfahren oder zergliedernde Methode bezeichnet) bestimmend war, das dann im Zuge der reformpädagogischen Strömungen durch ein ganzheitliches methodisches Vorgehen abgelöst wurde. Die gegenwärtige Theorie und Praxis versucht einen Mittelweg zu gehen, der entsprechend den Erkenntnissen über motorische Lernprozesse soweit wie möglich ganzheitlich und soweit wie nötig elementenhaft vorgeht.

Das elementenhaft-synthetische Verfahren fordert eine Zerlegung des zu erlernenden Bewegungsablaufs in möglichst viele Teilbewegungen, die isoliert bis zur Perfektion erlernt und dann zur Gesamtbewegung zusammengesetzt werden. Die Gefahren liegen bei diesem Verfahren in einer zu weitgehenden Zerlegung, da dann Einzelbewegungen ohne Zusammenhang zur Gesamtbewegung mit z. T. falschen dynamischen Komponenten gelernt werden und die Synthese nur unvollkommen gelingt. (Ein Beispiel hierfür sind die Trockenübungen des früheren Schwimmunterrichts.) Ein Kennzeichen dieses methodischen Vorgehens war es auch, dass dem Schüler häufig die Gesamtbewegung nicht einmal bekannt war, während er Einzelübungen bis zur Perfektion übte. Dies bedeutet häufig erheblichen Motivationsverlust.

Das ganzheitliche Verfahren geht davon aus, dass es für den Lernerfolg besser sei, jeweils die Bewegung als Ganzheit lernen zu lassen. Bei schwierigen Bewegungsabläufen können Hilfen eingesetzt werden, die dem Schüler die Bewegungsausführung erleichtern. Nachdem zunächst der Bewegungsablauf als Ganzheit erlernt ist, werden dann einzelne Teilbereiche besonders geschult, aber immer im Zusammenhang des gesamten Bewegungsablaufs, so dass eigentlich die Bezeichnung ganzheitlich-analytisches Verfahren treffend wäre. Die Analyse wird nach dem Erlernen der Gesamtbewegung vorgenommen.

Die Grenzen eines ganzheitlichen Vorgehens sind leicht abzusehen, da sehr komplexe Bewegungsabläufe, Übungsverbindungen und Sportspiele auch bei Einsatz von Hilfen nicht mehr als Ganzheit erlernt werden können. Für diesen Fall wird eine Vereinfachung der Bewegungsabläufe ohne Aufgabe der Ganzheit angestrebt. In vielen Fällen ist jedoch nicht mehr sicher zu entscheiden, ob nicht bereits ein elementenhaftes Vorgehen vorliegt. Für die konkrete Unterrichtsplanung ist eine solche Unterscheidbarkeit jedoch von untergeordneter Bedeutung, so dass lange Diskussionen über die genaue Abgrenzung zwischen beiden Verfahren überflüssig erscheinen.

Die Entscheidung für das eine oder andere Lehrverfahren ist ohnehin immer situationsabhängig, d.h., vor allem das Alter der Adressaten und der zu vermittelnde Inhalt bestimmen die Methodenauswahl.

Induktive – deduktive Methode

Die induktive Methode, die auch als „normsuchende Methode" (Autorenkollektiv [Stiehler], 1974, S. 209) bezeichnet wird, lässt sich wie folgt beschreiben. Den Schülern wird eine Bewegungsaufgabe gestellt (z. B. beim Skilauf: „Versucht auf dem Buckel einen Schwung nach rechts auszuführen." Beim Sportspielunterricht: „Bewegt euch mit den Bällen in der Halle."), und die Schüler versuchen die Aufgabe selbständig zu lösen und werden dabei vom Lehrer beobachtet. Der Lehrer stellt nach einiger Zeit die beste oder eine richtige gefundene Lösung heraus und fordert die Schüler zum Nachvollzug dieses Bewegungsablaufs auf. Die Schüler üben entsprechend der herausgestellten Lösung und werden dabei vom Lehrer korrigiert.

Die entscheidenden Merkmale des induktiven Verfahrens sind der Verzicht auf eine Sollwert-Vorgabe am Beginn des Lernprozesses (die Zielübung wird nicht beschrieben oder demonstriert) und eine Phase selbständigen Suchens und Erprobens der Schüler.

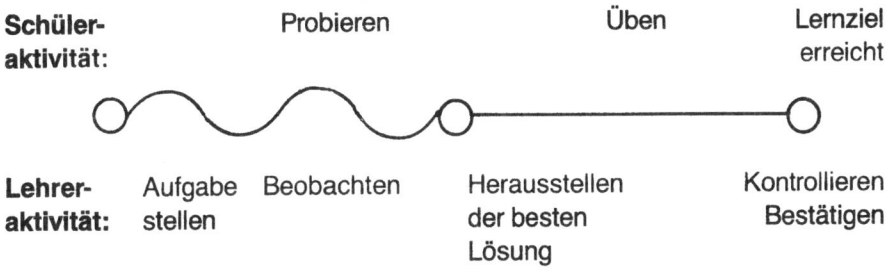

Abb. 14 Induktive Methode (Abb. nach Autorenkollektiv [Stiehler], 1979, S. 210).

Die deduktive Methode, die auch als „normgeleitete Methode" (Autorenkollektiv [Stiehler] 1979, S. 209) bezeichnet wird, verzichtet auf die selbständigen Problemlösungsversuche der Schüler. Das entscheidende Merkmal ist die zentrale Rolle der Sollwert-Vorgabe. (Am Anfang steht eine Beschreibung und/oder Demonstration des jeweiligen Lernziels.)

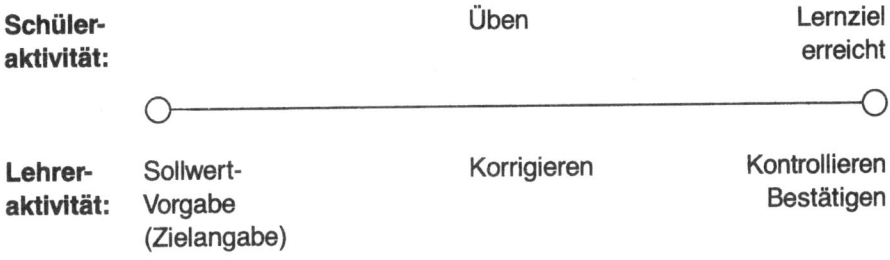

Abb. 15 Deduktive Methode (nach Autorenkollektiv [Stiehler], 1979, S. 210)

In der historischen Entwicklung des Sportunterrichts war bis zum Beginn der reformpädagogischen Bestrebungen die deduktive Methode das beherrschende Verfahren. Mit der Entwicklung zu einem stärker schülerzentrierten Unterricht, der die eigenständigen Problemlösungsversuche der Schüler in den Mittelpunkt stellte, gewann das induktive Verfahren an Bedeutung. In der gegenwärtigen Betrachtungsweise wird die induktive Methode einem prozessorientierten Unterricht zugeordnet, während die deduktive Methode als Verfahren eines produktorientierten Unterrichts gilt (vgl. Größing, 1988, S. 154). Die Unterscheidung von deduktivem und induktivem Vorgehen ist jedoch fast nur von theoretischer Bedeutung, da in der Unterrichtspraxis Vermischungen jedweder Abstufung auftreten und eine klare Grenzziehung zwischen beiden Methoden kaum möglich ist. Ein induktives Vorgehen scheitert meist daran, dass einige Schüler die Problemlösung (z.B. Zielform eines Bewegungsablaufs) bereits kennen und beherrschen und dadurch die Phase des eigenständigen Probierens sehr verkürzt oder ganz aufgehoben wird. In einem prozessorientierten Unterricht mit idealinduktivem Vorgehen käme es jedoch darauf an, dass jeder Schüler den Prozess von der Aufgabenstellung bis zur Problemlösung durchläuft, da ja der Lerngewinn vorwiegend aus diesem Prozess gezogen werden soll, während die Beherrschung z. B. eines neuen Bewegungsablaufs nur zweitrangiges Ziel ist. Das bedeutet in letzter Konsequenz auch, dass der Prozess nicht durch das Herausstellen einer „besten Lösung" unterbrochen werden dürfte, denn für den größten Teil der Schüler beginnt von diesem Punkt an wieder ein deduktiv gesteuerter Unterricht und die angestrebte Prozesserfahrung wird abgeschnitten.

In der gegenwärtigen fachdidaktischen Diskussion werden beide Vorgehensweisen – induktiv und deduktiv – nicht mehr kontrovers betrachtet. Es wird vielmehr jedem Verfahren je nach Lernzielbereich ein spezifischer Einsatzbereich zugewiesen. Das deduktive Verfahren hat überall dort seinen Platz, wo es um genormte Bewegungsfertigkeiten (z. B. im Gerätturnen) geht, die keinen Spielraum für eigene Problemlösungen lassen und das Suchen und Versuchen der Schüler in der Regel zeitaufwendige Umwege bedeutet und die Lösungsansätze der Schüler dann doch in bereits festliegende Zielvorstellungen des Lehrers umgeleitet werden. Induktives Vorgehen ist dann angebracht, wenn das Lehrziel Varianten der Problemlösung zulässt und die Lösungsversuche der Schüler tatsächliche Bedeutung bekommen.

Allerdings dürfen die Lösungsversuche keine Gefahrenquellen für die Schüler beinhalten. So gibt es eine Reihe von Lerninhalten, die aus diesem Grund weniger für das induktive Lehrverfahren geeignet sind, wie z. B. Kugelstoßen, Speerwerfen, Wasserspringen u. ä.

Für die oben beschriebenen methodischen Verfahrenspaare (direkt-indirekt, ganzheitlich-elementenhaft, induktiv-deduktiv), die nicht als System entwickelt wurden, aber Zusammenhänge aufweisen, wurde von verschiedenen Autoren der Versuch gemacht, diese Zusammenhänge systematisch darzustellen. Söll stellt in seinem „Modell der Methoden des Sportunterrichts" folgende Ordnung der Lehr- und Lernmethoden vor:

> „Lehr- und Lernmethoden
> a) unter dem Aspekt des motorischen Lernens:
>   direkte und indirekte Methode
> b) unter dem Aspekt der Aufbereitung des Stoffes:
>   Ganzmethode und analytisch-synthetische Methode
> c) unter dem Aspekt der Aneignung durch den Schüler:
>   deduktive und induktive Methode"
> (Söll, 1972, S. 129).

Hier wird herausgestellt, dass die verschiedenen Methodenpaare auf unterschiedlichen Ebenen liegen, „je nachdem ob sie vom Aspekt des motorischen

Lernens, der Aufbereitung des Stoffes oder der Art der Aneignung durch den
Schüler betrachtet werden" (Söll, 1972, S. 131). Zum Zusammenhang der methodischen Verfahren werden von Söll lediglich Tendenzen angegeben. Die methodischen Verfahren „treten regelmäßig in spezifischen Verknüpfungen auf. So
wird z. B. die indirekte Methode vorwiegend deduktiv, die induktive Methode vorwiegend ganzheitlich vorgehen" (Söll, 1972, S. 135).

Größing behandelt den Zusammenhang der Methodenpaare ganzheitlich-elementenhaft und induktiv-deduktiv. Danach hängen induktives Verfahren und
ganzheitliches Verfahren auf der einen Seite und deduktives Verfahren und elementenhaftes Verfahren auf der anderen Seite eng zusammen, während induktives und elementenhaftes Verfahren bzw. deduktives und ganzheitliches Verfahren als weniger verträglich bezeichnet werden (Größing, 1988, S. 154).

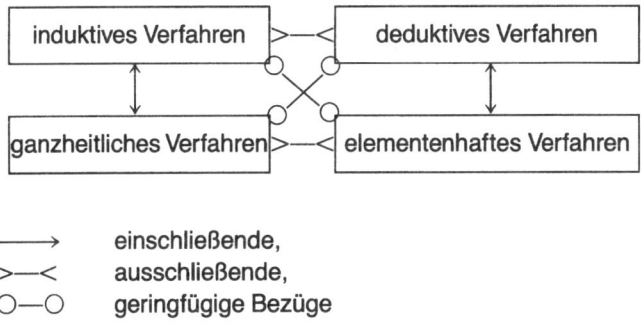

(nach Größing, 1988, S. 154).

Es wurde bereits darauf hingewiesen, dass die gegenwärtige Methodendiskus-
sion nicht mehr den Absolutheitsanspruch einzelner methodischer Verfahren für
den gesamten Sportunterricht vertritt, sondern versucht, die jeweils spezifischen
Einsatzorte einzelner Verfahren zu ermitteln. Da in der Regel Mischformen der
Verfahren angewandt werden, ist die Entscheidung über das methodische Vorgehen eine tendenzielle. Diese Entscheidung für die Tendenz des methodischen
Vorgehens ist abhängig von den Lernzielen (genormte oder weniger genormte
Bewegungsfertigkeit), der jeweiligen Phase des Lernprozesses (Grobkoordination, Feinkoordination, Stabilisierung) und den Voraussetzungen der
Schüler (Lerngewohnheiten, Informationsverarbeitungsfähigkeit). Es ist jedoch
nicht möglich, ein abgesichertes Kriteriensystem für die Methodenentscheidung
vorzugeben. Bei der konkreten Unterrichtsplanung ist zunächst eine Grundentscheidung über das methodische Vorgehen zu treffen (Tendenzentscheidung),
die dann über die methodischen Maßnahmen konkretisiert wird. In der Praxis
wird die methodische Grundentscheidung wohl selten explizit getroffen, sondern
die Entscheidungen werden gleich auf der Ebene der methodischen Maß-

nahmen gefällt. Somit kommt der Unterscheidung von methodischen Verfahren insbesondere bei der Analyse von Unterricht Bedeutung zu. Hierfür ist eine Zuordnung von methodischen Maßnahmen zu den methodischen Verfahren erforderlich, die nicht für alle methodischen Maßnahmen eindeutig möglich ist.

5.3 Methodische Maßnahmen

Methodische Maßnahmen sind Aktionen des Lehrers, um den Lernprozeß in Gang zu setzen, den Unterricht zu lenken und zu steuern und um die Aneignung neuer Verhaltensweisen zu erleichtern bzw. bereits erlernte Bewegungsformen zu erhalten. Im Lehr- und Lernprozeß sind methodische Maßnahmen Hilfen, die einen planvollen und zielgerichteten Unterricht gewährleisten. Methodische Maßnahmen können einmal zu übergeordneten Lehrverfahren und zum anderen zu Übungsreihen zusammengefügt werden. In der Fachliteratur haben die methodischen Maßnahmen die unterschiedlichsten Bezeichnungen und Zuordnungen; während bei Koch / Mielke (1977) unter der Bezeichnung „Lehr- und Lernweisen" Maßnahmen und Verfahren zusammengefasst werden, bei Stiehler (1974) unter dem Begriff „Methodische Grundformen" Methoden und Maßnahmen erscheinen, siedelt Fetz (1979) sämtliche methodische Maßnahmen unter dem Oberbegriff „Methodische Hilfsmittel" an, Brodtmann (1979) spricht von Methoden.

Dabei ist der Katalog der methodischen Maßnahmen bei allen Autoren nahezu identisch; folgende methodische Maßnahmen kristallisieren sich hierbei heraus:

- Bewegungsaufgabe,
- Bewegungsanweisung,
- Bewegungsvorschrift,
- Bewegungskorrektur,
- Vormachen,
- Vorzeigen,
- Beschreiben,
- Erklären,
- Bewegungshilfe / Bewegungssicherung,
- Akustische Hilfe,
- Mentales Training,
- Unterrichtsgespräch.

Die Vielzahl der methodischen Maßnahmen hat zu Systematisierungsversuchen geführt, die bei den verschiedenen Autoren kein einheitliches Bild wiedergeben.

Thieß (1960) fasst die methodischen Maßnahmen nach drei Gesichtspunkten zusammen:

1. Demonstration:

Vormachen, Vorzeigen (Filme, Bilder usw.) und Beobachten von Leistungssportlern.

2. Erklären:

Beschreiben eines Bewegungsablaufs, Analysieren der Technik und Korrektur.

3. Üben:

Bewegungs- und Zusatzaufgaben, Spiel- und Wettkampfformen, Beobachtungsaufgaben, Leistungskontrolle, Hausaufgaben.

Hanebuth stellt den Bezug zwischen Lehrer und Schüler in den Mittelpunkt und kommt zu folgender Systematisierung (dargestellt bei Fetz 1979):

„Formale Lehr- und Übungswege:

1. Vormachen   – Nachmachen
2. Beschreiben   – Nachvollziehen
3. Begleiten   – Mitmachen
4. Belasten   – Anpassen

Freie Lehr- und Übungsweise:

1. Aufgaben   – Finden
2. Auswählen   – Entwickeln
3. Anregen   – Erfinden
4. Selbstsuchen – Selbstgestalten" (Fetz, 1979, S. 8)

Bei *Stiehler* finden wir folgende „Übersicht über die methodischen Grundformen mit ihren Methoden und Maßnahmen:

DARBIETEN

Demonstration (Visuelle Information)
               Vormachen
               Vorzeigen
               Vorführen

Vortragen   (Verbale Information)
               Zielangabe
               Beschreibung

Erklärung   (Anknüpfen, Analyse, Vergleich mit Übertragung, Verallgemeinerung)

ERARBEITEN

               Erarbeitendes Üben (Üben steuern)
               Helfen und Sichern
               Impulse und Hinweise
               Korrigieren

Unterrichtsgespräch

AUFGABEN

Beobachtungsaufgabe
Bewegungsaufgabe
Trainings- und Leistungsaufgabe
Aufgaben zum selbständigen Üben außerhalb des Unterrichts"
(Autorenkollektiv [Stiehler], 1974, S. 190)

Demgegenüber erstellt *Fetz* eine Systematisierung der methodischen Maßnahmen, in der die Beziehung zwischen Lehren und Lernen zum Ausdruck kommt:

„Methodische Grundformen

Grundformen des Lehrens	Grundformen des Lernens
DARBIETEN	NACHVOLLZIEHEN
Vorzeigen, Vormachen, Vorführen (mit Hilfe technischer Hilfsmittel) Beschreiben (mündlich, schriftlich, mit Symbolen)	Aufnehmen des Vorgezeigten und/ oder Beschriebenen und Nachmachen
ANREGEN	ERPROBEN
Aufgaben (Bewegungsaufgabe, Übungsaufgabe, Gestaltungsaufgabe usw.)	Lösungsversuche, Üben
Unterstützen (Korrigieren, Verstärken, Sichern, aktive Hilfe usw.)	Verbessern, Anpassen, Festigen
Anleiten (Hinweis, Vergleich, Diskussion usw.)	Vergleichen, Anwenden
ERHEBEN	LEISTEN
Leistungsvergleich Leistungskontrolle Leistungserhebung (Prüfung) Wettkampf	Motivationsbedingte Leistungssteigerung Bewährung"

(Fetz, 1979, S. 82)

Neben diesen dargestellten Systematiken, die versuchen, die Vielzahl der methodischen Maßnahmen zu ordnen, gibt es noch weitere, die hier unerwähnt bleiben sollen. Es stellt sich ohnehin die Frage nach der Zweckmäßigkeit und dem praktischen Wert derartiger Systematisierungsversuche. Sicherlich ist es für den Sportlehrer weniger hilfreich, die einzelnen methodischen Maßnahmen bestimmten Systemen zuordnen zu können, als sie vielmehr situationsgemäß einzusetzen (vgl. hierzu auch Größing, 1988, S. 138). Dazu gehört aber weniger das Wissen um verschiedene Systeme als vielmehr die Kenntnis über die Beziehungen der einzelnen Maßnahmen zu den Zielen, Inhalten und Organisationsformen des Unterrichts sowie über die Bedingungen der Adressatengruppe schlechthin. So könnte z. B. die methodische Maßnahme der Bewegungskorrektur sowohl zu den verbalen, zu den visuellen als auch zu den audio-visuellen Maßnahmen gezählt oder aber als instrumentell-taktile Maßnahme (vgl. Größing, 1988, S. 150) bezeichnet werden.

Im folgenden sollen die einzelnen methodischen Maßnahmen beschrieben werden, ohne dass der Versuch unternommen wird, sie in ein stimmiges Zuordnungssystem zu pressen.

Bewegungsaufgabe

Die Bewegungsaufgabe war das Kennzeichen der Arbeitsschulmethode und ist heute die zentrale methodische Maßnahme des induktiven Lehrverfahrens; sie geht vom Unterrichtsprinzip des „Selberfindenlassens" aus. Somit ist die Bewegungsaufgabe eine Aufforderung an den Schüler, ein Bewegungsproblem selbständig zu lösen. Durch die verschiedenen Lösungsmöglichkeiten, die die Bewegungsaufgabe offen lässt, soll der Schüler zum Überlegen, Versuchen und Üben angeregt werden. Kreatives und problemlösendes Lernen soll angebahnt werden, indem der Schüler die Möglichkeit hat, Bewegungsfantasie zu entwickeln und umzusetzen.

Die vielen individuellen Lösungsmöglichkeiten bedingen einen großen Zeitaufwand, da durch die unvermeidlichen Versuch- und Irrtum-Phasen die Lösung erst über Umwege gefunden wird. Dieser zusätzliche Zeitaufwand wird aus den weiter oben angegebenen pädagogischen Gründen in Kauf genommen.

Um den Begriff der Bewegungsaufgabe als methodische Maßnahme noch genauer zu präzisieren, wird allgemein zwischen freier und gebundener Bewegungsaufgabe unterschieden. Bei der freien Bewegungsaufgabe hat der Schüler Freiraum zur eigenen Lösung, die auch anerkannt wird (z. B.: „Überwindet die Reckstange"). Wird die Aufgabe dagegen so eingeengt gestellt, dass sie auf eine beabsichtigte Bewegungsgestalt hinzielt, spricht man von einer gebundenen Bewegungsaufgabe (z. B.: „Überwindet die Reckstange ohne Benutzung der Pfosten").

Dennoch ist der Begriff der Bewegungsaufgabe umstritten, da die Abgrenzung zu anderen methodischen Maßnahmen nicht immer eindeutig ist. Insofern meint auch Fetz, dass die „reine Bewegungsaufgabe" nur sehr selten anzutreffen ist, denn „die Schüler üben ja für gewöhnlich in größeren Gemeinschaften und beobachten einander. Es ist im allgemeinen neben der Bewegungsaufgabe das methodische Mittel des Vorzeigens wirksam" (Fetz, 1979, S. 116). Dadurch wird die Kreativität und Bewegungsfantasie bei den meisten Schülern eingeschränkt und das eigenschöpferische Tun nur noch bei wenigen Schülern gefördert. Experimentierendes Lernen, individuelles Probieren und Gestalten bleiben im großen und ganzen aber dennoch erhalten, gepaart mit der Schulung zur Fähigkeit des Beobachtens und Vergleichens, die beim Lernprozess von wesentlicher Bedeutung ist, wenn es um das Erlernen technisch schwieriger Bewegungsfertigkeiten geht.

Man kann nicht mehr von einer Bewegungsaufgabe sprechen, wenn durch zusätzliche Informationen keine Variationen der Bewegungsabläufe mehr möglich sind, so dass die Übergänge von der freien Bewegungsaufgabe zur gebundenen Bewegungsaufgabe und weiter über die Bewegungsanweisung bis zur Bewegungsvorschrift fließend werden. Neben der Bezeichnung Bewegungsaufgabe kennen wir noch die Begriffe Übungsaufgabe, Spielaufgabe und Darstellungsaufgabe.

Die Übungsaufgabe fordert den Schüler auf, schon bekannte und gekonnte Bewegungen zu üben, um die motorischen Fertigkeiten zu festigen und zu verbessern. Die Spielaufgabe hat ihren Anwendungsbereich innerhalb der Spielerziehung. Sie ist gekennzeichnet durch die vielen individuellen Lösungsmöglichkeiten, die die Schüler finden können, um das Ziel zu erreichen. Die Darstellungsaufgabe soll das Nachahmungsvermögen und die Einbildungskraft des Schülers anregen. Ihr Anwendungsbereich liegt in der Primarstufe, wo die Schüler zur Nachahmung von bestimmten Posen und Tätigkeiten herausgefordert werden.

Der sinnvolle Einsatz der Bewegungsaufgabe im Sportunterricht ist von vielen Faktoren abhängig, die der Lehrer bei seiner Unterrichtsplanung berücksichtigen muss. Sowohl die Altersstufe der Adressatengruppe als auch die Phase im Lernprozess sind wichtige Daten für die Entscheidung, die Bewegungsaufgabe als methodische Maßnahme einzusetzen oder nicht. So wird sie vor allem in der Grundschule in der Phase des Sammelns von Bewegungserfahrungen ihren Platz haben, dagegen bei der Feinformung technisch motorischer Fertigkeiten unangemessen sein.

Bewegungsanweisung

Einige Autoren (Fetz, 1979; Kohl, 1956) stellen die Bewegungsanweisung abgrenzend zur Bewegungsvorschrift dar, andere (Koch u. Mielke, 1977; Größing, 1988) sehen in dieser Abgrenzung keinen Sinn und wollen sie mit der Bewegungsvorschrift gleich behandelt wissen. Kohl führt psychologische Kriterien an, die die Bewegungsanweisung gleichberechtigt zwischen Bewegungsaufgabe und Bewegungsvorschrift stellen. Während bei der Bewegungsanweisung im Gegensatz zur Bewegungsaufgabe zwar gewisse Vorschriften gegeben sind, bleibt dem Schüler aber dennoch – im Gegensatz zur Bewegungsvorschrift – genügend Raum für eigene Entscheidungen auf dem Weg zur Zielübung. Eine Bewegungsanweisung könnte folgendermaßen lauten: „Wirf den Handball mit einem Sprungwurf ins Tor!" Da der Schüler aufgefordert ist, den Handball in einer bestimmten Wurfart ins Tor zu werfen, kann es sich nicht mehr um eine Bewegungsaufgabe handeln. Eine Bewegungsvorschrift ist es aber auch noch nicht, da dem Schüler noch eigene Entscheidungen offen bleiben. So kann er den Sprungwurf aus dem Stand, aus dem Drei-Schritt-Rhythmus heraus oder nach dem Prellen ausführen. Außerdem bleibt ihm die Entscheidung frei, ob er den Ball im Steigen, im höchsten Punkt oder mit Verzögerung abwirft. Auch die Armführung ist ihm bei dieser Bewegungsanweisung nicht vorgeschrieben.

So ist die Bewegungsanweisung als methodische Maßnahme ein Gegenstück zur Bewegungsaufgabe und stellt die Lernökonomie in den Vordergrund. Das Lernziel soll auf möglichst zeitsparende Weise erreicht werden; Kreativität, Selbsterproben und die damit verbundenen Umwege werden bewusst ausgeschaltet. Der Schüler wird auf direktem Weg zur Zielübung geführt, ohne jedoch seinen eigenen Gestaltungsdrang total unterdrücken zu müssen.

Der Einsatz der Bewegungsanweisung hängt von den Faktoren ab, die schon beim Einsatz der Bewegungsaufgabe aufgezeigt wurden. So wird der Lehrer vor allem beim Erlernen technisch schwieriger Bewegungsabläufe und bei Sportarten mit genormten motorischen Bewegungen (z.B. Schwimmen, Skilaufen, Rudern) die Bewegungsanweisung als methodische Maßnahme einsetzen, nicht zuletzt auch, um mögliche Unfallgefahren zu minimieren.

Bewegungsvorschrift

War die Bewegungsaufgabe das Kennzeichen der Arbeitsschulmethode, so war die Lernschulmethode durch die Aktivität des Lehrenden und durch die Bewegungsvorschrift bestimmt.

Durch eine Bewegungsvorschrift wird die freie, individuelle Bewegung zugunsten einer genormten Zielvorstellung eingeengt. Sie ist eine Forderung an die Bewegungsausführung, die den Bewegungsablauf bestimmt und vielfältige Bewegungsmöglichkeiten ausschließt.

Dabei bezieht sich die Bewegungsvorschrift vor allem auf einzelne Teile einer Bewegung, die in ihrer Ausführung zwingend vorgeschrieben werden und keine Wahlmöglichkeiten mehr offen lassen. Folglich kann die Bewegungsvorschrift als methodische Maßnahme erst dann eingesetzt werden, wenn der Schüler den Bewegungsablauf in seiner Ganzheit an sich beherrscht. Durch die Konzentration auf eine bestimmte Teilbewegung geht die Harmonie der Gesamtbewegung oftmals verloren und wird erst nach längeren Übungsphasen wiedergewonnen, wenn die durch den Verstand übernommene Bewegungsvorschrift motorisch umgesetzt werden kann.

Der Einsatz der Bewegungsvorschrift hängt vom Alter, der sensomotorischen Leistungsfähigkeit und der Leistungsfähigkeit bezüglich der verbalen

Informationsaufnahme der Adressatengruppe ab. Außerdem wird vom Lehrer eine fundierte Kenntnis über die entsprechenden Bewegungsabläufe verlangt. Bewegungsvorschriften sollten niemals in gehäufter Form gegeben werden, sondern sich immer nur auf einen wesentlichen Teil der Gesamtbewegung beziehen. Weiterhin muss die Bewegungsvorschrift klar und terminologisch richtig formuliert sein.

Bewegungskorrektur

Die methodische Maßnahme der Bewegungskorrektur wird immer dann eingesetzt, wenn Fehler in der Bewegungsausführung beseitigt werden sollen. Folglich wird der gesamte motorische Lernprozess von korrigierenden Lernhilfen begleitet sein. Wir sind mit Stiehler und Größing einer Meinung, dass die Bewegungskorrektur im motorischen Lernprozess von Anfang an einen wichtigen und notwendigen Stellenwert hat, damit falsche Bewegungsabläufe sich nicht verfestigen. So hat also die Bewegungskorrektur auch in der Phase des Sammelns von Bewegungserfahrungen ihren festen Platz. Bei Fetz dagegen tritt die „sinnvolle Bewegungskorrektur ... erst in der Phase der Formung auf" (Fetz, 1979, 109).

Somit ist das Korrigieren von Bewegungen eine der häufigsten und zugleich auch schwierigsten Aufgaben in der Praxis von Sportlehrern. Dies wird vor allem dadurch deutlich, dass sie befähigt sein müssen, nicht nur in einer Sportart – wie etwa Trainer – die richtige Maßnahme ergreifen zu können, sondern diese Kompetenz für den gesamten Kanon der Schulsportarten zu besitzen. Aus diesem Grund soll diese methodische Maßnahme auch etwas ausführlicher dargestellt werden.

Nach Koch / Mielke haben sich im Einzelnen folgende Korrekturformen für die Unterrichtspraxis herausgebildet:

„– Die Verdeutlichung des Fehlers mit Hilfe des Wortes.
– Die Veranschaulichung des Fehlers mit Hilfe des formgerechten Bewegungsbildes – Gegenüberstellung von „falsch" und „richtig".
– Das Erproben unter erleichterten Bedingungen.
– Das Übertreiben und Erschweren.
– Die Verwendung von Orientierungshilfen.
– Die Bewegungshilfe durch Lehrer oder Mitschüler.
– Das Herauslösen von Teilbewegungen aus der Bewegungsganzheit."
(Koch / Mielke, 1971, S. 39)

Zunächst muss der Lehrer sensibilisiert werden, die Bewegungen seiner Schüler nicht nur im Sinne einer Wahrnehmung aufzunehmen, sondern zu beobachten. Während die Wahrnehmung zufällig und durch keine gerichtete Aufmerksamkeitslenkung gekennzeichnet ist, weist die Beobachtung Planung, Vorbereitung und gezielte Aufmerksamkeitslenkung auf. Weitere Merkmale der Beobachtung sind eine sorgfältig ausgewählte Perspektive und vorher bestimmte Beobachtungsmerkmale. Das Ergebnis einer derartig detailliert geplanten Bewegungsbeobachtung wird dann nicht mehr den Status einer zufälligen Momentaufnahme haben, muss aber dennoch im Bereich der subjektiven Eindrucksanalyse angesiedelt bleiben. Das bezieht sich sowohl auf die allgemeine wie auf die individuelle Korrektur. Eine allgemeine Bewegungskorrektur wird der Lehrer in aller Regel nach einem oder mehreren Übungsdurchgängen an die ganze Klasse geben. Sollten sich allerdings nach einer Bewegungsanweisung schon bei den ersten Schülern grobe Fehlverhalten zeigen, ist es angebracht, den Übungsdurchgang sofort abzubrechen, da auch falsche Bewegungsfolgen sich durch die visuelle Informationsaufnahme bei den anderen Schülern verfestigen können. Bei der individuellen Korrektur wird der einzelne Schüler angesprochen. Auf diese Form wollen wir im Folgenden näher eingehen und auflisten, was dabei zu beachten ist.

Häufig machen Lehrer zu allen von ihnen beobachteten Fehlern konkrete Aussagen, ohne jedoch einen Hinweis zur richtigen Bewegungsausführung zu geben. Da wir aber davon ausgehen müssen, dass Schüler in aller Regel mit den neu zu erlernenden Bewegungen nicht so vertraut sind, dass sie zu ihren Fehlerbildern immer auch gleich die richtigen Bewegungshandlungen kennen, müssen Bewegungskorrekturen immer einen solchen Hinweis zur richtigen Bewegungsausführung enthalten (statt der Benennung des Fehlers „du wirfst zu schwach!" muss dem Schüler gesagt werden, wie er den Fehler vermeiden kann; z. B. „Führe den Wurfarm weiter nach hinten"). Dies ist für den Aufbau einer detaillierten und korrekten Bewegungsvorstellung notwendig, die die Grundlage für eine verbesserte Bewegungsausführung darstellt. Außerdem wirkt ein solcher Hinweis als Hilfe auf die Schüler vermutlich auch motivierender als die reine Auflistung der Fehler.

Die Vielzahl der Kritikpunkte führt häufig zur Orientierungslosigkeit und entmutigt dadurch die Schüler, da sie nicht wissen, worauf sie sich beim nächsten Versuch konzentrieren sollen. Da Schüler in aller Regel nur einen Korrekturhinweis aufnehmen und motorisch umsetzen können, muss der Lehrer in der Lage sein, aus der Zahl der beobachteten Fehler einen auszuwählen und die Korrektur lediglich auf diesen Aspekt beschränken; ansonsten wäre die Informationsaufnahmekapazität der Schüler überschritten. Wenn diese Forderung aus lernpsychologischen Begründungen erhoben wird, ergibt sich für die Unterrichtspraxis eines der schwer wiegendsten Probleme: Welcher Fehler soll denn korrigiert werden, wenn mehrere Probleme auftreten?

Um diese Entscheidung treffen zu können, muss der Lehrer über gute biomechanische Kenntnisse verfügen. Hierbei ist vor allem die Analyse entscheidend, welche Wertigkeit die einzelnen Merkmale einer Bewegung für deren Gelingen haben. Aus einer Reihe unterschiedlicher Verfahren zur Analyse von Bewegungsabläufen kann vor allem das Funktionsphasenmodell von Göhner (1979) dazu dienen, die für diese Klassifizierung notwendigen Hinweise zu geben. Göhner unterscheidet zwischen „Hauptfunktionsphasen" (dem motorischen Ziel der Bewegung), „kritischen Hilfsfunktionsphasen" (ohne die dieses Ziel nicht erreicht werden kann) und „freien Hilfsfunktionsphasen" (die nur unterstützende Funktion haben). Eine ausführlichere Darstellung dieses Modells finden sie in Kap. 2. Es muss zuerst der Fehler angesprochen werden, dem in einer solchen Hierarchisierung die größte funktionelle Wichtigkeit zugeordnet wird; d.h., dass bei der Suche nach dem gravierendsten Fehler immer folgende Reihenfolge eingehalten werden muss: Fehler in der Hauptfunktionsphase, Fehler in den kritischen Hilfsfunktionsphasen, Fehler in den freien Hilfsfunktionsphasen. Wird dieser Gedankengang konsequent vollzogen, bleiben von einer möglichen Vielzahl von beobachteten Fehlern nur noch wenige – oder auch nur einer – übrig, die als erste korrigiert werden müssen. Hier gilt dann weiter das Prinzip, dass sich die Korrektur auf die Fehlerursache und nicht auf das Symptom (Folgefehler) beziehen muss. Wenn zum Beispiel im Sportspielunterricht ein Schüler beim Wurftraining den Handball häufig über das Tor wirft, wäre die Korrektur „Versuche tiefer zu werfen" unsinnig, auch wenn sie sich auf den Hauptfehler bezieht. Ein ursachenorientierter Hinweis könnte etwa lauten: „Lass' deine Fingerspitzen so lange wie möglich am Ball".

Wenn diese Hinweise innerhalb der individuellen Korrektur berücksichtigt werden, kann es dennoch geschehen, dass sich die gewünschte Verhaltensänderung nicht so bald einstellt. Oftmals können die Schüler die formulierten Korrekturanweisungen nicht umsetzen, da diese für sie zu abstrakt sind und sie sich in aller Regel während der Bewegungsausführung auch nicht sehen können. Von daher sollte eine Korrektur möglichst umweltgebunden gegeben werden; d.h. der Lehrer muss immer bemüht sein, Korrekturaufgaben zu finden, die entweder eine direkte Rückmeldung und damit eine Eigenanalyse ermöglichen oder über Zusatzaktionen helfen, neue oder veränderte Bewegungserfahrungen zu sammeln, die zu einer realistischeren Einschätzung der bisherigen Eigenerfahrung führen.

Häufig besteht auch eine grosse Diskrepanz zwischen der objektiven Bewegungsqualität und der eigenen Einschätzung der Schülers. Dies deutet nicht so sehr auf Selbstüberschätzung des Schülers als vielmehr auf ein eher unzureichend ausgeprägtes kinästhetisches Empfinden hin. Beispielsweise meint ein Schüler, den Wurfarm schon extrem weit zurückgeführt zu haben, obwohl er die Ausholbewegung schon auf Kopfhöhe abbricht. Dann kann man versuchen mit sog. Überkorrekturen zum Erfolg zu kommen. Diese Korrektur geht dann über das biomechanisch Sinnvolle hinaus („Bringe deinen Arm so weit nach hinten wie möglich") – mit der Absicht, die Bewegungausführung über die subjektive Grenze hinaus zu erweitern und an eine funktionelle Ausführung anzunähern.

Ein weiterer Aspekt innerhalb verbaler Korrekturen ist der Hinweis, dass Korrekturen oft besser angenommen werden, wenn zuerst eine positive Verstärkung erfolgt. Diese Forderung wird in der Praxis immer wieder vernachlässigt, obwohl sie dem Wissen und der Erfahrung eines jeden Lehrers entspricht. Die Unterrichtenden müssen sich also bemühen, bei ihren Beobachtungen von Bewegungsabläufen nicht nur die Fehlerbilder zu erkennen sondern auch zu sehen, was der Schüler schon alles richtig macht. Natürlich muss sich der Lehrer davor hüten, diesen Hinweis schematisch anzuwenden – vielmehr werden hier recht hohe Anforderungen an das pädagogische Einfühlungsvermögen gestellt. Werden schon zu früh für den Schüler selbst gar nicht sichtbare Lernerfolge mit zu viel Lob begleitet, wird eine Steigerung der verbalen Anerkennung für spätere Lernerfolge immer schwieriger. Wird die positive Verstärkung richtig dosiert und mit einer ursachenorientierten Fehlerkorrektur in Zusammenhang gebracht, kann diese Art der Rückmeldung für den Lernerfolg effektiver als eine Fehlerkritik sein. Es gibt im motorischen Lernprozess durchaus Situationen, in denen man Fehlerkorrekturen ausschließlich auf der Verstärkung richtiger Ansätze aufbauen kann. Dies kann zum Beispiel der Fall sein, wenn die Fehlerursache darin begründet liegt, dass in einem Bewegungsablauf die zeitlich-dynamische Ausprägung der Bewegungsphasen noch nicht funktionell ist, diese selbst aber vorhanden sind – jedoch entweder zu stark, zu schwach, zu schnell oder zu langsam. Dann können die Korrekturhinweise so formuliert werden, dass das Bemühen des Schülers um die richtige Ausführung der Phase in den Mittelpunkt gestellt wird. Dadurch wird seine Konzentration noch stärker auf die bereits richtig ausgeführte Phase gerichtet, so dass auch die noch verbesserungsbedürftigen Bewegungsabschnitte allmählich einer adäquaten Bewegungsausführung zugeführt werden. In derartigen Situationen können Korrekturen ausschließlich aus positiven Verstärkungen bestehen.

Oftmals müssen bei einer Bewegung, einem sog. motorischen Programm, sehr viele Sequenzen simultan und sukzessiv gekoppelt werden. Dann ist es für den Schüler in der Lernphase in aller Regel nicht möglich, sich vor und während der Bewegungsausführung auf alle Bewegungsmerkmale zu konzentrieren. Kann man die Bewegung nicht vereinfachen, d. h. die Programmlänge innerhalb des motorischen Programms weder horizontal noch vertikal kürzen, ist es notwendig, die Aufmerksamkeit des Schülers auf spezielle Aspekte bei der Bewegungsausführung zu lenken. Von daher sollten bei komplexen Bewegungen Korrekturschwerpunkte vorgegeben werden; die Korrekturen sollten sich dann auch anschließend nur auf diese Schwerpunkte beziehen. Beim Skifahren könnte so ein Korrekturschwerpunkt zum Beispiel das Kippen der Knie bei der Richtungsänderung sein, beim Positionswurf im Basketball beispielsweise der Handgelenkeinsatz. Dadurch wird die Konzentration des Schülers vor und während der Bewegung auf diesen einen Aspekt innerhalb der Gesamtanforderungen gelenkt und damit erreicht, dass sich infolge der zielgerichteten Bewegungssteuerung die motorische Ausführung verbessert. Das ist für den Schüler auch aus motivationalen Gesichtspunkten wichtig. Es wird eine Lernsituation geschaffen, in der der Lehrer dem Schüler Erfolgserlebnisse vermitteln kann, d. h. der Schüler erfährt eine positive Rückmeldung über einen richtig (besser) ausgeführten Teilbereich der Bewegung. Gerade in Sportarten mit komplexen technischen Anforderungen wie zum Beispiel Sportspiele, Skilaufen und Gerätturnen könnten sonst nur selten positive Rückmeldungen gegeben werden, da die Feinform der Gesamtbewegung oft erst nach sehr langem Üben erreicht wird. Um die Lernmotivation aufrecht zu erhalten, sind aber kurzfristig erreichbare Zielsetzungen wesentlich hilfreicher als ausschließlich langfristige Perspektiven. Beschränkt sich der Lehrer mit seinem Korrekturhinweis auf den vorher benannten Schwerpunkt, kann er dem Schüler sehr viel früher die Rückmeldung geben, dass ein angestrebtes Ziel erreicht wurde. Der angemessen einzusetzende Handgelenkeinsatz beim Positionswurf im Basketball ist für den Schüler eher und leichter zu erreichen als ein insgesamt perfekt ausgeführter Positionswurf; und das alleinige Kippen der Knie wird dem Schüler auch früher gelingen als alle Elemente der Schwungauslösung und -steuerung harmonisch und richtig dosiert miteinander zu verbinden.

Ein besonders schwieriges Problem stellt das Korrigieren eingeschliffener, automatisierter Bewegungsfehler dar. Häufig treten solche stark gefestigten falschen Bewegungsmuster auf, wenn Schüler autodidaktisch eine Sportart erlernt haben; dann wird es ausgesprochen mühsam, diese falschen Bewegungsmuster durch die biomechanisch richtigen Bewegungshandlungen zu ersetzen. In diesen Fällen müssen die Bedingungen, unter denen die Bewegung mit ihren individuell typischen Technikmerkmalen ausgeführt werden, so verändert, d. h. „zerstört" werden, dass die vorhandenen fehlerhaften Bewegungsmuster nicht angewendet werden können. Es müssen also Aufgaben gestellt werden, die der Bewegungsroutine entgegenstehen. Nur dann ist die Chance gegeben bzw. größer, Korrekturen in den Bewegungsablauf einzubringen. Beim Skilaufen zum Beispiel lässt sich solch eine Situation durch das Fahren ohne Stöcke schaffen oder auch durch einen planvollen Wechsel der äußeren Bedingungen wie Gelände- und Schneebeschaffenheit. Bei einem Handballspieler, bei dem sich ineffiziente Bewegungsstereotypen beim Sprungwurf von der halbrechten Angriffsposition eingeschliffen haben, könnte durch die Veränderung der Spielposition dieses einseitige Bewegungsmuster aufgebrochen und wieder variabler gestaltet werden.

Beachtung sollte der Lehrer auch dem Zeitpunkt der Bewegungskorrektur schenken. Bei der individuellen Korrektur wird der einzelne Schüler entweder während oder nach der Übung angesprochen. Es ist erwiesen, dass ein Zusammenhang zwischen dem Zeitintervall von Bewegungsausführung und korrektiven Hinweisen besteht. In diesem Zusammenhang wird unterschieden zwischen

Synchroninformation, Schnellinformation und Spätinformation. Die Synchroninformation erfolgt während des Bewegungsablaufes, die Schnellinformation in unmittelbarem Anschluss an den Bewegungsablauf und die Spätinformation zu einem Zeitpunkt, zu dem der Bewegungsablauf durch optische oder verbale Mittel erst wieder vergegenwärtigt werden muss.

Die Synchroninformation wird in aller Regel nur bei zyklischen Bewegungsabläufen sinnvoll sein, da bei den nicht sofort wiederholbaren Bewegungsabläufen Programmkorrekturen nicht umgesetzt werden können. Somit würde diese Korrektur die Schüler bei ihren Übungsversuchen eher stören als ihnen helfen. Mehr störenden als unterstützenden Einfluss kann die Synchroninformation allerdings auch bei zyklischen Bewegungsabläufen haben, wenn nämlich die Lerngruppe noch ganz am Anfang des Lernprozesses steht. In dieser Phase werden fast alle Bewusstseinskapazitäten für die motorische Realisation der Bewegungsfertigkeit benötigt, so dass zugerufene Korrekturhinweise kaum aufgenommen, verarbeitet und umgesetzt werden können. In der späteren Phase der Feinformung dagegen sind Synchroninformationen (z. B. beim Skilauf über Kopfhörer) eine sehr wirkungsvolle Korrekturmaßnahme. In dieser Phase des Lernprozesses laufen viele Elemente der zu bewältigenden Bewegungsfolgen automatisch ab, und kleinere Störeinflüsse werden durch so genannte Unterprogramme aufgefangen. Somit können die Schüler die Korrekturhinweise aufnehmen, durch einen Soll-Ist-Wert-Vergleich ihren Bewegungsentwurf modifizieren und die motorische Realisation dem veränderten Programm anpassen. Der Lehrer sollte lediglich darauf achten, die Korrekturhinweise äußerst knapp zu halten; am besten eignen sich sog. Schlüssel- oder Signalwörter wie „Arme vor", „Kopf zurück", „Beine" usw.

Die höchste Effizienz erreicht man mit Bewegungskorrekturen, wenn sie dem Schüler so schnell wie möglich zugänglich gemacht werden; d. h. zwischen ca. 8 und 18 Sekunden nach Beendigung des Bewegungsablaufs. Einige Sekunden sollte man nach der Bewegungshandlung deshalb vergehen lassen, damit das innere Feed-back ohne störende Einflüsse von außen abgeschlossen werden kann. Andererseits darf mit der externen Rückkopplung durch den Lehrer nicht allzu lange gewartet werden, weil nur innerhalb der psychischen Präsenszeit auf Grund der noch vorhandenen Gedächtnisspuren Programmkorrekturen durch den Adressaten vorgenommen werden können. Die Organisation des Übungsablaufs sollte dann so gestaltet sein, dass die Schüler unmittelbar nach dem Korrekturhinweis die Möglichkeit zu einem erneuten Versuch haben. Müssen die Schüler dagegen zu lange auf den erneuten Versuch warten, werden nur noch sehr ungenaue Erinnerungen an die letzte Bewegungsausführung und vor allem an die Korrekturinhalte bestehen. Dadurch haben die Schüler kaum noch die Möglichkeit, ihre kinästhetischen Empfindungen zu reproduzieren und sie durch die Korrekturhinweise zu verändern. So sollte zum Beispiel der Skilehrer nicht am Ende eines Skihangs seine Schüler beobachten und korrigieren, sondern seinen Standort am Skihang so wählen, dass die Schüler die erhaltenen Korrekturen sofort in einer weiteren Abfahrt umsetzen können. Ausgenommen von dieser Regel sind solche Bewegungsfertigkeiten, die auf Grund ihrer körperlichen Beanspruchung (z. B. Weitsprung) nicht sofort wiederholt werden können. Beim Erlernen derartiger Bewegungsabläufe sollte die Korrektur vor einem erneuten Versuch wiederholt werden.

Die Spätinformation als korrektive Maßnahme sollte im Lehr- und Lernprozess eine Ausnahme bleiben. Auf Grund der Notwendigkeit, den Bewegungsablauf erst wieder in das Gedächtnis der Adressaten zu bringen, geht wertvolle Übungszeit verloren. Diese Korrekturform wird häufig mit Video gekoppelt. Für einen sachgemäßen Einsatz sind einige Aspekte zu beachten. Zunächst sollten die Schüler die Möglichkeit haben, ihre Bewegung ohne Kommentar anschauen zu können. Das ist wichtig, damit die Schüler sich den Bewegungsablauf ohne störende Einflüsse von außen wieder verinnerlichen können. Auch der Lehrer kann dann zunächst einmal in Ruhe den Bewegungsablauf analysieren und sich überlegen, auf welches Detail der Bewegung er die Aufmerksamkeit des Schülers lenken will. Beim zweiten Durchlauf sollte der Schüler animiert werden, seinen Fehler selbst zu erkennen und auch mögliche Korrekturaufgaben selbstständig zu benennen. Nur wenn dem Schüler das nicht gelingt, sollte der Lehrer ihm durch gezielte Hinweise schrittweise zu der fehlerhaften Bewegungssequenz und deren Ursache führen. Häufig erreicht man mit Videoaufnahmen einen so genannten „Aha-Effekt", weil die Schüler plötzlich sehen und verstehen, was der Lehrer ihnen schon so oft vorher gesagt hat. Es erfolgt durch die Aufzeichnungen eine realistischere Selbsteinschätzung und die Schüler vertrauen in aller Regel den späteren verbalen Rückkopplungen des Lehrers viel vorbehaltloser, weil sie ihre eigenen Bilder von der Videoaufzeichnung noch „vor Augen haben". Darüber hinaus kann man mit älteren Schülern, die sich auf einer höheren Könnensstufe befinden, diese Form der Spätinformation mit einer Bewegungsanalyse koppeln.

Bisher bezogen sich alle Hinweise darauf, dass die Bewegungskorrekturen durch den Lehrer gegeben werden. Je älter die Schüler sind, desto stärker sollten sie in die Lage versetzt werden, sowohl ihre Mitschüler als auch sich selbst zu korrigieren. Dazu muss der Lehrer die Schüler zu einer sehr intensiven gedanklichen Auseinandersetzung mit den jeweiligen Bewegungstechniken motivieren, denn die Notwendigkeit möglichst konkreter gedanklicher Vorstellungen von einer Bewegung für deren Realisation ist unbestritten. Werden die Schüler aktiv in den Korrekturprozess miteinbezogen, müssen sie sich zwangsläufig intensiver und genauer mit den motorischen Bewegungsabläufen auseinander setzen. Sie müssen ihre Mitschler beobachten, die Bewegungsausführungen mit ihrem eigenen Wissen vergleichen, um daran anschließend Korrekturvorschläge zu formulieren. Durch diese gedankliche Mitarbeit wird der eigene Bewegungsentwurf konkretisiert und dieser schafft damit die Voraussetzung für eine verbesserte Realisation der Bewegungsausführung. Dem Lehrer fällt hierbei die Aufgabe zu, die Schüler schrittweise in diese Aufgabe einzuführen. So sollte am Anfang die Aufgabe gestellt werden, lediglich auf ein bestimmtes Merkmal beim Mitschüler zu achten. Mit steigender Gewöhnung an diesen Prozess können die Korrekturen durch die Schüler durchaus eine Qualität erreichen, die für den Lernfortschritt der zu beobachtenden Übenden hilfreich ist.

Vormachen

Die methodische Maßnahme des Vormachens gehört zur Gruppe der visuellen Informationsdarbietung. Durch das Vormachen soll der Schüler eine visuelle Vorstellung von einer Bewegung erhalten; es soll in ihm ein Bewegungsentwurf erzeugt werden. Das Vormachen kann entweder durch den Lehrer selbst oder durch einen Schüler geschehen und durch den Einsatz weiterer methodischer Maßnahmen (z. B. Erklären) noch verstärkt werden, um das Umsetzen in die eigene Bewegungsausführung zu erleichtern. Dieses kann sich äußerst motivierend auf die Arbeitshaltung der Schüler auswirken und somit schnelle Lernfortschritte ermöglichen. Der Einsatz eines Schülervorbildes hat gegenüber dem Vormachen durch den Lehrer den Vorteil, dass die gute Leistung des Schülers den zuschauenden Mitschülern meist eher erreichbar erscheint als die des auf diesem Gebiet vielleicht perfekten Lehrers. Auf der anderen Seite kann das Schülervorbild die Gefahr in sich bergen, die Übung nicht so exakt wiederzugeben wie der Lehrer. Gelegentlich kann auch ein fehlerhaftes Bewegungsvorbild eingesetzt werden. Hierbei soll dann ein bei vielen Schülern auftretender Fehler besonders sichtbar gemacht werden. Genaue Korrekturanweisungen zur Behebung der fehlerhaften Bewegung müssen dann sofort in Verbindung mit dem entsprechenden richtigen Bewegungsvorbild gegeben werden. Diese Maßnahme darf aber immer nur die Ausnahme bleiben, damit zum einen das falsche Bewegungsvorbild sich nicht bei den Schülern festsetzt und zum anderen der vormachende Schüler nicht in Verlegenheit gebracht wird. Das Vormachen wird im Sportunterricht immer dort seinen Platz haben, wo es um das Erlernen genormter technomotorischer Fertigkeiten geht, die sich der Schüler ohne Umwege und Zeitverlust aneignen soll. Damit diese methodische Maßnahme voll zur Geltung kommen kann, sollten folgende Punkte beachtet werden:

– Das Bewegungsvorbild muss den Bewegungsablauf technisch richtig wiedergeben.

– Das Vormachen soll mehrmals wiederholt werden, damit der Bewegungsablauf verinnerlicht werden kann.

– Die Schüler sollen vor der Demonstration gezielte Beobachtungsaufgaben erhalten und eventuell Hinweise auf Knotenpunkte der Bewegung.

– Die Bewegungsabläufe sollen als „Ganzes" vorgemacht werden.

– Alle Schüler müssen gut beobachten können, d. h. die Entfernung darf weder zu groß noch zu klein sein und der Standort sollte schräg zur Bewegungsebene liegen (vgl. hierzu auch Autorenkollektiv [Stiehler], 1974, S. 193).

– Das Vormachen soll dem Könnensstand der Adressatengruppe entsprechen.

Vorzeigen

Das Vorzeigen ist eine weitere methodische Maßnahme aus der Gruppe der visuellen Informationsdarbietungen. Verschiedentlich werden daher auch das Vormachen und das Vorzeigen bei einigen Autoren zusammen behandelt. Wir halten eine Trennung zwischen diesen beiden methodischen Maßnahmen für angebracht, da sich das Vormachen auf die aktive Demonstration durch den Lehrer oder einen Schüler bezieht, während beim Vorzeigen Medien diese Funktion übernehmen.

Im Sportunterricht können Zeichnungen, Lichtbilder, Reihenbilder, Filme und Video-Recorder die visuelle Information übernehmen. Die Zeichnung hat besonders im Rahmen der Spielerziehung als Spielskizze ihren Stellenwert, wenn taktische Aufstellungsformen schematisiert dargestellt werden sollen. Ansonsten haben die Zeichnungen einen hohen Abstraktionsgrad und ihr Informationsgehalt ist sehr stark von den zeichnerischen Fähigkeiten des Lehrers abhängig. Auch der Einsatz von Lichtbildern ist nur dann sinnvoll, wenn die Schüler die Phasen vor und nach der gezeigten Stellung auf dem Bild gedanklich nachvollziehen können; gewisse Bewegungserfahrung muss also vorausgesetzt werden können. Der Einsatz von Film und Video-Recorder scheitert oft an organisatorischen Schwierigkeiten, wenn man die Relation zwischen Aufwand und Nutzen beachtet. (Die Funktionsweise dieser beiden visuellen Informationsträger und Möglichkeiten ihres Einsatzes sind im Kap. 6 dargestellt.) Die Reihenbilder, die die wesentlichsten Phasen eines Bewegungsablaufes darstellen, zeichnen sich noch am ehesten durch eine relativ hohe Brauchbarkeit aus. Ihr Einsatz im Sportunterricht benötigt keine große Vorbereitung. Außerdem eignen sich die Reihenbilder besonders für Gruppenarbeit, wenn die Schüler z. B. selbst eine Übungsverbindung erarbeiten sollen.

Beschreiben

Die Bewegungsbeschreibung gibt einen Bewegungsablauf sprachlich wieder, indem sie die einzelnen Sequenzen – einschließlich der Schlüsselsequenzen – benennt. Die Beschreibung von motorischen Fertigkeiten soll kurz und prägnant, geordnet und verständlich sowie genau und anschaulich sein. Die Bewegungsbeschreibung fragt nicht nach dem „Warum", sondern gibt lediglich sprachlich wieder, was optisch aufgenommen wird; Gesetzmäßigkeiten und Wirkungszusammenhänge bleiben dabei unberücksichtigt. Die Bewegungsbeschreibung spricht den Verstand an und setzt gewisses Wissen voraus. Zum einen müssen die Schüler Kenntnis von Fachausdrücken haben und zum anderen in der Lage sein, die Einzelelemente zu einem Ganzen zusammenzufügen. Da beide Voraussetzungen bei den Schülern oft nicht vorhanden sind, ist der Einsatz dieser methodischen Maßnahme für sich allein meist ungünstig.

Erklären

Die Bewegungserklärung kann als weiterführende Maßnahme der Beschreibung angesehen werden und wird meist mit den methodischen Maßnahmen des Vormachens oder Vorzeigens gekoppelt. Die Bewegungserklärung „macht Aussagen über physiologische und physikalische Zusammenhänge und Ursächlichkeiten" (Fetz, 1979, S. 108). Dem Schüler soll auf diesem Hintergrund das Gelingen und Mißlingen einer Übung deutlich gemacht werden. Der Einsatz von Bewegungserklärungen setzt sowohl beim Schüler als auch beim Lehrer Kenntnisse und Fähigkeiten voraus. Während der Schüler über ein gewisses Maß an Bewegungserfahrung verfügen sollte, „Abstraktionsfähigkeit und einige Kenntnisse aus Mechanik und Anatomie" haben muss, sind für den Lehrer „gründliche Vertrautheit mit der allgemeinen und speziellen Bewegungslehre" (Größing, 1988, S. 139) unbedingte Voraussetzung, damit die Bewegungserklärung als methodische Maßnahme wirksam werden kann. Somit wird deutlich, dass ihr Einsatzbereich nicht im frühen Schulalter liegen kann.

Bewegungshilfe

Wir unterscheiden zwischen personalen Bewegungshilfen und nichtpersonalen Bewegungshilfen. Personale Bewegungshilfen werden vom Lehrer und/oder Schüler gegeben, unter nichtpersonalen Bewegungshilfen versteht man den Einsatz von Geräten oder das Ausnutzen von Geländeformen. In beide methodische Maßnahmen gliedert sich die Hilfe- und Sicherheitsstellung ein. Hierfür werden in der Literatur auch die Begriffe Sichern und Helfen (Fetz, 1979) und Bewegungssicherung (Größing, 1988) verwendet.

Bei der personalen Bewegungshilfe als Lernhilfe kommen Schub-, Dreh-, Zug- und Gleichgewichtshilfe zum Einsatz. Während bei den drei ersten Arten dieser Bewegungshilfe der Helfende bestrebt ist, den räumlich-zeitlichen und dynamischen Verlauf der Bewegung zu unterstützen, kommt die Gleichgewichtshilfe vor allem bei statischen Übungen zum Einsatz. Somit „greift diese methodische Maßnahme direkt in den Bewegungsablauf ein und bedeutet für den Lernenden einen hohen Grad an Fremdbestimmung" (Größing, 1988, S. 151). Daher ist es notwendig, dass der Helfende die Struktur der Bewegung genau kennt, damit die Bewegungshilfe als Lernhilfe auch „genau im Moment des Bewegungsakzents wirksam werden" kann (Autorenkollektiv [Stiehler], 1974, S. 201). Sollen Schüler diese Bewegungshilfe geben, müssen sie vom Sportlehrer immer wieder die Kenntnisse des entsprechenden Bewegungsablaufs vermittelt bekommen. Bei der nichtpersonalen Bewegungshilfe wird die Fremdeinwirkung durch eine Person durch den Einsatz von Geräten oder Geländehilfen ersetzt, um das motorische Lernen zu unterstützen. Geländehilfen können vor allem beim Skilaufen ausgenutzt werden. Geräte (z.B. Kasten, Reuther-Brett, Langbank usw.) werden als Bewegungshilfe eingesetzt, um die Übungsbedingungen beim Erlernen einer motorischen Fertigkeit zu erleichtern (Rolle rückwärts auf einer schiefen Ebene, Nackenkippe vom Kastensteg usw.).

Der Einsatz von Bewegungshilfen hängt stark von der jeweiligen Sportart ab. Während sie beim Turnen einen relativen hohen Stellenwert haben, wird man z.B. beim Erlernen von Sportspielen weitgehend auf sie verzichten können.

Beim Turnen geht die Bewegungshilfe oftmals in eine Bewegungssicherung über. Diese Maßnahme zielt darauf ab, die Unfallgefahr im Sportunterricht zu minimieren. Fetz unterteilt in „Sichern ohne technische Hilfsmittel" (Fetz, 1979, S. 134) und in "Sichern mit technischen Behelfen und Vorrichtungen" (Fetz, 1979, S. 135). Bei der ersten Art der Bewegungssicherung kann der Schüler oder Lehrer entweder „Bereitstehen", „Mitgehen" oder „Zufassen" mit den entsprechenden Sicherungsgriffen. Der jeweils zweckmäßige Einsatz hängt vom Schwierigkeitsgrad und von der Struktur der motorischen Fertigkeit ab. Beim Sichern mit technischen Behelfen und Vorrichtungen ist der Helfende ebenfalls präsent. Er „verfolgt den Bewegungsablauf des Übenden und setzt wie früher im Falle des Mißlingens bzw. um dieses von vornherein zu verhindern, seine Kraft mittels der technischen Behelfe ein. Die technischen Hilfsmittel dienen ihm dazu, wirkungsvoller, schneller, ausdauernder und verläßlicher zu sein" (Fetz, 1979, S. 135). Die Bewegungssicherung wirkt nicht nur physisch, sondern hat auch psychische Auswirkungen; die Schüler können einmal zu einem Erfolgserlebnis geführt, zum anderen kann ihnen die Angst vor schwierigen Bewegungsabläufen genommen werden.

Akustische Hilfe

Zur Rhythmisierung des Bewegungsablaufs, zur Verstärkung einzelner Bewegungssequenzen, zur Aufmerksamkeitslenkung und zur Motivation werden häufig akustische Hilfen eingesetzt. Als akustische Hilfe können grundsätzlich alle Arten von akustischen Signalen genutzt werden. In der Literatur werden z. B. Musik, Klatschen, Trommeln, Mitsprechen und Zurufe genannt.

Mentales Training

„Mentales Training ist die systematische, intensive gedankliche Vorstellung eines Bewegungsablaufes, ohne gleichzeitigen praktischen Vollzug, mit dem Ziel der Verbesserung dieses Bewegungsablaufes" (Röthig, 1983, S. 241). Eine ähnliche Form des motorischen Lernens ist das observative Training.

Beim mentalen Training wird der angestrebte Bewegungsablauf nicht real ausgeführt, sondern gedanklich nachvollzogen. Es ist wichtig, dass auch hierbei die Dynamik und die sensomotorischen Sequenzen als Elementarzeichen der motorischen Fertigkeit beibehalten werden. Durch dieses intensive Vorstellen von Bewegungsabläufen werden neurophysiologische Reaktionen hervorgerufen, was man auch mit dem Carpenter-Effekt bezeichnet. Es werden nicht nur die entsprechenden Muskelpartien angesprochen, es erhöht sich auch die Blutzufuhr, Atmung und Puls werden beschleunigt und der Blutdruck erhöht. Allerdings bleibt eine tatsächliche Muskelkontraktion aus. Untersuchungen (Volkamer, 1976; Volpert, 1981) haben ergeben, dass durch mentales Training der Lernprozess verstärkt und beschleunigt werden kann. Dies gilt in besonderem Maße, wenn „erhöhte Anforderungen an das Koordinationsvermögen" (Größing, 1988, S. 152) gestellt werden. Somit kann das mentale Training auch vor allem in der Spielerziehung einen größeren Raum einnehmen, wenn es um komplizierte und komplexe Spielhandlungen geht.

Als Voraussetzung für den Einsatz dieser methodischen Maßnahme müssen folgende Kriterien bei der Adressatengruppe vorhanden sein:

– Bewegungserfahrung,
– Motivation,
– Abstraktionsvermögen,
– Konzentrationsfähigkeit,
– Willensstärke.

Daraus wird ersichtlich, dass das mentale Training im Schulsport erst bei den älteren Jahrgängen zur Anwendung kommen kann. Bei diesen Schülern kann es dann jedoch einen hohen Aufforderungscharakter haben und ein „Realisierungsverlangen" (Größing, 1988) hervorrufen. Beim observativen Training wird. ein Bewegungsablauf intensiv und konzentriert beobachtet. Auch diese Maßnahme kann sich positiv auf den Lernprozess auswirken, ohne jedoch den gleichen Nutzeffekt des mentalen Trainings zu erreichen. Dennoch kann auch diese methodische Maßnahme im Sportunterricht bei älteren Schülern immer dann eingesetzt werden, wenn bei großen Übungsgruppen die Wartezeiten zwischen den Übungsmöglichkeiten sinnvoll verkürzt werden sollen.

Unterrichtsgespräch

Das Unterrichtsgespräch stellt eine verbale Wechselbeziehung zwischen Schüler und Lehrer dar. Es dient vorwiegend der Kommunikation zwischen Schülern und Lehrer. Somit geht das Unterrichtsgespräch über die anderen verbal gebotenen methodischen Maßnahmen hinaus und ist „lernpsychologisch für das Kind nicht unbedeutend" um, „zu altersangemessenen Einsichten in bezug auf das Warum und Weshalb zu gelangen" (Koch, Mielke, 1977, S. 44). Das Unterrichtsgespräch kann das Lehrer-Schüler-Verhältnis optimieren, was zu einem günstigen Lernklima führt und die Lernmotivation positiv beeinflussen kann. Der Stellenwert des Unterrichtsgesprächs als methodische Maßnahme sollte auch deshalb nicht unterschätzt werden, da gerade der Sportunterricht bisher wenig zur

Verbalisierung von Konfliktsituationen beigetragen hat, d.h., der traditionelle Sportunterricht zeichnet sich durch ein Minimum an Verbalisierung aus. Somit kann das Unterrichtsgespräch sowohl im kognitiven und sozial-affektiven wie auch im motorischen Lernzielbereich sinnvoll eingesetzt werden. Besonders in der Spielerziehung wird das Unterrichtsgespräch positiv wirksam, um den Schülern Einsichten in die technischen Fertigkeiten und vor allem in die taktischen Verhaltensweisen eines Spiels zu vermitteln.

Allerdings sei an dieser Stelle auch deutlich darauf hingewiesen, dass das Unterrichtsgespräch die Bewegungszeit und den Bewegungsdrang der Schüler nicht allzu sehr einschränken darf. Es kommt auch hier – wie bei allen anderen methodischen Maßnahmen auch – auf den zweckrationalen Einsatz an.

5.4 Zusammenhang von methodischen Maßnahmen und anderen Faktoren des Unterrichts

Wie bereits dargestellt wurde, werden die eigentlichen methodischen Entscheidungen auf der Ebene der methodischen Maßnahmen getroffen, deren didaktische Wirksamkeit bereits im einzelnen beschrieben wurde. Bei der Entscheidung für eine methodische Maßnahme muss berücksichtigt werden, dass eine gegenseitige Abhängigkeit zwischen den methodischen Maßnahmen und anderen Faktoren des Unterrichts besteht. Die für die Methodenentscheidung wesentlichsten Faktoren sind u.E. Lernziele, Lernprozeßstufe, Entwicklungsstufe und Unterrichtsmedien. Im folgenden wird der Zusammenhang zwischen methodischen Maßnahmen und jedem dieser Faktoren kurz dargestellt und abschließend in einer Tabelle veranschaulicht.

Methodische Maßnahmen und Lernzielbereich:

Vereinfachend werden die Lernziele in folgende Bereich eingeteilt: motorische Eigenschaften, motorische Fertigkeiten und taktische Fähigkeiten. Der sozial-affektive Bereich ist hier nicht berücksichtigt, da die hier behandelten methodischen Maßnahmen für diesen Lernzielbereich keine so bedeutende Rolle spielen. Die Anwendung methodischer Maßnahmen ist entscheidend durch die Zielsetzung bestimmt.

Während es im Bereich der motorischen Eigenschaften um die Verbesserung der physischen Grundlagen unabhängig von bestimmten Bewegungsabläufen geht, ist der Lernzielbereich „motorische Fertigkeiten" gerade auf das Erlernen mehr oder weniger stark genormter Bewegungsabläufe gerichtet. Bei den taktischen Fähigkeiten wird in stärkerem Maße der kognitive Bereich angesprochen, da es hier auf das Erkennen von Situationen und schnelles Entscheiden für bestimmte Maßnahmen ankommt.

Im Lernzielbereich der motorischen Eigenschaften (Ausdauer, Kraft, Schnelligkeit, Gelenkigkeit, Geschicklichkeit und Beweglichkeit) sind durch die Not-

wendigkeit einer hohen Wiederholungszahl von Übungen methodische Maßnahmen geeignet, die die Lernmotivation aufrecht erhalten. Dies sind insbesondere die methodischen Maßnahmen, die die Einsicht in physiologische Zusammenhänge fördern, einen hohen Aufforderungscharakter haben und den individuellen Bewegungsspielraum möglichst wenig einschränken.

Im Lernzielbereich der motorischen Fertigkeiten sind alle methodischen Maßnahmen geeignet, die eine Vorgabe des geforderten Bewegungsablaufs, Einsichten in die Struktur des Bewegungsablaufs oder Korrekturen der Bewegungsausführung ermöglichen. Im Lernzielbereich „taktische Fähigkeiten" geht es um
das Vermögen, im Rahmen eines festliegenden strategischen Verhaltensmu-
sters und zu dessen erfolgreicher Durchführung auf Einzelsituationen richtig zu
reagieren. Daher sind die methodischen Maßnahmen geeignet, die Verhaltensmuster, Entscheidungskriterien und Übungssituationen vorgeben können.

Methodische Maßnahmen und Lernprozeß-Stufen:

Die Lernprozeß-Stufen teilen wir nach Meinel in Grobkoordination, Feinkoordination und Stabilisierung ein. Für die Auswahl der entsprechenden methodischen
Maßnahmen ist es bedeutsam, auf welcher Lernprozeß-Stufe sich die Lernenden befinden.

Die Phase der Grobkoordination reicht von den ersten Übungsversuchen eines
geforderten Bewegungsablaufs bis zum ersten Gelingen unter günstigen Bedingungen. Das bedeutet, dass der Lernende den geforderten Bewegungsablauf
zunächst gedanklich erfassen muss, um zu einer ersten groben Bewegungsvorstellung zu gelangen. Danach schließen sich die ersten Lösungsversuche an,
die durch mehr oder weniger starke Fehler (ungenügende Steuerung der Extre-
mitäten, falscher Krafteinsatz usw.) gekennzeichnet sind. Ständiges Üben führt
schließlich zur Grobform des zu erlernenden Bewegungsablaufs. Hieraus ergibt
sich der Zusammenhang zu den methodischen Maßnahmen. So sind in dieser
Phase des Lernprozesses vor allem Bewegungsanweisungen erforderlich. Günstig ist zusätzlich der Einsatz der methodischen Maßnahmen des Vormachens,
Vorzeigens und Beschreibens. Der Einsatz der Bewegungshilfe ist häufig geeignet, um Mißerfolgserlebnisse zu vermeiden.

Die Phase der Feinkoordination schließt sich der Grobkoordination an und reicht
bis zur fehlerfreien Ausführung des geforderten Bewegungsablaufs. Durch häufiges kontrolliertes Üben soll der Lernende ein Stadium erreichen, auf dem über-
flüssige Mitbewegungen verschwunden sind, so dass der Bewegungsablauf
harmonischer und effektiver wird und der notwendige Krafteinsatz an der richtigen Stelle und zum richtigen Zeitpunkt auftritt. Hieraus ergibt sich, dass auf der
Lernprozess-Stufe der Feinkoordination die methodischen Maßnahmen der Bewegungskorrektur, der Erklärung und der Bewegungsvorschrift favorisiert sind.
Korrekturen und Erklärungen dienen zur Präzisierung der Bewegungsvorstellung und Bewegungsausführung, die Bewegungsvorschrift sollte zielgerichtet

auf einzelne Sequenzen der Bewegung gelenkt sein. Mentales Training kann ebenso gut eingesetzt werden wie die Forderung an den Lernenden, Bewegungsbeschreibungen zu erstellen.

Die Phase der Stabilisierung folgt der der Feinkoordination. Der geforderte Bewegungsablauf kann jetzt exakt und völlig fehlerfrei auch unter veränderten Bedingungen und trotz des Auftretens von Störgrößen ausgeführt werden. – Im obligatorischen Sportunterricht in der Schule wird dieses Stadium sicherlich sehr selten erreicht werden. – Ein besonderes Kennzeichen dieser Phase ist es, dass der innere Regelkreis (kinästhetischer Analysator) bereits soweit ausgeprägt ist, dass eine korrigierende Steuerung von außen (durch den Lehrer) kaum noch erforderlich ist. Die wichtigste methodische Maßnahme ist in der Veränderung der Bedingungen zu sehen (am ehesten der Bewegungsanweisung zuzuordnen), während alle anderen methodischen Maßnahmen in den Hintergrund treten.

Methodische Maßnahmen und Entwicklungsstufen:

Obwohl die derzeitigen Auffassungen der modernen Entwicklungspsychologie eine Phaseneinteilung der menschlichen Entwicklung für nicht mehr voll zutreffend halten, ist hier aus Praktikabilitätsgründen auf ein weit verbreitetes Phasenmodell zurückgegriffen worden. Zwischen methodischen Maßnahmen und Entwicklungsstufen besteht nur ein relativ geringer Zusammenhang, d. h., dass in nur sehr wenigen Fällen die Entwicklungsstufe über den Einsatz einer methodischen Maßnahme entscheidet. Der Zusammenhang besteht vor allem in der unterschiedlichen Informationsaufnahme- und Verarbeitungskapazität sowie in der unterschiedlichen motivationalen Wirkung einzelner methodischer Maßnahmen. Aus Gründen der relativ geringen Informations- und Verarbeitungskapazität in der vorpuberalen Phase sind Bewegungsvorschrift, Beschreibung, Erklärung und mentales Training nicht so geeignet, während das Bewegungsvorbild wegen der stark motivierenden Wirkung gerade in dieser Phase besonders geeignet erscheint.

Methodische Maßnahmen und Medien:

Ausgehend von der Definition, nach der als Unterrichtsmedien alle Mittel bezeichnet werden, deren sich Lehrende und Lernende zur Informationsübermittlung bedienen, sind hier (Abb. 16) nur die im Sportunterricht üblichen konkreten Medien aufgeführt worden. Die Abhängigkeit zwischen methodischen Maßnahmen und Medien wurde entsprechend der Definition unter dem Gesichtspunkt betrachtet, ob das jeweilige Medium zur Übermittlung der relevanten Information geeignet ist.

So ist zum Beispiel der Einsatz eines Einzelbildes (Zeichnung oder Foto) bei Bewegungsanweisungen und Bewegungsvorschriften geeignet, während es für die Bewegungsaufgabe nicht geeignet ist, da durch die visuelle Darbietung eine weitgehende Steuerung der Lernenden erfolgt und damit eine selbständige Problemlösung verhindert. Für das Bewegungsvorbild sind Einzelbilder nur bedingt geeignet, da der Ablauf der Bewegung nicht dargeboten werden kann.

Methodische Maßnahmen Andere Faktoren des Unterrichts	Beweg.- aufg.	Beweg.- anw.	Beweg.- vorschr.	Beweg.- korrekt.	Bewegungsvorbild (Vormachen, Vorzeigen)
Lernzielbereich motorische Eigenschaften	+	+	–	–	–
motorische Fertigkeiten	0	+	+	+	+
taktische Fähigkeiten	0	+	–	+	0
Lernprozess-Stufen Grobkoordination	0	+	–	+	+
Feinkoordination	–	+	+	+	0
Stabilisierung	–	+	0	0	–
Entwicklungsstufe Vorpuberale Phase	+	0	–	+	+
1. Puberale Phase	+	+	+	+	+
2. Puberale Phase	+	+	+	+	0
Maturität	+	+	+	+	0
Medien Einzelbild, (Zeichnung, Foto eines Bewegungsablaufs)	–	+	+	0	0
Reihenbild	–	+	+	0	+
Film	–	+	+	–	+
Tonfilm	–	+	+	0	+
Video	–	+	+	+	+
Tonband / Schallplatte	0	0	0	–	–
Textbuch (Arbeitspapiere, Karte usw.)	–	+	+	+	0

Andere Faktoren des Unterrichts \ Methodische Maßnahmen	Beschreiben	Erklären	Beweg.hilfe	Mentales Tr.	Unterr. gespr.
Lernzielbereich					
motorische Eigenschaften	–	+	0	–	+
motorische Fertigkeiten	+	+	+	+	+
taktische Fähigkeiten	+	+	+	+	+
Lernprozess-Stufen					
Grobkoordination	+	0	+	–	0
Feinkoordination	+	+	0	+	+
Stabilisierung	–	0	–	0	0
Entwicklungsstufe					
Vorpuberale Phase	–	–	+	–	0
1. Puberale Phase	0	0	+	0	+
2. Puberale Phase	0	+	+	+	+
Maturität	0	+	+	+	+
Medien					
Einzelbild, (Zeichnung, Foto)	–	–	–	–	–
Reihenbild	0	0	–	–	–
Film	–	+	–	0	–
Tonfilm	–	+	–	0	–
Video	–	+	–	0	–
Tonband / Schallplatte	0	0	+	–	–
Textbuch (Arbeitspapiere, Karte usw.)	+	+	–	–	–

Abb. 16 Zusammenhang von methodischen Maßnahmen und anderen Faktoren des Unterrichts

+ = gut geeignet
– = nicht geeignet oder fast nicht geeignet
0 = weniger gut geeignet

Die Video-Anlage hingegen ist gerade für das Bewegungsvorbild besonders geeignet und im Rahmen der Bewegungskorrektur wirksamer als alle anderen Medien einsetzbar, weil eine Aufnahme des Bewegungsablaufs mit sofortiger Wiedergabe möglich ist. Für die Bewegungsaufgabe ist die Video-Anlage ebenso wie das Einzelbild nicht so geeignet.

Tabellarische Darstellung des Zusammenhangs von methodischen Maßnahmen und anderen Faktoren des Unterrichts:

Die tabellarische Übersicht (s. S. 147f.) über den Zusammenhang von methodischen Maßnahmen und anderen Faktoren des Unterrichts will nur Tendenzen aufzeigen und damit eine Entscheidungshilfe für die Auswahl der jeweiligen methodischen Maßnahmen sein, ohne den Anspruch auf ein allgemeingültiges Zuordnungsverfahren zu erheben. Die akustische Hilfe ist in die Tabelle nicht mit aufgenommen worden, da eine abgestufte Zuordnung zu den anderen Faktoren des Unterrichts nicht sinnvoll erscheint.

5.5 Methodische Reihen

Der Begriff der Methodischen Reihe ist ein Spezifikum der Sportdidaktik und spielt in anderen Fachdidaktiken und in der allgemeinen Didaktik kaum eine Rolle. Übereinstimmend sind Methodische Reihen in der Fachliteratur definiert als „nach methodischen Gesichtspunkten gestufte, auf ein konkretes Unterrichtsziel ausgerichtete Folgen von Übungen oder Tätigkeiten" (Fetz, 1979, S. 146). Es handelt sich letztlich um vorgefertigte Bausteine der Unterrichtsplanung, die vom einzelnen Lehrer unverändert oder leicht modifiziert in die eigene Planung eingesetzt werden können. Wesentliche und aufwendige Planungsarbeiten (Bewegungsanalyse, Analyse der Lernstruktur, schrittweiser Aufbau des Lernprozesses) brauchen vom Lehrer im Idealfall nicht mehr geleistet zu werden. Die anwendungsbezogene Fachliteratur ist von Methodischen Reihen überschwemmt, und es gibt kaum eine sportliche Bewegungsfertigkeit, zu deren Erlernen noch keine Methodische Reihe entwickelt worden ist.

Da die in der Literatur angebotenen Methodischen Reihen in den meisten Fällen keine Angaben zum unterrichtlichen Kontext erhalten, in dem sie optimal eingesetzt werden können, und sich in ihrer Qualität stark unterscheiden, muss der Lehrer seine Auswahlentscheidung von einer Analyse der Methodischen Reihen und der Rahmenbedingungen abhängig machen. (Zur Auswahl Methodischer Reihen vgl. Heymen u. Leue, 1986.)

Methodische Reihen zum Erlernen motorischer Fertigkeiten und zur Verbesserung motorischer Grundeigenschaften werden als Methodische Übungsreihen bezeichnet, von denen Methodische Spielreihen unterschieden werden. „Methodische Übungsreihen sind nach methodischen Grundsätzen geordnete Übungsfolgen, die zur Erlernung einer bestimmten motorischen Fertigkeit (Zielübung) oder Aneignung eines bestimmten Ausprägungsgrades motorischer Eigenschaften führen sollen.

Methodische Spielreihen sind nach methodischen Grundsätzen erstellte Spielfolgen, die zu einem bestimmten Spiel (als Ziel der methodischen Reihe) hinführen sollen" (Fetz, 1979, S. 146).

Methodische Übungsreihen

Alle Methodischen Übungsreihen sind gemäß Definition durch einen schrittweisen Aufbau gekennzeichnet. Eine Analyse des Angebots an Methodischen Übungsreihen lässt drei Typen erkennen, die sich durch ihren prinzipiellen Aufbau unterscheiden und in der Literatur durchgehend mit folgenden Bezeichnungen belegt werden (vgl. Fetz, 1995):

− Prinzip der verminderten Lernhilfe,
− Prinzip der graduellen Annäherung,
− Prinzip der Aufgliederung in funktionelle Teileinheiten.

Methodische Übungsreihen nach dem Prinzip der verminderten Lernhilfe

Charakteristisch für Übungsreihen nach diesem Prinzip ist ein grundsätzlich ganzheitliches Vorgehen. Die Zielübung wird in ihrer Bewegungsstruktur von Anfang an unverändert ausgeführt. Dies wird den Lernenden durch den Einsatz von Hilfen ermöglicht. Die Hilfen werden dem Lernfortschritt entsprechend abgebaut. Sie können psychische Wirkungen (Angstabbau) oder mechanische Wirkungen (Schwerpunktverlagerung, Flugkurvenänderung) haben.

Ein Beispiel ist das Erlernen der Rolle rückwärts auf der schiefen Ebene (vgl. Meusel, 1970, S. 75). Die Rolle rückwärts an der schiefen Ebene bereitet durch die Schwerkraftunterstützung kaum noch Schwierigkeiten. Der Neigungswinkel kann dem jeweiligen Fertigkeitsgrad der Schüler angepaßt und allmählich verringert werden, wodurch die Wirksamkeit der Hilfe vermindert wird.

Das Prinzip der verminderten Lernhilfe hat den Vorteil, dass die Bewegung ganzheitlich erlernt werden kann. Es ist immer dann anwendbar, wenn die Struktur der Bewegung nicht zu komplex für den Schüler ist. Die Entscheidung über den Einsatz des Prinzips hängt also vom Komplexitätsgrad der Bewegung in Relation zu den Bewegungserfahrungen der Schüler ab.

Methodische Übungsreihen nach dem Prinzip der graduellen Annäherung

Hierbei geht man von einer gekonnten Bewegung aus und verändert (erweitert) diese schrittweise bis zum Erreichen der Zielübung. Ein Beispiel hierfür ist das Erlernen der Laufsprungtechnik im Weitsprung:

1. Anlauf – Absprung – Landung auf dem Schwungbein – Weiterlaufen.
2. Absprung – Rückführung des Schwungbeines und gleichzeitiges Vorbringen des Sprungbeines in der Flugphase – Landung auf dem Sprungbein – Weiterlaufen.
3. Absprung – Rückführung des Schwungbeines und gleichzeitiges Vorbringen des Sprungbeines – Vorbringen des Schwungbeines – beidbeinige Landung.

Zu diesem Prinzip gehören auch Methodische Reihen, die eine sogenannte „Rückwärtsaddition" (Wiemann, 1988) der Lernschritte realisieren. Rückwärtsaddition bedeutet, dass zuerst das letzte Element einer Verhaltenskette gelernt wird. Wiemann (1988, S. 109) führt als Beispiel die folgende Lernschrittfolge zur Rolle rückwärts durch den Handstand an:

1. Aus dem Handstand abschwingen in den Stand. (Helfer beim Handstand)

2. Aus der Kipplage mit schnellkräftiger Streckung und Unterstützung durch einen Helfer in den Handstand – Abschwingen in den Stand.

3. Aus dem Strecksitz rückrollen in die Kipplage – Streckung in den Handstand (mit Helfer) – Abschwingen in den Stand.

4. Aus dem Stand rückrollen in die Kipplage – Streckung in den Handstand – Abschwingen in den Stand.

Methodische Übungsreihen nach dem Prinzip der Aufgliederung in funktionale Teileinheiten

Dieses Prinzip wird bei komplexen Fertigkeiten angewandt, bei denen die Teilkomplexe der Fertigkeit eigenständige Funktionen haben. Vorwiegender Anwendungsbereich sind die Spiele. So können z.B. beim Handball das Prellen, Fangen und Werfen und andere Teilelemente der Spielhandlung unabhängig voneinander gelernt werden.

Auch beim Erlernen des Brustschwimmens wird eine Aufteilung in Teileinheiten vorgenommen, wenn Beinarbeit und Armarbeit unabhängig voneinander gelernt werden. Nach dem Erlernen der Teileinheiten werden dann einzelne Komplexe aufgebaut, bis die Fertigkeit insgesamt erlernt ist.

In der Praxis kommen die o. g. Typen von Methodischen Übungsreihen nur selten in reiner Form vor. Das Prinzip der graduellen Annäherung wird häufig mit dem Einsatz von Lernhilfen kombiniert. Dies ist z. B. der Fall, wenn bei der Übungsreihe zum Weitsprung ein Sprungbrett oder ein kleiner Kasten als Absprunghilfe eingesetzt wird, um die Flugphase zu verlängern. Methodische Übungsreihen nach dem Prinzip der Aufgliederung in funktionale Teileinheiten sind häufig so angelegt, dass die Aufgliederung als Grobstruktur des methodischen Vorgehens gilt, während die einzelnen Teileinheiten dann nach dem Prinzip der verminderten Lernhilfe oder der graduellen Annäherung entwickelt werden.

Methodische Spielreihen

Dem Grundgedanken „Spiele lernt man vor allem durch Spiele" folgend, soll in Spielreihen neben der Verbesserung technischer Fertigkeiten vor allem das Lösen von situativen Spielhandlungen angestrebt werden, d. h., es werden bewußte Entscheidungen bei mehreren Möglichkeiten verlangt. Das methodische Prinzip besteht in der Erweiterung dieser Spielhandlungen, in der schrittweisen Einführung der Spielregeln und der allmählichen Belastungserhöhung.

Dieser Grundgedanke der Methodischen Spielreihe soll durch das folgende Beispiel verdeutlicht werden:

Spielentwicklungsreihe zum Hallenhandball

1. Völkerball mit Abwurfrecht von allen Seiten
2. Aufsetzerball
3. Ball über die Schnur mit Torwurf
4. Ball über die Schnur mit einem Mitspieler beim Gegner und Torwurf
5. Kombinationsball / Parteiball
6. Burgball
7. Kastenhandball
8. Spiel auf ein Tor

Jedes Spiel schult bestimmte motorische Eigenschaften und Fertigkeiten sowie taktisches und regelgerechtes Verhalten und vermittelt charakteristische Aspekte der Grundidee des Handballspiels. Die „Spiel-Entwicklungsreihe soll die didaktisch-methodische Forderung vom Einfachen zum Schwierigen erfüllen und dem Schüler ein schrittweises Hineinfinden in ein komplexes Spielgebilde ermöglichen" (Leue u. Roth, 1985, S. 51).

Grundsätzlich ist die Entwicklung von vorgefertigten Bausteinen, wie sie Methodische Reihen darstellen, ein Schritt zu rationellerer Unterrichtsplanung, da dem Lehrer Planungsarbeiten abgenommen werden, die zeitaufwendig sind und von vielen Lehrern immer wieder in gleicher Weise geleistet werden müssen.

Die Methodische Reihe ist universeller einsetzbar als ein vollobjektiviertes Lehrprogramm, da dieses auf einen engeren Adressatenkreis zugeschnitten sein muss.

Vor der Einpassung von Methodischen Reihen in konkrete Unterrichtsplanungen genügt für die theoretische Beurteilung eine alleinige Analyse des Bauprinzips in aller Regel nicht; diese Analyse kann lediglich ein erster Schritt sein. Für die Abschätzung der Wirksamkeit der ensprechenden Methodischen Reihen müssen weitere Kriterien mit einbezogen werden. Zu den wichtigsten gehören schülerbezogene Lernschrittgröße, sach- und lernlogisch richtige Reihenfolge, Zweckmäßigkeit der Lernhilfen und ein angemessener Organisations- und Materialaufwand.

Für das Kriterium *schülerbezogene Lernschrittgröße* lassen sich keine allgemeingültigen, d.h. übertragbaren Werte angeben, da dieses Merkmal ausschließlich durch die Informationsaufnahme- und Verarbeitungskapazität sowie durch die Bewegungserfahrung der Lernenden gekennzeichnet ist. Die einzelnen Lernschritte müssen umso kleiner sein, je weniger die Adressaten über Teilstrukturen der Zielbewegung verfügen und können umso größer gewählt werden, je mehr Teilfertigkeiten bereits beherrscht werden. In diesem Fall laufen dann schon die beherrschten Teilbewegungen automatisch ab, so dass die Verarbeitungskapazität nur noch von den neu zu erlernenden Bewegungssequenzen beansprucht wird. Von daher wäre es sinnvoll, für die Methodischen Reihen immer auch die vorauszusetzenden Bewegungsfertigkeiten mit anzugeben.

Die *sach- und lernlogisch richtige Reihenfolge* lässt sich auf Grund der Bewegungsstruktur in Beziehung zum Schwierigkeitsgrad der Teilübungen beurteilen. Die Inhalte der einzelnen Lernschritte dürfen der Bewegungsgrundstruktur der Zielübung nicht widersprechen, und die Aneinanderreihung der einzelnen Lernschritte muss durch einen ansteigenden Schwierigkeitsgrad gekennzeichnet sein. Von daher sind alle Methodischen Reihen mit Skepsis zu betrachten, deren Teilschritte z. T. eine andere Grundstruktur als die Zielbewegung beinhalten oder von der Ausführung schwieriger sind als die angestrebte Zielübung selbst.

Der *Einsatz von Lernhilfen* spielt bei der Konzeption von Methodischen Reihen oftmals eine bedeutende Rolle. Sie sind aber nur dann sinnvoll, wenn sie eine lernunterstützende Funktion haben und ihr Einsatz nicht durch aufwendige Material- und Gerätearrangements beeinträchtigt wird und dadurch wertvolle Übungszeit verloren geht. Auch der Einsatz einer Partnerhilfe muss nicht zwangsläufig den Lernerfolg unterstützen. Häufig sind Schüler schon auf Grund unzureichender Kenntnisse über biomechanische Zusammenhänge oder einfach aus Desinteresse nicht in der Lage, eine richtig dosierte Bewegungshilfe zu leisten. In solch einem Fall kann eine Partnerhilfe den Lernprozess mehr behindern als unterstützen.

Bei der Analyse des *Organisations- und Materialaufwands* sollte die Aufwand-Nutzen-Relation im Mittelpunkt der Betrachtung stehen. Bei allen Auf- und Umbauten von Geräten sowie bei Veränderungen von Aufstellungsformen der Schüler sollte immer der Grundsatz stehen: so wenig Aufwand wie möglich, so viel Aufwand wie unbedingt notwendig.

Werden Methodische Reihen unter diesen Kriterien begutachtet und entsprechend den eigenen Bedürfnissen und Erfordernissen modifiziert, können sie in der täglichen Planungsarbeit des Lehrers eine große Hilfe sein.

6 Medien im Sportunterricht

6.1 Begriffsklärung

Der Begriff „Unterrichtsmedium" hat in der Literatur vielfältige Bedeutung und taucht unter den verschiedensten Bezeichnungen auf. So werden z.b. folgende Bezeichnungen benutzt: Lehrmittel, Lernmittel, Arbeitsmittel, Unterrichtshilfe, Selbstbildungsmittel, Hilfsmittel, technische Medien, didaktische Mittler, Erarbeitungsmittel und Anschauungsmittel. Folglich findet man auch in ihrem Umfang unterschiedliche Definitionen.

Die umfangreichsten Definitionen beziehen personengebundene Medien (z.B. die Gestik des Lehrers) und alle im Unterricht vorkommenden Objekte (z.B. das Gerät, an dem geturnt wird, und der Ball, mit dem gespielt wird) mit ein. Andere Definitionen beinhalten lediglich die zur Informationsdarbietung benutzten Geräte (z.B. Dia-Projektor, Overhead-Projektor, Video-Recorder). Die unterschiedlichen Definitionen lassen sich aus dem jeweiligen Verwendungszusammenhang erklären. So ist in der didaktischen Konzeption von Paul Heimann (Berliner Didaktik) entsprechend dem System der Strukturmomente des Unterrichts der Medienbegriff sehr weitgehend definiert. „Als Medien werden hier alle Unterrichtsmittel bezeichnet, deren sich Lehrende und Lernende bedienen, um sich über Intentionen, Themen und Verfahren des Unterrichts zu verständigen" (Heimann u. a., 1965, S. 34). Andere Autoren, denen es nicht um eine umfassende didaktische Konzeption geht, sondern um die Bearbeitung medienspezifischer Fragestellungen, klammern die personengebundenen Medien in ihrer Mediendefinition aus. Diese Ausklammerung erfolgt vorwiegend aus forschungspraktischen Erwägungen, da eine Objektivierung der personengebundenen Medien nicht möglich ist. So plädiert Dannenmann in Anlehnung an andere Autoren für einen „technischen oder materialen Begriff von Unterrichtsmedium", der durch folgende vier Aspekte bestimmt sein sollte:

„ – den Aspekt der Vermittlung,
 – den Aspekt der Erfüllung didaktischer Funktionen,
 – den Aspekt der Gegenständlichkeit,
 – den Aspekt der Speicherfähigkeit" (Dannenmann, 1978, S. 64)

Für die konkrete Unterrichtsplanung ist es u. E. sinnvoller, einen Medienbegriff zu verwenden, der die personengebundenen Medien einschließt.

So ist z. B. nach der Festsetzung der methodischen Maßnahme „Bewegungsvorbild" zu entscheiden, ob dies durch Lehrer, Schüler oder Film erfolgen soll. Die mediale Entscheidung bezieht sich also sowohl auf personengebundene als auch auf nichtpersonengebundene Möglichkeiten der Informationsübermittlung.

6.2 Funktionsanalyse und -beschreibung von Unterrichtsmedien

In der Auseinandersetzung mit Unterrichtsmedien ist in der fachdidaktischen Literatur mehrfach versucht worden, die Leistungsfähigkeit von Medien darzustellen und zu systematisieren und Entscheidungskriterien für den Medieneinsatz zu formulieren. Ziel dieser Bemühungen ist es, dem Lehrer ein Instrument an die Hand zu geben, um bei Kenntnis der anderen Variablen des Unterrichts einen optimalen Medieneinsatz zu planen. Voraussetzungen für die Entwicklung eines solchen Entscheidungsrasters ist eine Funktionsanalyse von Unterrichtsmedien. Die Versuche der Funktionsanalyse in der Literatur sind in den meisten Fällen dadurch gekennzeichnet, dass sie nur einige der für den Unterrichtsprozess bedeutsamen Faktoren in die Analyse einbeziehen. Entsprechend berücksichtigen die aus der Funktionsanalyse abgeleiteten Empfehlungen nur Teilaspekte des komplexen Gebildes Unterricht. So werden bei Röthig / Landau (1973) die Ablaufmechanismen des motorischen Lernens zur Grundlage der Medienentscheidung. Lerntheoretische Erwägungen sind der entscheidende Faktor für die ausgesprochenen Einsatzempfehlungen, während die übrigen Faktoren des Unterrichts erst in zweiter Linie berücksichtigt werden. Bei der im Unterricht auftretenden Faktorenkomplexität ist es wahrscheinlich auch erforderlich, einige wenige Faktoren für die Medienentscheidung in den Vordergrund zu rücken. Bei Kramer (1972) werden die Einsatzmöglichkeiten visueller Lernhilfen aufgrund allgemeiner Überlegungen zum motorischen Lernen beschrieben.

Wenn es Ziel der theoretischen Auseinandersetzung mit Unterrichtsmedien ist, ein Entscheidungsraster für die Auswahl von Medien zu erstellen, so muss festgestellt werden, dass eine umfassende Analyse der unterrichtlichen Funktion von Medien für den Sportunterricht noch nicht geleistet und demzufolge auch kein Medienwahlmodell entwickelt worden ist. Aus der allgemein-didaktischen Mediendiskussion sind verschiedene Versuche zur Funktionsanalyse und Klassifikation von Medien bekannt geworden, die jeweils von einem bestimmten System der Lehrfunktionen ausgehen. Die bekanntesten Versuche (z. B. Briggs u. a., Tosti und Ball, Dale) sind bei Boeckmann / Heymen (1978) dargestellt und kommentiert. In Anlehnung an Boeckmann / Heymen (1976, S. 65) soll im folgenden die Leistungsfähigkeit von Medien für den Sportunterricht dargestellt werden. Die Leistungsfähigkeit orientiert sich an folgenden bedeutsamen unterrichtlichen Funktionen:

Informationsdarbietung (z. B. Soll-Wert-Vorgabe):

- Standbild,
- Laufbild,
- Zeitlupe,
- Farbe,

- Ton,
- Audio-visuell.

Steuern / Regeln:
- Ist-Wert-Aufnahme und Rückmeldung (z. B. Video-Aufzeichnung des Schülerverhaltens und anschließende Vorführung),
- Ist-Wert – Soll-Wert-Vergleich (Feststellen des Unterschiedes zwischen tatsächlichem Verhalten und gewünschtem Verhalten),
- Korrekturhinweis.

In der folgenden Tabelle wird für einige ausgewählte und im Sportunterricht übliche Medien angegeben, welche Leistungen sie übernehmen können.

Die Zuordnung von unterrichtlichen Funktionen zu Medien ist eine notwendige Voraussetzung zur Entwicklung von Medienwahlmodellen. Die bisher in der Literatur aufzufindenden Versuche von Medienwahlmodellen sind dadurch gekennzeichnet, „dass sie den Systembezug zum gesamten didaktischen Feld zugunsten einer linear deduktiven Entscheidungsprämisse vernachlässigen" (Heymen u. Boeckmann, 1975, S. 18). D. h., es wird z. B. der Lehrziel-Zusammenhang als entscheidendes Kriterium für die Medienwahl in den Vordergrund gestellt, während die Adressatenvoraussetzungen, die affektiven Wirkungen und die unterrichtsorganisatorischen Bedingungen nicht oder nur am Rande berücksichtigt werden. Es ist ohnehin fraglich, ob es beim derzeitigen Forschungsstand möglich ist, ein umfassendes Entscheidungsraster für die Auswahl von Medien zu entwickeln, da die Komplexität der unterrichtlichen Prozesse methodologisch noch nicht beherrschbar ist. „Wegen der erkannten – aber nicht durchschaubaren – Vielzahl von gegenseitigen Abhängigkeiten, in die Medien als ein Faktor des Unterrichtsprozesses verknüpft sind, ist es (zumindest gegenwärtig) nicht zweckmäßig, nun ein neues deduktives Entscheidungssystem zu entwerfen" (Boeckmann u. Heymen, 1978, S. 135). Als eine Vorstufe eines Medienwahlmodelles soll hier in Anlehnung an Boeckmann / Heymen (1978) versucht werden, die Beziehungen zwischen Medien und einzelnen anderen Faktoren des Sportunterrichts darzustellen.

Funktionen \ Medien	Lehrfilm (Standbild)	Video-Anlage (Kamera, Recorder, Monitor, Mikrofon)	Video-Anlage + Aufzeichnung, Bewegungsvorbild m. Kommentar	Reihenbild (Wandbild)	Arbeits-projektor	Programm-karten	Kassetten-gerät CD-Player
Informationsdarbietung Standbild	X¹		X	X	X	X	
Laufbild	X		X				
Zeitlupe	X		X				
Farbe	X		X	X	X	X	
Ton			X				X
Audio-visuell			X				
Steuern / Regeln Ist-Wert-Aufn.		X	X				
Ist-Wert- Soll-Wert-Vergleich			X²				
Rückmeldung		X	X			X	
Korrekturhinweis		X	X			X	

Abb. 17 Funktionen von Unterrichtsmedien

1 Projektorabhängig
2 Nur bedingt, da Auswertung nicht durch Anlage erfolgt

Medien und Lernzielbereich:

Die Lernziele werden in diesem Zusammenhang vereinfachend in folgende Bereiche eingeteilt: motorische Eigenschaften, motorische Fertigkeiten, taktische Fähigkeiten, affektiver Bereich und kognitiver Bereich. Die Beziehungen zwischen Medien und den einzelnen Lernzielbereichen sind bestimmt durch die Funktionen, die ein Medium übernehmen kann. So können die meisten der hier aufgeführten Medien im Bereich der motorischen Eigenschaften, in dem es um die Verbesserung der physischen Grundlagen unabhängig von bestimmten Bewegungsabläufen geht, keine Funktion übernehmen, die einen Einsatz effektiv machen würde. Eine Ausnahme sind die Programmkarten und mit Einschränkungen der CD-Player und das Kassettengerät, die in diesem Lernzielbereich den Lehrer unterstützen könnten (z. B. Programmkarten zur Übermittlung differenzierter Aufgabenstellung, CD-Player zur rhythmisierenden Unterstützung). Dagegen sind im Lernzielbereich „motorische Fertigkeiten", der durch das Erlernen mehr oder weniger stark genormter Bewegungsabläufe charakterisiert ist, viele Medien geeignet, Lehrfunktionen zu übernehmen; z. B. Soll-Wert-Vorgaben durch Arbeitsstreifen, Reihenbilder oder Programmkarten, Ist-Wert-Aufnahmen, Rückmeldungen und Korrekturhinweise durch Video-Anlagen. Ähnliche Aufgaben können die Medien im Lernzielbereich „taktische Fähigkeiten" erfüllen, indem sie Verhaltensmuster, Entscheidungskriterien und Übungssituationen vorgeben. Im affektiven Bereich ist die Wirkung der meisten Medien eingeschränkt, da sie keinen direkten Einfluss auf Verhaltensänderungen im Lernenden ausüben; lediglich der Dokumentarfilm (z. B. Doping im Leistungssport), die Video-Anlage (z. B. Aufnahme und Demonstration gruppendynamischer Prozesse in der Lerngruppe) und Tondokumente können in diesem Bereich sinnvoll eingesetzt werden.

Medien und Lernprozess-Stufen:

Wie auch im Kap. 5 „Methodik des Sportunterrichts" werden hier nur die Lernprozess-Stufen (nach Meinel, 1987) für motorisches Lernen berücksichtigt (Grobkoordination, Feinkoordination, Stabilisierung). Die Phase der Grobkoordination ist dadurch gekennzeichnet, dass der geforderte Bewegungsablauf gedanklich erfasst und ein Bewegungsprogramm aufgebaut werden muss. Folglich sind auf dieser Lernprozess-Stufe vor allem die Medien geeignet, die einen Bewegungsablauf vorgeben können. In der Phase der Feinkoordination soll der Lernende durch häufiges kontrolliertes Üben zur fehlerfreien Ausführung des geforderten Bewegungsablaufes gelangen. Somit sind auf dieser Lernprozess-Stufe die Medien favorisiert, die neben der Vorgabe des Bewegungsablaufs (insbesondere Hervorheben von Schlüsselsequenzen) auch die Funktionen der Ist-Wert-Aufnahme, der Rückmeldung und der Korrekturhinweise übernehmen können. In der Phase der Stabilisierung soll der bereits beherrschte Bewegungsablauf unter wechselnden Bedingungen ausgeführt werden. Da der kinästhetische

Analysator soweit ausgeprägt ist, dass eine korrigierende Steuerung von außen nur noch in Extremfällen erforderlich ist, können hier Medien keine entscheidende Funktion mehr übernehmen (Ausnahmen hiervon sind z.B. Kontrollgeräte zur Kniewinkelstellung beim Abfahrtslauf).

Medien und Entwicklungsstufen:

Über die Einsatzmöglichkeiten von Medien auf den einzelnen Entwicklungsstufen lassen sich keine definitiven Aussagen machen. Es ist lediglich darauf zu achten, dass die Informationsaufnahme und Verarbeitungskapazität des Lernenden nicht überschritten wird.

Medien und methodische Maßnahmen:

(Diese Beziehungen sind auch im Kap. 5 „Methodik des Sportunterrichts" dargestellt). Die Beziehung zwischen Medien und methodischen Maßnahmen wird unter dem Gesichtspunkt betrachtet, ob das jeweilige Medium zur Übermittlung der relevanten Information geeignet ist. So ist z.B. das Reihenbild bei Bewegungsanweisungen und Bewegungsvorschriften geeignet, während es für die Bewegungsaufgabe nicht geeignet ist, da durch die visuelle Darbietung eine weitgehende Steuerung der Lernenden erfolgt und damit eine selbständige Problemlösung verhindert wird. Für das Bewegungsvorbild sind Reihenbilder nur bedingt geeignet, da der Ablauf der Bewegung nur punktuell dargeboten werden kann. Die Video-Anlage hingegen ist gerade für das Bewegungsvorbild besonders geeignet und ist im Rahmen der Bewegungskorrektur wirksamer als alle anderen Medien einsetzbar, weil es eine Aufnahme des Bewegungsablaufes mit sofortiger Wiedergabe möglich macht. Für die Bewegungsaufgabe ist die Video-Anlage ebenso wie das Einzelbild nicht so geeignet.

Medien im Unterrichtskontext:

Eine der wichtigsten Fragen beim Einsatz von Medien ist das Zusammenspiel von Lehrer und Medium, d.h. welche besonderen Aufgaben der Lehrer beim Einsatz von Medien zu übernehmen hat. „Folgende Ausprägungen unterschiedlicher Komplementationen zwischen Lehrer und Medium können Fixpunkte auf einer Skala markieren, auf der prinzipiell unendlich viele Abstufungen möglich sind.

Direct-teaching-Modell:

Das Medium übernimmt die volle Lehrfunktion in einer definierten Unterrichtseinheit. Dieser Fall wird auch als Lehrobjektivierung bezeichnet. Beispiel dafür wäre etwa ein Buchprogramm.

Integrierte Lehrerfunktionen:

Ein Medium übernimmt zwar grundsätzlich sämtliche Lehrfunktionen, dem Lehrer wird aber eine – für den Lehrerfolg essentielle – Einschubfunktion (meist Kontrolle, Vertiefung, sogenannte Sozialphase) übertragen" (Boeckmann u.

Heymen, 1978, S. 141). Ein Beispiel hierfür wäre ein Programmkarten-System, bei dem der Lehrer die Lernerfolgskontrolle nach wichtigen Sequenzen übernimmt.

„Komplementationsmodell:

Teile einer Unterrichtseinheit werden didaktisch durch ein Medium strukturiert, andere Teile durch den Lehrer, wobei der Lehrer-Unterricht vollständig offen ist" (Boeckmann u. Heymen, 1978, S. 141). Beispiel hierfür kann ein Lehrfilm sein, bei dessen Einsatz sich Film und Lehrerunterricht gegenseitig ergänzen.

Medien als Hilfsmittel:

„Innerhalb der Unterrichtsdurchführung des Lehrers setzt dieser ein Medium zur Erweiterung seiner Möglichkeiten, zur Informationsvermittlung seiner eigenen Gedanken ein, wie es etwa bei der klassischen Verbindung mit Tafel und Kreide der Fall ist. Die didaktische Strukturierung liegt allein beim Lehrer. Beispiel: Selbsterstellte Transparente für den Arbeitsprojektor.

Enrichment-Modell:

In Erweiterung und mit inhaltlichem Bezug auf den Unterricht wird ein Medium zur ergänzenden (für den strukturierten Lernprozess nicht unabdingbaren) Vermittlung von Informationen (meist von „Eindrücken") eingesetzt" (Boeckmann u. Heymen, 1976, S. 62). Beispiel hierfür wäre ein Dokumentarfilm über die Fußball-Weltmeisterschaft (vorwiegend zur Unterhaltung und zur Motivation).

Tabellarische Darstellung der Beziehungen zwischen Medien und anderen Faktoren des Sportunterrichts:

Die folgende tabellarische Übersicht will nur Tendenzen aufzeigen und eine Entscheidungshilfe für die Auswahl von Medien sein. Sie ist als ein Versuch anzusehen und erhebt keinen Anspruch auf Allgemeingültigkeit.

Medien / andere Faktoren des Sportunterrichts	Lehrfilm (Bewegungsablauf)	Dokumentarfilm	Video-Anlage (Kamera, Recorder, Monitor, Mikrofon) Kommentar	Video-Anlage + Aufzeichnung, Bewegungsvorbild m. Kommentar	Reihenbild (Wandbild)	Arbeitsprojektor	Programmkarten	Kassettengerät CD-Player
Lernzielbereich mot. Eigenschaften	–	–	–	–	–	–	+	0
motorische Fertigkeiten	+	0	+	+	+	+	+	–
taktische Fähigkeiten	+	0	+	+	0	+	+	–
affektiver Bereich	–	0	0	–	–	–	–	0
kognitiver Bereich	0	0	–	0	0	+	+	0
Lernprozessstufen Grobkoordination	+	0	0	+	+	+	+	–
Feinkoordination	+	–	+	+	+	+	+	–
Stabilisierung	–	–	–	–	–	–	–	–
Entwicklungsstufen Vorpuberale Phase	+	+	0	0	0	+	+	+
1. puberale Phase	+	+	+	+	+	+	+	+
2. puberale Phase	+	+	+	+	+	+	+	+
Maturität	+	+	+	+	+	+	+	+

andere Faktoren des Sportunterrichts	Lehrfilm (Bewegungsablauf)	Dokumentarfilm	Video-Anlage (Kamera, Recorder, Monitor, Mikrofon)	Video-Anlage + Aufzeichnung, Bewegungsvorbild m. Kommentar	Reihenbild (Wandbild)	Arbeitsprojektor	Programmkarten	Kassettengerät CD-Player
Methodische Maßnahmen								
Bewegungsaufgabe	–	–	–	–	–	–	+	0
Bewegungsanweisung	+	–	–	+	+	+	+	0
Bewegungsvorschrift	+	–	–	+	+	+	+	0
Bewegungskorrektur	–	–	+	+	0	0	+	–
Bewegungsvorbild	+	0	–	+	0	0	0	–
Beschreiben	–	–	–	+	0	+	+	0
Erklären	–	–	–	0	0	+	+	0
Bewegungshilfe	–	–	–	–	–	–	–	+
mentales Training	0	–	–	0	–	–	–	–
Unterrichtsgespräch	–	0	0	0	–	0	–	–
Unterrichtskontext								
Direct-Teaching-Modell	–	–	–	–	–	–	0	–
Integrierte Lehrerfunktion	–	–	–	0	–	–	+	–
Komplementationsmodell	+	0	–	+	+	–	0	0
Medien als Hilfsmittel	–	–	+	+	–	+	–	–
Enrichment-Modell	+	+	+	+	+	–	–	+

Abb. 18　Beziehungen zwischen Medien und anderen Faktoren des Sportunterrichts
(+ = Medium ist besonders geeignet, 0 = Medium ist geeignet, – = Medium ist nicht oder kaum geeignet)

6.3 Planung von Sportunterricht mit Unterrichtsmedien

Bei der Planung von Sportunterricht mit Unterrichtsmedien muss das gesamte Beziehungsgeflecht (institutionelle Bedingungen, Voraussetzungen der Schüler, Lernziele, Methoden, Organisationsformen) berücksichtigt werden. Es sei an dieser Stelle noch einmal ausdrücklich darauf hingewiesen, dass ein eindeutiges Ableitungsverfahren zum Medieneinsatz wegen der Faktorenkomplexität nicht existiert. Die Tabellen „Funktionen von Unterrichtsmedien" (Abb. 17) und „Beziehungen zwischen Medien und anderen Faktoren des Unterrichts" (Abb. 18) können für die Medienentscheidung eine Hilfe geben. Dabei wird es unerläßlich sein, bestimmte Faktoren stärker zu berücksichtigen, denn grundsätzlich werden mehrere Medien geeignet sein. Im folgenden soll an einem Beispiel ein möglicher Entscheidungsprozess dargestellt werden.

Vorgaben:

- Lernzielbereich: motorische Fertigkeiten (Grätsche über den Kasten lang),
- Lernprozess-Stufe: Feinkoordination,
- Entwicklungsstufe: 1. puberale Phase,
- verfügbare Medien: Lehrfilme, Video-Anlage, Reihenbild, Arbeitsprojektor, CD-Player.

Für diesen Lernzielbereich sind von den vorhandenen Medien nach Abb. 18 die folgenden geeignet: Lehrfilm, Video-Anlage, Reihenbild, Arbeitsprojektor.

Für die Lernprozess-Stufe Feinkoordination sind geeignet: Lehrfilm Reihenbild, Arbeitsprojektor.

Für die Entwicklungsstufe sind geeignet: Lehrfilm, Video-Anlage, Arbeitsprojektor, CD-Player.

Vom gegenwärtigen Leistungsstand der Schüler her kommt es darauf an, Bewegungsfehler bewusst zu machen und exakte Anweisungen zur richtigen Ausführung der Schlüsselsequenzen des Bewegungsablaufs zu geben. Daraus ergeben sich die methodischen Maßnahmen Bewegungskorrektur und Bewegungsvorschrift. Für die Bewegungskorrektur kommen nach Abb. 18 die Medien Video-Anlage, Reihenbild (bedingt), Arbeitsprojektor (bedingt) und für die Bewegungsvorschrift Lehrfilme, Reihenbild, Arbeitsprojektor, CD-Plaxer (bedingt) in Frage. In der folgenden Übersicht ist die Eignung der Medien noch einmal dargestellt:

Lernzielbereich:	Lehrfilm	Video	Reihen-B.	Arbeits-P.	
Lernprozess-Stufe:	Lehrfilm	Video	Reihen-B.	Arbeits-P.	
Entwicklungsstufe:	Lehrfilm	Video	Reihen-B.	Arbeits-P.	CD-Player
Bewegungskorrektur:		Video	Reihen-B. (bedingt)	Arbeits-P. (bedingt)	
Bewegungsvorschrift	Lehrfilm		Reihen-B.	Arbeits-P.	CD-Player (bedingt)

Im Rahmen der Bewegungskorrekturen ist also die Video-Anlage ohne Einschränkung geeignet, während das Reihenbild und der Arbeitsprojektor nur mit Einschränkung eingesetzt werden können. Die Video-Anlage ist vor allem deshalb zu bevorzugen, weil über die visuelle Rückmeldung das Bewusstmachen von Bewegungsfehlern besonders gut möglich ist. Für die Bewegungsvorschrift eignen sich der Lehrfilm, das Reihenbild und der Arbeitsprojektor. Die Entscheidung wird hier wahrscheinlich zugunsten des Reihenbildes aus organisatorisch-zeitökonomischen Gründen fallen, denn bereits der Einsatz der Video-Anlage ist organisatorisch so aufwendig, dass daneben nur noch mit Medien gearbeitet werden kann, die keinen Bedienungsaufwand mehr erfordern (Reihenbild als Wandbild).

Der hier dargestellte Entscheidungsgang zur Medienwahl sollte nur die grundsätzliche Richtung des Vorgehens verdeutlichen. Bei Planungen in größeren Zusammenhängen (Lehreinheit /Abschnittsplan) sind der gesamte Unterrichtskontext und die generellen Wirkungen von Medien zu berücksichtigen (zu diesem Problemkreis sei auf v. Cube u. Tulodziecki, 1978; Boeckmann u. Heymen, 1978; Kirsch, 1984 verwiesen).

7 Organisationsformen im Sportunterricht

7.1 Vorbemerkung

Im Gegensatz zu den meisten anderen Unterrichtsfächern kommt den Organisationsformen im Sportunterricht eine ungleich höhere Bedeutung zu, da die Organisationsstruktur nicht durch die Anordnung von Tischen und Stühlen festgelegt ist. Sportunterricht scheitert relativ häufig an „einfachen" organisatorischen Fehlern (z.B. Geräteaufbau, ungünstige Aufstellungsformen, unrationeller Übungsablauf) bei sonst einwandfreier methodischer Planung.

In der sportdidaktischen Literatur findet man unter dem Begriff Organisation des Sportunterrichts folgende Teilbereiche dargestellt: Organisationsstruktur des Schulsports (vgl. Größing 1988), Differenzierung (vgl. Günzel, 1985, S. 164 ff.), Aufstellungsformen und Organisation des Übungsablaufs. Die Kenntnis der Organisationsstruktur des Schulsports ist nicht von unmittelbarer Bedeutung für die konkrete Unterrichtsplanung, deshalb wird dieser Bereich hier nicht dargestellt. Die Differenzierung im Sportunterricht geht über den rein organisatorischen Bereich hinaus und wird wegen ihrer besonderen Bedeutung in einem eigenen Kapitel (vgl. Kap. 3) behandelt.

Im folgenden werden daher ausschließlich die im Sportunterricht üblichen Aufstellungsformen und Möglichkeiten der Organisation des Übungsablaufs katalogartig beschrieben.

7.2 Aufstellungsformen

Bei den Aufstellungsformen wird zwischen gebundenen und freien Aufstellungsformen unterschieden. Die gebundenen Aufstellungsformen „sind Aufstellungsformen, Ordnungsgebilde, bei denen dem einzelnen Schüler ein ganz bestimmter Platz im Raum zugewiesen wird" (Fetz, 1979, S. 225). Die gebräuchlichsten gebundenen Aufstellungsformen sind:

Paar
(z. B. Partnerübung)

Dreiergruppe
(z. B. Aufschwingen ins
Handstehen mit Hilfe)

Reihe oder Flankenreihe
(z. B. Umkehrstaffel)

Linie oder Stirnreihe
(z. B. Laufschulung)

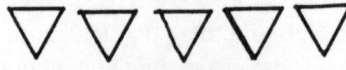

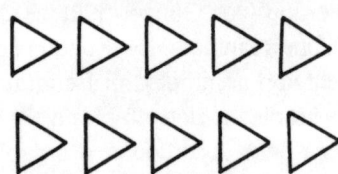

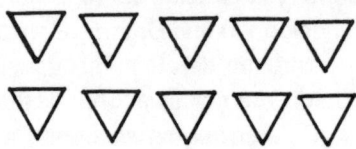

Doppelreihe oder doppelte
Flankenreihe
(z. B. Turnen an zwei Ge-
rätebahnen)

Doppellinie oder doppelte
Stirnreihe
(z. B. Partnerübung zum
Stabwechsel)

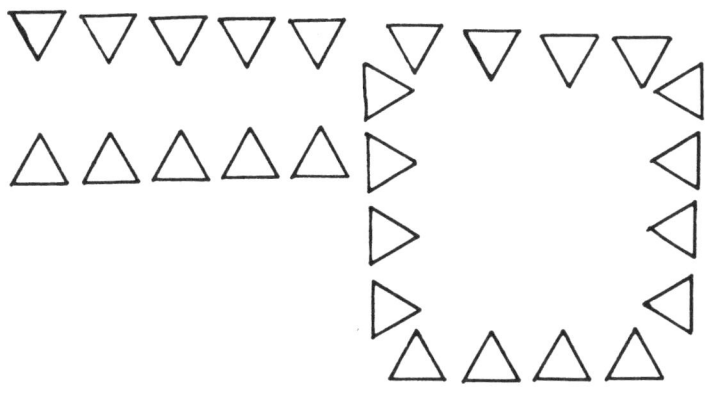

Gasse	Viereck
(z. B. Wurfschulung)	(z. B. Kleine Spiele)

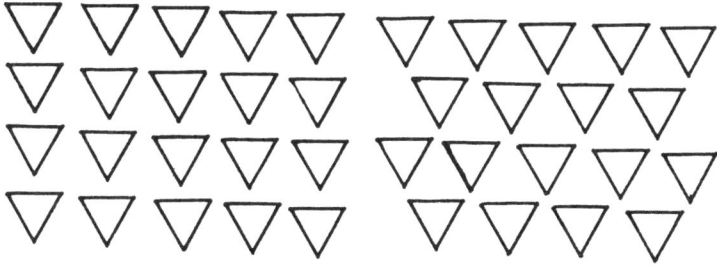

Block	Block auf Lücke
(z. B. Nummernwettspiele)	(z. B. Gymnastik)

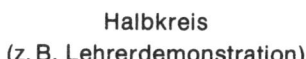
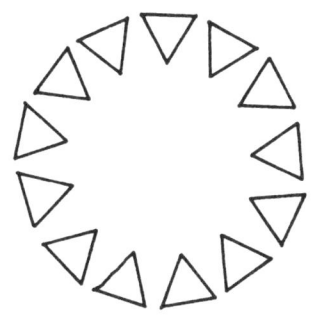

Halbkreis	Kreis
(z. B. Lehrerdemonstration)	(z. B. Gymnastik)

Die freien Aufstellungsformen weisen dem Schüler keinen festen Platz zu. Sie sind strukturiert durch bestimmte Rahmenbedingungen wie z.B. „Stellt euch so auf, dass ihr mich alle sehen könnt", ..., „dass ihr euch nicht behindert" oder „Verteilt euch gleichmäßig über das ganze Spielfeld".

Der Standort des Lehrers sollte immer so gewählt werden, dass er einen guten Überblick über die Gruppe hat und gegebenenfalls von allen Schülern gesehen werden kann. Bei den freien Aufstellungsformen sollten sich die Schüler nach dem Standort des Lehrers ausrichten, während bei den gebundenen Aufstellungsformen der Lehrer seinen Standort gemäß der Aufstellungsform der Schüler wählen sollte.

7.3 Organisation des Übungsablaufs

Die Organisation des Übungsablaufs legt den zeitlichen und räumlichen Ablauf einer Unterrichtsstunde fest, wobei jeweils zweckentsprechende Aufstellungsformen (vgl. 7.2) verwendet werden. In der Praxis des Sportunterrichts haben sich folgende organisatorischen Ablaufmuster herauskristallisiert.

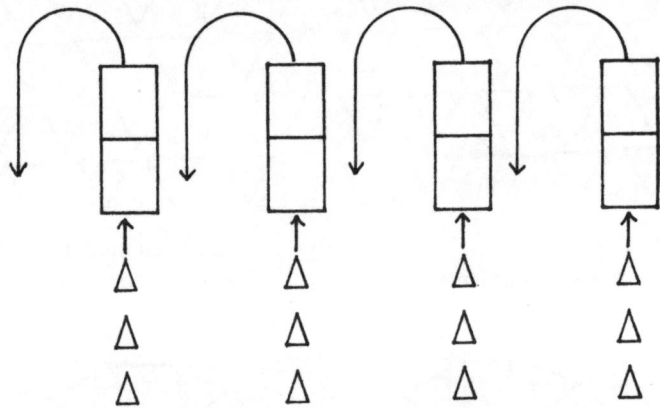

Riegenbetrieb beim Bodenturnen

Riegenbetrieb ist wohl eine der bekanntesten und ältesten Möglichkeiten, den Übungsablauf zu organisieren. Hierbei wird die Klasse in gleich große Gruppen eingeteilt. Die Anzahl der Riegen richtet sich in der Regel nach dem vorhandenen Raumangebot, der Anzahl der Geräte und den notwendigen Sicherheitsvorkehrungen. Kennzeichen des Riegenbetriebs im Gegensatz zur Gruppenarbeit ist es, dass die Schüler in jeder Riege nacheinander den gleichen Bewegungsablauf ausführen und nicht gemeinsam eine Problemlösung erarbeiten (Gruppenarbeit). Die Einteilung der Klasse in Riegen kann nach unterschiedlichen

Gesichtspunkten vorgenommen werden; z. B. aus Gründen der Differenzierung (Leistungsriege, Neigungsriege; vgl. Kap. 3), nach Körpergröße (bei verschieden hohen Geräten) u. a. m.

Eine bedeutende Variante des Riegenbetriebes ist der sogenannte **Riegenbetrieb mit Zusatzaufgabe**. Um die zwangsläufig auftretenden Wartezeiten zu verkürzen und damit die Bewegungsintensität zu erhöhen wird z. B. in den Rückweg zur Riege eine Zusatzaufgabe eingeschaltet. Hierbei soll es sich um eine bereits bekannte Bewegungsfertigkeit handeln, die nicht als Störgröße auf den Lernprozess einwirken darf. Die Zusatzaufgabe muss von den Schülern ohne besondere Sicherungsmaßnahmen ausgeführt werden können. Außerdem sollten andere Muskelgruppen als in der Hauptübung beansprucht werden.

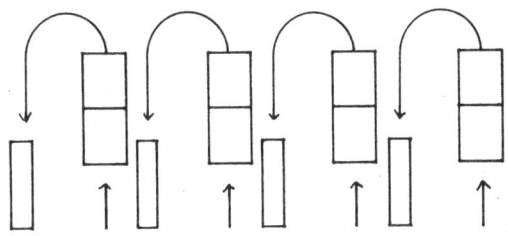

Riegenbetrieb mit Zusatzaufgabe

Der **Stationsbetrieb** unterscheidet sich vom Riegenbetrieb durch unterschiedliche Übungsaufgaben für die einzelnen Riegen. Es werden einzelne Übungsstationen aufgebaut, an denen die einzelnen Riegen für eine festgelegte Zeit üben und dann zur nächsten Station wechseln. In der Literatur wird dieser organisatorische Ablauf auch als Riegenwechselbetrieb bezeichnet. Diese Organisation des Übungsablaufs wird besonders zum Üben und Festigen bereits erlernter Bewegungsfertigkeiten eingesetzt.

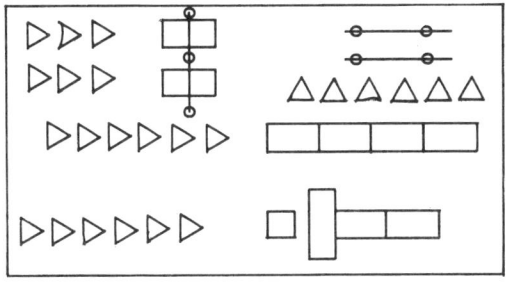

Stationsbetrieb

Der **Kreisbetrieb** – auch als Zirkeltraining, Circuittraining und Kreistraining bezeichnet – ist eine Organisation des Übungsablaufs, bei der – im Gegensatz zum Riegen- und Stationsbetrieb – alle Schüler gleichzeitig an verschiedenen Übungsstationen Übungsaufgaben ausführen. Der Kreisbetrieb ist hier wegen seiner besonderen Bedeutung im Sportunterricht nicht nur organisatorisch, sondern auch inhaltlich dargestellt. Diese Aufgaben dienen der Entwicklung der motorischen Eigenschaften. Daneben gibt es auch Formen des Kreisbetriebs, bei denen die Übungsaufgaben so zusammengestellt werden, dass der Übungseffekt nicht auf allgemeiner, sondern auf sportartspezifischer Zielsetzung beruht (z.B. für Schwimmen, Handball, Fußball, Hürdenlauf, Kugelstoß, Gerätturnen usw.).

Beim Kreisbetrieb unterscheidet man vier Grundmethoden; die Wiederholungs- oder Gewichthebermethode, die Methode der intensiven Intervallarbeit, die Methode der extensiven Intervallarbeit und die Dauerleistungsmethode.

Bei der Wiederholungs- oder Gewichthebermethode wird im submaximalen Belastungsbereich (75%–90% der maximalen Leistungsfähigkeit) mit relativ langen Pausen von ca. 2–5 Minuten geübt; die Trainingswirkung zielt auf die Verbesserung der Maximal- und Schnellkraft ab. Für die Methode der intensiven Intervallarbeit ist ein mittlerer Belastungsbereich (50%–75% der maximalen Leistungsfähigkeit) mit mittleren Pausen von 30–90 Sek. charakteristisch, während bei der Methode der extensiven Intervallarbeit im mittleren Belastungsbereich (um 50% der maximalen Leistungsfähigkeit) mit kurzen Pausen von ca. 30 Sek. geübt wird. Die Trainingswirkung bei der intensiven Intervallarbeit zielt auf die Verbesserung der Maximalkraft, Schnellkraft, Kraftausdauer und Schnelligkeitsausdauer ab, während sich bei der extensiven Intervallarbeit Übungseffekte im Bereich der allgemeinen Ausdauer, der Schnellkraft, der Kraftausdauer und der Schnelligkeitsausdauer ergeben. Bei der Dauerleistungsmethode wird mit geringer Belastung (25%–50% der maximalen Leistungsfähigkeit) geübt.

Es gibt verschiedene Varianten des organisatorischen Ablaufs des Kreisbetriebs, auf die an dieser Stelle nicht näher eingegangen werden soll. Für den Sportunterricht in der Schule hat sich unter organisatorischen Gesichtspunkten der Kreisbetrieb nach der extensiven Intervallmethode z. B. mit 30 Sek. Übungszeit und 30 Sek. Pause als günstig herausgestellt. Diese Form gewährleistet durch seine Standardübungszeit und Standardpausenlänge beim Üben an den einzelnen Stationen und beim Wechseln von Station zu Station einen übersichtlichen Ablauf. Der Lehrer hat jederzeit einen guten Überblick und die Schüler können ohne Schwierigkeiten Leistungskarten führen, die ihnen Aussagen über ihren augenblicklichen Leistungsstand geben.

Damit der Lehrer während des Circuittraining nicht ständig zur Uhr schauen muss, um die jeweiligen Anfangs- und Pausenzeiten anzugeben und sich statt dessen um seine übenden Schüler kümmern kann – z. B. um zu motivieren oder notwendige Korrekturen bei fehlerhaften Bewegungsausführungen geben zu können – bietet es sich an, eine spezielle Musikkassette zusammenzustellen. Diese beinhaltet dann im steten Wechsel von jeweils 30 Sekunden motivierende Musik und die entsprechenden Pausen. Da das Circuittraining häufiger hintereinander durchgeführt wird oder vielleicht auch in anderen Klassen zur Anwendung kommt, lohnt dieser Aufwand allemal.

Prinzipiell kann der Kreisbetrieb als Organisation des Übungsablaufs entweder am Anfang, in der Mitte oder am Ende einer Sportstunde stehen. Soll der Kreisbetrieb am Anfang einer Stunde durchgeführt werden, muss eine Aufwärmphase vorgeschaltet werden. Die Gesamtheit von ca. 20 Minuten sollte dabei in der Regel nicht überschritten werden. Im folgenden wird ein Beispiel für einen Kreisbetrieb skizziert, der mit etwa 14 – 16jährigen Schülern unter folgenden Gesichtspunkten durchgeführt werden könnte:

– Die Gesamtdauer des Kreisbetriebes beträgt acht Wochen; zweimal in der Woche wird der Rundgang von den Schülern absolviert.

– Die Schüler werden auf acht Kreisstationen gleichmäßig verteilt; die gebildeten Schülergruppen bleiben die gesamte Zeit über zusammen.

– Die Übungs- und Pausenzeiten betragen jeweils 30 Sek. (im Laufe der Zeit könnte die Zeitdauer im Sinne einer progressiven Belastung (Übungszeit) verlängert bzw. (Pause) verkürzt werden).

– Die acht Kreisstationen werden zweimal durchlaufen, so dass die reine Übungszeit acht Minuten beträgt.

– Bei jedem neuen Übungsrundgang verschieben die Schüler ihre Anfangsstationen um eine Station im Uhrzeigersinn.

– An jeder Station liegt ein Blatt mit der entsprechenden Stationsnummer und einer Skizze („Strichmännchen") der Übung mit einem kurzen Kommentar

– Vor und nach dem Rundgang werden Pulsmessungen vorgenommen und die Werte in Leistungskarten eingetragen.

– Die an den einzelnen Stationen erreichten Punkte für erbrachte Übungswiederholungen werden in den Pausenzeiten in die individuellen Leistungskarten eingetragen (vgl. Abb. 21.).

– Die Ausgangs- und Endstellung jeder Übung ist genau festgelegt, so dass ein objektiver Vergleich möglich ist.

– Der Rundgang zielt auf die Verbesserung der allgemeinen Ausdauer, der Ausdauerkomponenten und der Schnellkraft ab.

– Folgende Arbeitsmittel werden benötigt: 2 Sprossenwände, 3 Kastenrahmen, 1 Turnbank, 3 kleine Kästen, 6 Basketbälle, 3 Konditionsbälle, 3 Springseile.

Der Kreisbetrieb setzt sich aus folgenden Übungsstationen zusammen:

Station 1:　Seilspringen am Ort.
　　　　　　Hauptwirkung: Kräftigung der Bein- und Fußmuskulatur, Schulung der Koordination.
　　　　　　Zählweise: Jeder Seildurchschlag zählt einen Punkt.

Station 2:　Armbeugen und -strecken im Liegestütz; in der Bauchlage berühren sich die Hände hinter dem Rücken, nach der Streckung löst sich eine Hand kurz vom Boden und berührt die andere.
　　　　　　Hauptwirkung: Kräftigung der Arm- und Schultermuskulatur.
　　　　　　Zählweise: Jede Berührung der Hände hinter dem Rücken und im Liegestütz zählt jeweils einen Punkt.

Station 3:　Aus der Rückenlage – Unterschenkel liegen auf einem kleinen Kasten, so dass die Oberschenkel senkrecht stehen – Aufrichten des Oberkörpers und wieder ablegen.
　　　　　　Hauptwirkung: Kräftigung der geraden Bauchmuskulatur.
　　　　　　Zählweise: Jede Berührung der Hände mit dem Kasten zählt einen Punkt.

Station 4:　Ballstoßen aus dem Stand; ein Konditionsball wird aus einer Entfernung von ca. 1,50 m beidhändig gegen die Wand gestoßen.
　　　　　　Hauptwirkung: Kräftigung der Rumpf- und Armmuskulatur.
　　　　　　Zählweise: Jede Wandberührung des Balles zählt einen Punkt.

Station 5:　Wechselsprünge am kleinen Kasten.
　　　　　　Hauptwirkung: Kräftigung der Beinmuskulatur.
　　　　　　Zählweise: Jede Berührung der Kastenoberfläche mit dem Fuß zählt einen Punkt.

Station 6:　wie Station 3 – jedoch abwechselnd schräg aufrichten.
　　　　　　Hauptwirkung: Kräftigung der schrägen Bauchmuskulatur.
　　　　　　Zählweise: Jede Berührung der Hände mit den Knien zählt einen Punkt.

Station 7:　Verfolgungsrennen um eine Turnbank.
　　　　　　Hauptwirkung: Schulung der Schnelligkeit und Gewandtheit.
　　　　　　Zählweise: Jede halbe Bankumrundung zählt einen Punkt.

Station 8:　Aus der Rückenlage – Stütz auf Unterarme und Fersen – Becken anheben, bis die Hüfte gestreckt ist.
　　　　　　Hauptwirkung: Kräftigung der Rumpfmuskulatur.
　　　　　　Zählweise: Jedes Anheben des Beckens zählt einen Punkt.

Manchmal ist es sinnvoller, an den einzelnen Stationen des Circuittrainings statt möglichst hoher Wiederholungszahlen eine langsamere, dosiertere und absolut korrekte Bewegungsausführung zu fordern. Häufig wird in diesem Zusammenhang von sog. Kräftigungszirkeln oder Übungsprogrammen zur Dehnung und Mobilisation gesprochen.

Die Aufgabe des Lehrers liegt hier vor allem darin, die einzelnen Übungen mit den Schülern zunächst fehlerfrei einzuüben und ihnen auch immer wieder begreifbar zu machen, dass nicht das Tempo entscheidend ist sondern allein die qualitativ hochwertige Ausführung.

Der folgend skizzierte Rundgang dient der allgemeinen Kräftigung und ist bewusst so zusammengestellt, dass keine Geräte erforderlich sind; bei Bedarf können Gymnastik- oder Turnmatten verwendet werden. Der organisatorische Ablauf kann so wie in dem zuvor dargestellten Kreistraining erfolgen (die Übungsdauer je Station sollte allerdings 2 Minuten betragen, das Führen von Leistungskarten erübrigt sich); es können aber durchaus auch alle Übungen von allen Schülern hintereinander zur gleichen Zeit absolviert werden.

Für das gemeinsame Aufwärmen könnte folgende Übungsfolge gewählt werden:

– 20 Hampelmannsprünge
– 20 Wechselsprünge vor und zurück
– 20 Sprünge beidbeinig seitlich hin und her
– 20 Sprünge beidbeinig vor und zurück

Station 1:   Aus dem Stütz auf den Unterarmen mit gebeugten Knien und aufgestellten Fußspitzen die Knie ca. 10 cm vom Boden anheben ohne ins Hohlkreuz auszuweichen und ca. 7 Sekunden halten. 8 Wiederholungen.
Hauptwirkung: Ganzkörperübung / Stabilisation.

Station 2:   Rückenlage, Beine aufgestellt, die Zehen angezogen und die Fersen leicht in den Boden gestemmt; die Arme liegen neben dem Körper. Langsam die Schultern mit geradem Nacken wenig vom Boden heben, das Brustbein dabei Richtung Decke schieben und diese Position ca. 7 Sekunden halten. 8 Wiederholungen.
Hauptwirkung: Kräftigung der geraden Bauchmuskulatur.

Station 3:   Aus dem Vierfüßlerstand (Knie auf dem Boden, Fußgelenke überkreuzt) langsames Beugen und Strecken der Arme. Dabei den Rücken gestreckt halten und Bauch- und Gesäßmuskulatur anspannen. 3 Wiederholungen á 10 Liegestütze.
Hauptwirkung: Kräftigung der Arm-, Brust- und Schultermuskulatur.

Station 4:   Aus der Bauchlage (Arme und Beine sind gestreckt, die Stirn berührt den Boden) den rechten Arm und das linke Bein unter Spannung ca. 1 Zentimeter vom Boden heben, ca. 7 Sekunden halten und wieder langsam absenken; dann zum anderen Arm-Bein-Paar wechseln. Der Blick bleibt immer zum Boden gerichtet. Jede Seite 6 Wiederholungen.

Hauptwirkung: Kräftigung der unteren Rückenmuskulatur.

Station 5:   Aus der Rückenlage ein Knie heranziehen (Winkel Unterschenkel – Oberschenkel 90°) und mit der gegenüberliegenden Hand (Finger zeigen nach außen) gegen dieses Knie drücken. Die entstehende Spannung ca. 7 Sekunden halten und dann Knie und Hand wechseln. Jede Seite 6 Wiederholungen.

Hauptwirkung: Kräftigung der schrägen Bauchmuskulatur.

Station 6:   In Seitlage auf einem Unterarm abstützen und aus dieser Lage die Hüfte so weit vom Boden abheben, dass der Körper eine Gerade bildet. Diese Spannung 7 Sekunden halten; 4 Wiederholungen auf jeder Seite.

Hauptwirkung: Ganzkörperübung / Stabilisation.

Station 7:   Kniebeugen aus schulterbreitem Sohlenstand, die Arme in leichter Vorhalte. Beine langsam bis maximal 90° beugen und ca. 3 Sekunden halten, den Rücken gerade und die Fersen am Boden lassen. 2 mal 15 Wiederholungen.

Hauptwirkung: Kräftigung der Oberschenkel.

Station 8:   Aus der Bauchlage, Arme in Seithalte, den Kopf und die Arme leicht anheben; Blick immer zum Boden und die Körperspannung ca. 7 Sekunden halten. 8 Wiederholungen.

Hauptwirkung: Kräftigung der Rückenmuskulatur.

Name: Klasse:
Geburtstag:

Serie / Pause	30/30			
Datum				
Station 1				
Station 2				
Station 3				
Station 4				
Station 5				
Station 6				
Station 7				
Station 8				
ÜZ-Summe				
Relativer Ruhepuls PF 1				
Relativer Arbeitspuls PF 2				
Erholungspuls PF 3				
Differenz PF 2–PF 3				
Leistungsindex: $X = \dfrac{\ddot{U}Z\,(PF\,2-PF\,3)}{PF\,1\,(PF\,2-PF\,1)}$				

Abb. 19 Leistungskarte
(zur Methode der Pulsmessung vgl. Herlinghaus 1970)

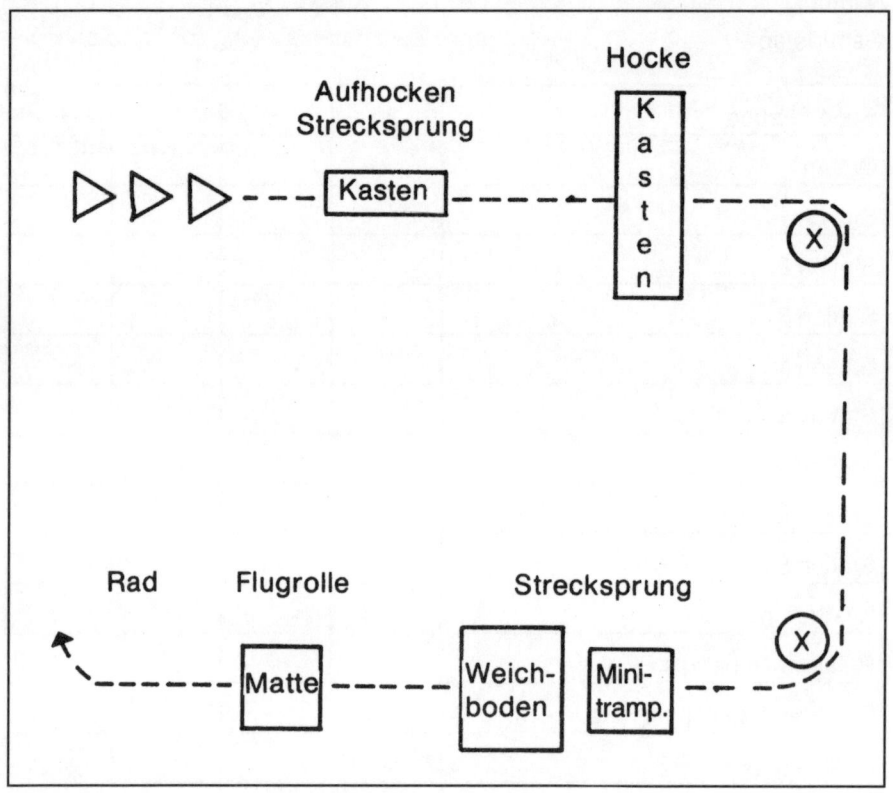

Abb. 20 Üben im Strom an einer Gerätebahn.

Das „Üben im Strom" ist dadurch gekennzeichnet, dass die Klasse nicht in kleinere Einheiten aufgegliedert wird und die Schüler nacheinander und in dichter
Folge die gleichen Übungen ausführen. Typische Einsatzbereiche sind die Ein-
laufarbeit und das Üben an Gerätebahnen.

Einzel- und Partnerarbeit sind Formen, die eine besonders hohe Übungs- und
Bewegungsintensität ermöglichen und deshalb immer dann gewählt werden sol-
len, wenn die Anzahl der Geräte, das Raumangebot, die Voraussetzungen der
Schüler und die Lerninhalte es zulassen.

Die Organisation des Übungsablaufs bei Spielen ist durch die vorgegebene Anzahl von Spielern, Spielfeldgröße usw. weitgehend festgelegt. Wenn die Schülerzahl höher als die benötigte Spielerzahl ist, wird bei vorhandener Spielfläche das
jeweilige Spiel parallel mehrfach durchgeführt, um die Übungsintensität zu erhöhen. Es wird mit festen oder wechselnden Spielmannschaften gearbeitet.

Gruppenarbeit wird sinnvoll eingesetzt, wenn durch die Zusammenarbeit mehrerer Schüler ein Arbeitsergebnis erzielt werden soll. Beispiele hierfür sind die Ent-

wicklung von taktischen Varianten in den Sportspielen, die Gestaltung von Übungsverbindungen im Turnen und die Zusammenstellung von Tanzkonfigurationen aus Einzelelementen.

Die Vorteile der Gruppenarbeit liegen in der möglichen Ergänzung unterschiedlicher Fähigkeiten der Gruppenmitglieder. Die ideale Gruppengröße liegt in der Regel bei ca. 5 Mitgliedern.

8   Unterrichtskonzepte

8.1 Vorbemerkungen

Das Anliegen dieses Buches ist es, Hilfen für die Planung von Sportunterricht zu geben. Der Teil I sagt, welche Arbeitsschritte durchlaufen werden sollten und was dabei zu beachten ist. Genau genommen wird etwas über die Arbeitsorganisation ausgesagt und weniger über die Gestaltung von Unterricht. Wir sind der Überzeugung, dass es sich dabei um ein universelles Schema für die Planung von Sportunterricht handelt. Für die Gestaltung von Unterricht finden sich in der Literatur viele Vorschläge, die uns z. T. als komplette Unterrichtskonzepte begegnen. Diese Unterrichtskonzepte sind häufig an eine bestimmte allgemeine Grundidee von Unterricht und von Unterrichtszielen gebunden. Oft wurden oder werden sie von ihren Erfindern oder Vertretern mit nahezu missionarischem Eifer propagiert. Dabei wird meist übersehen, dass jedes dieser Konzepte für einen spezifischen Bereich von Zielen und Inhalten besonders geeignet ist. Generell werden geschlossene von offenen, lehrerzentrierte von schülerzentrierten und produktorientierte von prozessorientierten Konzepten unterschieden. Die Bezeichnungen der Konzepte geben häufig schon Auskunft über das Programm. Hier eine kleine Auswahl von Bezeichnungen: Programmierter Unterricht, Wissenschaftsorientierter Unterricht, Kommunikativer Unterricht, Projektunterricht u. v. m. (siehe hierzu Jank u. Meyer, 1991, 290 ff.).

Im Folgenden sollen exemplarisch einige wenige Konzepte mit ihren Stärken und Schwächen kurz vorgestellt werden.

8.2 Geschlossene Konzepte
  (Lernzielorientierter Unterricht)

Eigentlich gibt es kein Unterrichtskonzept, das von seinen Vertretern als geschlossenes Konzept bezeichnet wird. Der Begriff „Geschlossenes Unterrichtskonzept" wird ausschließlich von Vertretern anderer Konzepte oder von Analytikern zum Zwecke der Abgrenzung des eigenen Konzepts oder der Unterscheidung benutzt. Neben dem Begriff „Geschlossener Unterricht" wird häufig auch der Begriff „Traditioneller Unterricht" eingeführt, womit das jeweils eigene Konzept in der Abgrenzung den Anstrich der Modernität erhält.

Es ist das Verdienst von Werner Jank und Hilbert Meyer in ihrem Buch „Didaktische Modelle" (Jank u. Meyer, 1991) den so genannten „Geschlossenen Unterricht" unter dem Namen „Lernzielorientierter Unterricht" analysiert und systematisch eingeordnet zu haben. Dabei ist den Autoren selbst klar, dass die Bezeichnung „Lernzielorientierter Unterricht" für geschlossene Konzepte eigentlich untauglich ist, denn diese Bezeichnung suggeriert, dass andere Konzepte wie z. B. „Offener Unterricht" nicht an Lernzielen orientiert seien. Jank und Meyer schreiben selbst: „Unterricht ohne Ziele ist überhaupt nicht denkbar." (Jank u. Meyer, 1991, 300)

Kennzeichen geschlossener Konzepte

Geschlossener Unterricht zeichnet sich durch eine möglichst perfekte Planung aus, die alle Eventualitäten berücksichtigt. Im Idealfall sind bei der Unterrichtsdurchführung keine Abweichungen erforderlich, um das Lernziel zu erreichen.

Entscheidendes Kennzeichen ist eine präzise Formulierung der Ziele als operationalisierte Lernziele (vgl. Teil II Kap.4). Um eine lückenlose Planung des Unterrichtsablaufs zu gewährleisten, muss eine sorgfältige Analyse der institutionellen Voraussetzungen und der Voraussetzungen der Schüler erfolgt sein, denn nur dann kann der Unterrichtsablauf und insbesondere das Schülerverhalten für jeden Schritt des Unterrichts vorausgesehen werden.

Geschlossenen Unterricht definieren wir als ein Konzept, bei dem durch eine detaillierte Planung des Unterrichtsablaufs eine umwegfreie Erreichung der präzis festgelegten Lernziele angestrebt wird.

Beispiele für geschlossenen Unterricht

Das Paradebeispiel für geschlossene Unterrichtskonzepte ist ohne Zweifel der „Programmierte Unterricht". Hierunter wird ein Unterricht verstanden, der ohne Lehrer auskommt, da alle unterrichtlichen Funktionen an ein technisches System (z. B. Buch, PC, Lernkarten) übertragen wurden und automatisch ablaufen können. Jeder Lernschritt ist vorprogrammiert. Es ist offensichtlich, dass solche Programme nur funktionieren können, wenn das Schülerverhalten richtig vorhergesehen wurde. Aber auch ein lehrergeleiteter Unterricht kann geschlossener Unterricht sein. Dieser Fall liegt häufig beim Einsatz methodischer Übungsreihen vor, wenn die Übungsreihen gemäß Planung Schritt für Schritt ohne Abweichung durchlaufen werden.

Einsatzbereich geschlossener Konzepte

Der Einsatzbereich geschlossener Konzepte ist bei der Vermittlung genormter Fertigkeiten unter der Voraussetzung relativ homogener Schülergruppen zu sehen. Probleme treten dann auf, wenn Schüler anders reagieren als bei der Planung angenommen. Bestimmte Zielbereiche lassen sich mit geschlossenen Konzepten nicht vermitteln. Hierzu gehören Bereiche des sozialen Lernens, der Kreativitätsförderung und der Entwicklung der Selbstständigkeit.

8.3 Offener Sportunterricht

Vorbemerkungen

In fachdidaktischen Diskussionen war der Begriff Offener Sportunterricht lange Zeit ein nahezu unverzichtbares Schlagwort mit dem Anspruch der Modernität. Das grundsätzlich sinnvolle Anliegen offener Unterrichtskonzeptionen wurde durch missionarischen Übereifer mancher Vertreter teilweise diskreditiert. Inzwischen ist jedoch eine bemerkenswerte Versachlichung der Diskussion festzustellen, die die Relationen wieder zurechtrückt und auch die Unsinnigkeit des Aufbaus der Scheinalternativen „Offener Unterricht" – „Geschlossener Unterricht" feststellt. (vgl. Kurz, 1998; Funke, 1991) Bei einer sorgfältigen Analyse beliebiger Unterrichtsbeispiele wird man feststellen, dass in der Praxis weder völlig „Geschlossener" Unterricht noch völlig „Offener" Unterricht existiert, sondern dass wir uns auf einer Bandbreite mehr oder weniger geöffneten oder geschlossenen Unterrichts bewegen. Funke vertritt die Ansicht, „dass weder „Offener" noch „Geschlossener" Unterricht hilfreiche und realistische Begriffe sind, sondern dass sich die reale Unterrichtssituation in einem Fluss des Schließens und Öffnens bewegt". (Funke, 1991, S. 12)

Die Frage, wie weitgehend Unterricht offen gestaltet werden sollte, wird heute weitestgehend funktional beantwortet, dass heißt die Entscheidung fällt aufgrund der angestrebten Ziele unter Berücksichtigung der Schülervoraussetzungen.

In den folgenden Ausführungen sollen nach einer Begriffsklärung einige Tendenzen der fachdidaktischen Diskussion aufgezeigt und einige Grundüberlegungen zur Notwendigkeit und zu den Möglichkeiten offenen Sportunterrichts dargelegt werden.

Zum Begriff

In der gegenwärtigen Diskussion ist man sich darüber im klaren, dass es *den offenen Unterricht* als Alternative zu *dem geschlossenen Unterricht* nicht gibt. Selbst entschiedene Befürworter offener Konzeptionen sprechen von unterschiedlichen Graden der Öffnung in Bezug auf einzelne Strukturmomente des Unterrichts. Vergeblich sucht man nach einer klaren Definition des Begriffs, die es beim bestehenden Diskussionsstand wohl auch kaum geben kann, da eine Definition immer den Grenzpunkt zum anderen, eben nicht offenen Unterricht angeben müsste.

Nach Hildebrandt / Laging sind „Unterrichtskonzepte dann offen, wenn die Schüler an Entscheidungen in Bezug auf Ziele, Inhalte und Vermittlungsrahmen oder innerhalb dieser Entscheidungskomplexe beteiligt werden. Der Grad der Offenheit ist von dem Ausmaß der Mitentscheidungsmöglichkeiten abhängig. Die Entscheidungsmöglichkeiten der Schüler sind jeweils durch die vorweggehende Entscheidung des Lehrers determiniert." (Hildebrandt u. Laging, 1981, S. 28)

Grundsätzlich könnte allerdings derselbe Unterricht statt mit dem „Grad der Offenheit" auch mit dem „Grad der Geschlossenheit" beschrieben werden, ohne an begrifflicher Klarheit zu verlieren. Dennoch ist diese Beschreibung für eine theoretische Auseinandersetzung nützlich, da sie dem Phantombegriff „Offener Unterricht" eine Bedeutung gibt. Die Spanne „Offenen Unterrichts" ist danach jedoch so groß, dass der Begriff „Offener Unterricht" zur Charakterisierung eines konkreten Unterrichts wiederum nicht taugt. Es muss immer beschrieben werden, in Bezug auf welche Faktoren der Unterricht wie weit geöffnet ist.

Bei einer Auseinandersetzung mit „Offenem Unterricht" sollte es im Grunde nicht um Begriffe und Definitionen gehen, sondern um das Anliegen, das hinter der Forderung nach weitgehend offener Gestaltung steht.

So offen wie möglich – so geschlossen wie nötig

Aufgrund der vorangehenden Erörterungen und bei grundsätzlicher Bejahung offenen oder geöffneten Unterrichts richten sich die Fragestellungen darauf, wie weitgehend und in welcher Hinsicht soll Unterricht offen gestaltet werden. Dafür ist zunächst einmal eine Auseinandersetzung mit den Gründen für offenen Unterricht erforderlich.

Die Forderung nach offenem Unterricht ist im wesentlichen aus den Zielsetzungen des Sportunterrichts, aus den Voraussetzungen der Schüler und auch aus planungstheoretischen Überlegungen abzuleiten.

Die Ziele des Sportunterrichts, so wie sie in Rahmen- und Lehrplänen formuliert sind, enthalten natürlich keine direkte Forderung nach offenem Unterricht, aber aus der Interdependenz von Zielen und Methoden ist die Forderung nach zumindest teilweiser Öffnung des Unterrichts nahezu zwingend abzuleiten. Gerade Vertreter einer strikten Lernzielorientierung des Unterrichts fordern immer wieder die Übereinstimmung von unterrichtlichem Arrangement und Zielen (vgl. z. B. R. F. Mager, 1972). Damit ist gemeint, dass im Unterricht die Tätigkeiten ausgeübt werden sollen, die auch in den Zielen gefordert sind. Kommen in den Zielen Elemente vor, die eigentätiges Handeln, kreatives Reagieren auf Problemsituationen, individuelle Gestaltungen u. ä. m. fordern, so ist eine vorherige Festlegung des Schülerverhaltens in einer Unterrichtsplanung geradezu kontraproduktiv.

Ziele in diesem Sinne sind solche, die ergebnisoffen sind, wie zum Beispiel Spielfähigkeit, soziales Verhalten im Sport und auch das Gestalten von Bewegungen (vgl. hierzu Kurz 1998, S. 219). Bei diesen Zielen kann nicht alles in der Unterrichtsplanung vorher festgelegt werden, da ja gerade das Finden einer eigenen Lösung (Gestalten von Bewegungen) oder der Weg zu einem bestimmten Verhalten (soziales Verhalten) das Ziel des Unterrichts sein sollen.

Als übergeordnetes Ziel für den Sportunterricht wird heute überwiegend die „Handlungsfähigkeit im Sport" angesehen. Neben dem Erlernen sportmotorischer Fähigkeiten und Fertigkeiten fallen unter dieses Globalziel eben auch Teilziele, die etwas mit dem Erlernen von Eigenständigkeit und dem sportlichen Handeln ohne Führung und Anleitung zu tun haben. Es soll gelernt werden, unter Sportarten auszuwählen, Sport zu bewerten, Sport selbst zu organisieren, Spiele und Fertigkeiten zu erfinden oder zu variieren. Um diese Ziele zu erreichen, benötigen Schüler ein unterrichtliches Arrangement, indem sie das, was im Lernziel gefordert ist, auch tun können. Bei genauer Betrachtung fällt auf, dass es sich hier um Aufgaben handelt, die normalerweise vom Lehrer übernommen werden. Hier ist also eine Öffnung in dem Sinne anzustreben, dass die jeweils adäquaten Aufgaben systematisch an die Schüler abgetreten werden; also Offenheit in der Organisation, Offenheit in der Auswahl usw.

Eine zweite Argumentationsbasis resultiert aus den **Voraussetzungen der Schüler**. Die positive Einstellung, die der überwiegende Teil der Schüler dem Sport entgegenbringt, ist sicherlich eine Folge des hohen Erlebnis- und Unterhaltungswertes. In einem strikt geplanten und geführten Unterricht ist diesem Erlebnisinteresse aber kaum nachzukommen.

Ein besonders gravierender Punkt für die Forderung nach offenem Unterricht ist das Bedürfnis nach Selbstbestimmung auf Seiten der Schüler. Diesem Bedürfnis auch im Rahmen der schulischen Erziehung nachzukommen, ist ein so fundamentales humanitäres Anliegen, dass Einschränkungen im Unterricht nur dort vorgenommen werden sollten, wo sie aus Gründen optimalen Lernens unabdingbar sind. Entscheidungs- oder wenigstens Mitentscheidungsmöglichkeiten sollten vielfältig in den Unterricht eingebaut werden.

Eine potentielle Öffnung des Unterrichts wird schon durch die leistungsmäßige Heterogenität von Schülergruppen herausgefordert. Durch Differenzierungsmaßnahmen können Schülern Mitentscheidungsmöglichkeiten über die Höhe der Leistungsanforderungen, über die Lerngeschwindigkeit, über die Methoden und Medien u. a. m. eingeräumt werden.

Letztlich sprechen auch planungstheoretische Gründe für eine jeweils adäquate Öffnung des Unterrichts. Weil die Determinanten von Unterricht nicht hinreichend erforscht sind, lassen sich auch keine sicheren Voraussagen über den jeweiligen Unterrichtsverlauf anstellen. Von einer Kalkülisierbarkeit und Konstruktion (König u. Riedel, 1970) von Unterricht sind wir noch weit entfernt. So wird der Unterrichtsverlauf durch das Einwirken verschiedener Variablen immer wieder unterschiedliche Richtungen nehmen. Unterrichtsplanungen sollten offen gehalten werden, damit Lehrer und Schüler flexibler reagieren können, wenn Abweichungen erforderlich werden.

Aus den oben genannten Begründungen ist zu folgern, dass Unterricht so offen wie möglich gestaltet werden sollte. Diese Forderung darf jedoch nicht so interpretiert werden, dass Unterricht immer und in allen Faktoren offen sein soll. Eine unüberlegte, lediglich ideologisch begründete Öffnung um ihrer selbst willen hat mehr negative als positive Wirkungen, da der Unterrichts- und Erziehungsauftrag, das Erreichen der Ziele gefährdet wird. Wo liegen die Grenzen offenen Unterrichts?

Bei Kurz (1989, S. 197 f.) finden wir eine Reihe von Warnungen vor einer allzu weitgehenden Öffnung von Unterricht:

– wenn es um das Erlernen einer definierten Bewegungsfertigkeit geht und um nichts anderes, dann ist es nicht zu verantworten, die Schüler auf Umwegen nach einer Lösung suchen zu lassen.

– Offenheit in den Inhalten je nach Schülerinteresse darf nicht so weit gehen, dass bestimmte, den Schülern zur Zeit noch unbekannte Inhalte, für die sie noch kein Interesse entwickeln konnten, im Unterricht nicht mehr vorkommen.

– Offenheit in der Planung des Unterrichtsablaufs, also gemeinsames Gestalten des Unterrichts mit den Schülern, darf nicht den Verzicht auf längerfristige verbindliche Planung bedeuten.

– Offene Unterrichtsgestaltung bedeutet Mitentscheidung der Schüler zum Beispiel über die Inhalte. Es muss der Gefahr begegnet werden, dass nun statt des Lehrers lediglich einige dominante Schüler das Geschehen bestimmen und alle anderen dennoch fremdbestimmt sind mit dem zusätzlichen Nachteil, dass die Qualität schlechter ist, als wenn der Lehrer als Fachmann das Geschehen bestimmt.

– Sportunterricht bleibt letztlich eine Lehrveranstaltung, in der der Lehrer für den Erfolg verantwortlich ist. Es sind bestimmte Ziele definiert und der Lehrer muss aufgrund seiner Lehrkompetenz entscheiden, wie diese Ziele am sichersten zu erreichen sind. Offener Unterricht und zum Teil geöffneter Unterricht stellen eine Möglichkeit unter anderen dar, die für ein bestimmtes Zielspektrum das Optimum darstellt.

Aus den oben angeführten Gründen für offenen Unterricht sollte angestrebt werden, den Unterricht so offen wie möglich, aber so geschlossen wie nötig zu gestalten.

8.4 Projektunterricht

Vorbemerkung

Der Begriff der „Projektmethode" wurde erstmals um die Jahrhundertwende von C. R. Richards (Columbia University) gebraucht. Er bezeichnete damit eine Form des Werkunterrichts, bei der die Schüler Ziele und Vorgehensweise selbständig festlegten.

In den Zwanziger und Dreißiger Jahren wurde die Theorie des Projektunterrichts vor allem von den Amerikanern J. Dewey und W. H. Kilpatrick ausgearbeitet. Auch deutsche Autoren griffen einige Ideen unter den synonymen Begriff „Unterrichtsvorhaben" (Kretschmann u. Haase, 1952; Odenbach, 1970; Otto, B., 1963; Reichwein, 1964) auf und entwickelten sie weiter.

Die Umorientierung in der Bildungspolitik der USA nach 1954 („Sputnikschock") führte zu einer primär wissenschaftlich ausgerichteten Curriculumentwicklung und zu einer unterrichtstechnologischen Ausgestaltung einzelner Themenbereiche, die kaum noch Platz für Projektunterricht ließen.

In Deutschland wurde die Diskussion vor allem in den Sechziger Jahren neu belebt. Bei der Suche nach reformerischen Ansätzen für Schule und Hochschulen wurden charakteristische Ideen des Projektunterrichts aufgegriffen. So beinhaltete beispielsweise die wesentlich von Gaudig (1963) und Kerschensteiner (1950 u. 1968) geprägte „Arbeitsschulbewegung" vergleichbare Ziele wie eine verstärkte Selbsttätigkeit der Schüler, die Zurücknahme der Lehreraktivitäten und produktorientiertes Arbeiten.

In den Rahmenplänen mancher Bundesländer wurde ausdrücklich Raum für Projekte eingeräumt. So sah der Hamburger Rahmenplan 1974 für die Sekundarstufe I in Haupt- und Realschule im Schuljahr bis zu sechs Wochen für eine entsprechende Unterrichtskonzeption vor.

Auch in der Konzeption von Gesamtschulen mit ihren großen Werkstattbereichen und regelmäßigen „Projektwochen" sowie in der Einführung des Faches Arbeitslehre spiegeln sich Grundgedanken des Projektlernens wider.

Seit dieser Zeit werden in vielen Veröffentlichungen auch Vorschläge entwickelt und diskutiert, wie das Fach Sport in Projekte integriert werden könnte (s. z. B.: Warwitz u. Rudolf, 1977).

Begriffsklärung

Die Vielzahl der Ansätze und ihre Weiterentwicklungen haben zu Begriffsverwirrungen, Missdeutungen und Verwechslungen geführt, „die die Diskussion des Projektunterrichts noch heute bestimmt" (Bonn, 1976, S. 472).

Ursprünglich umfasst das Projekt im erziehungswissenschaftlichen Zusammenhang die Planung und Durchführung einer längerfristigen Unterrichtseinheit, die durch einige charakteristische Merkmale spezifiziert sind, auf die im folgenden eingegangen werden soll.

Charakteristische Merkmale des Projektunterrichts

In der Literatur ist schon häufig der Versuch gemacht worden, die charakteristischen Merkmale von Projektunterricht herauszuarbeiten (Balzer 1975; Bonn 1976; Bossing 1970; Flechsig 1977; Gudjons 1986; Kaiser 1985; Otto, G. 1974;

Warwitz / Rudolf 1977). Dabei kristallisieren sich aus den bis zu zehn Punkten umfassenden Typisierungen vier spezifische Aspekte heraus, über die weitgehend Einigkeit zu herrschen scheint.

– Produktorientierung

Im Mittelpunkt eines Projektes steht immer die Erstellung eines sinnlich erfahrbaren Produktes. Dabei beschränkt sich dieser Begriff nicht mehr auf den ursprünglichen Ansatz, bei dem tatsächlich Werkstücke – beispielsweise Freizeitsportgeräte wie Laufstelzen oder Familienski – als Endprodukt verstanden wurden. Vielmehr können auch Ausstellungen, Aufführungen, Informationsmedien oder Aktionen Ziele eines Projektes sein.

Hinter dieser Idee steht die Absicht, das Lernen nicht mehr als aus sich selbst legitimierten Prozess erscheinen zu lassen, sondern es durch den Sinnzusammenhang mit der praktischen Anwendung zu motivieren.

In engem Zusammenhang zu dieser Forderung – und darum hier nicht als eigene Punkte behandelt – stehen das Prinzip der Handlungsorientierung und die Forderung nach der Verbindung von Theorie und Praxis. Im traditionellen Schulunterricht herrscht ein sehr starkes Übergewicht der Theorie. Lehrinhalte werden nicht einmal theoretisch immer in ihrem praxisrelevanten Kontext behandelt, reale Praxiserfahrungen fehlen in vielen Fächern.

Die Erstellung eines wie immer gearteten „sinnlich erfahrbaren Produktes" schließt immer beides mit ein: den Erwerb theoretischer Kenntnisse und die Anwendung dieser Kenntnisse im konkreten Handeln. Im Projekt wird daher die einseitige Gewichtung aufgehoben. Die Theorie legitimiert sich unmittelbar aus den praktischen Erfordernissen und wird sofort wieder in ihrer Anwendung erprobt.

Eine Ausstellung über die Sportgeschichte des Schulbezirkes basiert auf theoretischer Arbeit, muss aber ebenfalls manuell gefertigt werden.

Für Aufführungen und Aktionen müssen Konzepte entworfen und Inhalte festgelegt werden, die Probenarbeit, die Herstellung von Kulissen, Requisiten und Material sind darauf aufbauende konkrete Handlungen.

Aus dem Ziel, einen Straßenlauf im Schulbezirk zu organisieren, ergibt sich zwangsläufig die Notwendigkeit, Kenntisse über den Genehmigungsvorgang, also den Umgang mit Ämtern und Polizei, zu erwerben. Diese Kenntnisse werden dann unmittelbar in der praktischen Arbeit angewendet.

Schon aus diesen Beispielen wird deutlich, dass Projekte im allgemeinen nicht im Rahmen eines der traditionellen Schulfächer durchgeführt werden können. Viele Aspekte aus anderen Fachbereichen müssen mit einbezogen werden. Daraus leitet sich das zweite Prinzip des Projektlernens ab, die

– Interdisziplinarität.

Die Inhalte eines Projektes sollten nicht alleine einem Schulfach zuzuordnen sein. Typisch ist vielmehr die Verbindung von Aspekten aus mehreren Fachbereichen. Daraus leitet sich für die Schule die Forderung ab, dass an der Planung und Umsetzung von Projekten immer mehrere Lehrer mit unterschiedlichen fachlichen Schwerpunkten mitwirken sollten.

Themen und Problembereiche werden aus der oftmals verkürzenden Sichtweise eines Faches herausgelöst und in den komplexen Zusammenhang gestellt, in dem sie in der Wirklichkeit auch stehen.

Ein Projekt „Klassenfahrt im Winter" bietet die Gelegenheit, nicht nur die üblichen motorischen Lernziele anzustreben, sondern auch ganz andere, über das Fach Sport hinausgehende Bereiche aufzugreifen. So könnten durch die eigenverantwortliche Planung mathematische Kenntnisse erworben und angewendet werden (Kostenplanung und -abrechnung). Bei der Auswahl des Skiortes müssten geographische Aspekte und Umweltschutzgesichtspunkte (Biologie, Geographie, Sozialkunde) berücksichtigt werden, der Besuch historischer Stätten könnte eingeplant werden. Die Einigung auf Regeln für das Gruppenleben würde Themen des Sozialkundeunterrichts akzentuieren.

Beim gemeinsamen Bau einer Torschusswand wären Kenntnisse aus dem Mathematikunterricht erforderlich. So müssten die Schüler in der Lage sein, mit Längenmaßen zu arbeiten, um das Holz bestellen zu können; sie müssten die Fläche berechnen, um eine angemessene Menge Farbe zu kaufen.

Der Bau einer Schanze für Sprünge mit dem Skate-Board erfordert Wissen über Winkel und Seiten in Dreiecken, der Satz des Pythagoras kann dabei bei der Konstruktion praktisch umgesetzt werden.

In einem traditionell nach Fächern getrennten Unterricht würden solche Anwendungssituationen meistens fehlen. Die Folge ist dann häufig, dass Schüler in Realsituationen nicht einmal erkennen, dass hier ein Bezug zu den theoretisch erworbenen Kenntnissen besteht.

– Selbstverantwortung für Zielsetzung, Planung und Durchführung

Ausgangspunkt eines Projektes sollte immer eine Aufgabenstellung, ein Problem sein, das sich unmittelbar an den Interessen der Beteiligten orientiert.

Sowohl über die konkrete Lösung als auch über den Lösungsweg müssen sich die Beteiligten eigenverantwortlich verständigen. Manche Autoren fordern sogar, dass auch die spätere Beurteilung des Produktes eine Aufgabe der Projektgruppe sein müsse (Behr, 1978; Bonn, 1976; Otto, G. 1974).

Durch dieses Prinzip wird versucht, Problemlösungsstrategien einzuüben, die im privaten Leben, aber auch in vielen Berufen gefordert sind. Es reicht nicht, ein vorgegebenes Ziel auf einem vorgegebenen Weg anzusteuern, vielmehr müssen die Zielformulierung und daraus resultierend der Arbeitsplan in der

Gruppe diskutiert und anschließend beschlossen werden; die Durchführung muss gemeinsam organisiert werden.

So ließen sich neben der Kenntnis über Problemlösungsstrategien und Arbeitstechniken natürlich auch verstärkt soziale Lernziele anbahnen. Aus lernpsychologischer Sicht ist die Forderung nach einer starken Orientierung an den Vorstellungen der Schülerinnen und Schüler ohnehin unverzichtbar. Ein Projekt erfordert eine längerfristige und intensive Auseinandersetzung mit einem Thema. Dies können die Beteiligten natürlich nur leisten, wenn sie sich mit den Inhalten und Zielen identifizieren können.

Die Unterrichtenden müssen ihre eigene Rolle zurücknehmen, die Lehrerdominanz abbauen. Der Bau von Tischtennisplatten auf dem Schulhof unter der (fachkundigen) Anleitung des Lehrers ist also *kein* Projekt. Bei einer Arbeitsgruppe, die mit der Absicht zusammentritt, den Schulhof attraktiver zu gestalten und dann auf die Idee kommt, Tischtennisplatten zu bauen und aufzustellen und die bei der Umsetzung auch Fehler machen darf, sind die angesprochenen Prinzipien hingegen verwirklicht.

Ein anderes Beispiel für eine solche Herangehensweise an ein Projekt wäre die Fragestellung: „Können wir durch Sport etwas dafür tun, dass sich das Verhältnis zu den überwiegend ausländischen Schülern einer Nachbarschule bessert?" Wenn die Jugendlichen jetzt selbst die Idee entwickeln, einen gemeinsamen Sporttag zu organisieren, und aufgrund dieses Zieles dann in die konkrete Planungsarbeit einsteigen, wären eine solche Schülerorientierung gewährleistet und – wie gerade an diesem Beispiel deutlich wird – überhaupt die Voraussetzung für ein gelungenes Produkt gegeben.

– Gesellschaftlicher Bezug

Das Projekt sollte nach Auffassung vieler Autoren einen über den Bezugsrahmen der Schule hinausweisenden „gesellschaftlichen" Aspekt haben. Diesen sehen manche Autoren vor allem in der Aufgabenstellung und damit natürlich auch in dem Produkt (vgl. u. a. Gudjons 1986; Otto, G. 1974). Andere (z. B. Kaiser 1985) weiten den Begriff auf die Einbeziehung außerschulischer Kompetenzen bei der Planung und Durchführung aus. Eltern und Bekannte, aber auch Behörden, Verbände, Bürgerinitiativen, Vereine und die Wirtschaft könnten zu ideeller oder materieller Unterstützung herangezogen werden.

Die Isolation, in der sich Schule oft abspielt, soll durchbrochen werden; den Beteiligten soll deutlich werden, dass zum einen ihrem Handeln bestimmte äußere Bedingungen zugrunde liegen, zum anderen aber auch, dass ihr Handeln mit der gesellschaftlichen Realität zu tun hat und vielleicht sogar auf sie zurückwirkt. Schulisches und außerschulisches Lernen stehen nicht mehr getrennt nebeneinander, sondern ergänzen sich so, dass die Schülerinnen und Schüler Handlungskompetenzen erwerben, die auch in Realsituationen anwendbar sind.

Diese Vorstellung ist in mehreren der angesprochenen Beispiele wiederzufinden. Der Versuch, einen gemeinsamen Schulsporttag mit ausländischen Kindern zu organisieren, entsteht unmittelbar aus der gesellschaftlichen Situation und soll im kleinen auf sie einwirken. Er macht zusätzlich den Kontakt zu außerschulischen Stellen (Polizei für Straßensperrungen, ortsansässige Industrie für Unterstützung und Werbung, …) notwendig.

Der Bau von Sportgeräten und die Organisation einer Klassenreise im Winter oder eines Straßenlaufes bedingen ebenfalls den Kontakt zu außerschulischen Stellen (Reiseveranstaltern, Umweltschutzorganisationen, Händlern, Polizei) und stellen damit einen gesellschaftlichen Bezug her.

Projektunterricht und Schulwirklichkeit

Obwohl das Projektlernen bedeutende lernpsychologische Vorteile gegenüber herkömmlichen Formen der Unterrichtsgestaltung hat und in mancher Hinsicht die Umsetzung weitergehender Intentionen ermöglicht, werden in der Schule selten Vorhaben in der oben umrissenen Form durchgeführt.

Dafür gibt es eine ganze Reihe von Erklärungen, die wesentlich mit den institutionellen Voraussetzungen in unserem Schulwesen zu tun haben.

Die Einteilung in Klassen ist ungünstig für die Forderung nach einer selbstbestimmten Zielsetzung. Es ist in der Praxis schwierig, mit einem Projektziel die heterogenen Interessen in einer Klassengemeinschaft so aufzugreifen, dass sich für alle Beteiligten eine motivierende Projektarbeit initiieren ließe. Einfacher wäre es, wenn Schülerinnen und Schüler einer oder sogar mehrerer Jahrgangsstufen nach ihren individuellen Interessen unter verschiedenen Projektaufgaben wählen könnten.

Die Einteilung in Schulstunden macht Projektarbeit fast unmöglich. Sinnvolle – vor allem praktische – Arbeit kann häufig nicht in 45-Minuten-Abschnitten erfolgen oder ist während der Schulzeit gar nicht möglich.

Will man beispielsweise ein Projekt in Zusammenarbeit mit einem Sportverein durchführen, können diese Kontakte meistens nur nachmittags stattfinden; sie sind nicht auf die Schulzeit und schon gar nicht auf Schulstunden zu beschränken.

Die Einteilung der Schulfächer widerspricht der Forderung nach interdisziplinärer Arbeit. Würde man ein Vorhaben innerhalb der fachlichen Grenzen eines Schulfaches planen, so wären damit Grundsätze des Projektunterrichts nicht erfüllt. Bei dem Versuch, fächerübergreifend zu arbeiten, kämen hingegen mittelfristig die fachspezifischen Inhalte des Rahmenplanes zu kurz. Die Hinzuziehung anderer Kollegen scheitert daran, dass zwei oder mehr Lehrkräfte gleichzeitig in einer Klasse schulorganisatorisch meistens nicht vorgesehen sind.

Die Ausstattung unserer Schulen genügt häufig nicht den Anforderungen an Projektarbeit. Die Erstellung von Produkten wie Aufführungen, Ausstellungen oder Werkstücke erfordert in der Regel viel Material, Arbeits-, Proben- und Abstellraum; die finanziellen Mittel für Materialbeschaffung und Nebenkosten müssen gesichert sein. An all diesen Voraussetzungen mangelt es meistens.

Aber auch im Rahmen der sozio-kulturellen Bedingungen ergeben sich Widerstände.

Die Schüler haben eigenständiges, über längere Zeiträume zielgerichtetes und kreatives Arbeiten häufig nicht einmal in Ansätzen gelernt. Projektarbeit müsste also erst langfristig angebahnt werden.

Die Lehrer verfügen oft nur über wenig Vorkenntnisse und Erfahrungen mit der speziellen pädagogischen Situation des Projektlernens. Ihre fachspezifische Ausbildung befähigt sie in der Regel nicht, die Anforderungen professionell zu lösen. Sie schrecken aber auch vor der sich abzeichnenden Mehrarbeit und dem dennoch ungewissen Ausgang bei solchen Versuchen zurück.

Die Eltern konfrontieren die Schule mit traditionellen Erwartungen und Einstellungen. Gefragt sind weniger pädagogische Experimente als zielgerichtete Qualifizierung für weiterführende Ausbildungsinstanzen.

Schulleitung und Schulaufsicht empfinden Versuche, Projektunterricht zu realisieren, mitunter als Störung eines möglichst reibungsarmen Schulalltages und geben nicht die benötigte Unterstützung.

Bei der Vielzahl der Widerstände, die sich in der Praxis ergeben, muss man sich bei der Initiative zu einem Projekt bewusst sein, dass auf die Leitenden in allen Phasen umfangreiche neue Aufgabenstellungen zukommen. Auf keinen Fall bedeutet ein Projekt eine Arbeitsentlastung für die Unterrichtenden. Gerade wenn die Schüler jünger oder unerfahren in der Projektarbeit sind, ist bei jedem Schritt mindestens eine Kontrollfunktion notwendig. Auch die Motivation der Lernenden trägt nicht immer durch das ganze Vorhaben. Es ist manchmal schwierig, Kinder auch beim dritten oder vierten Mal noch für Extra-Arbeiten außerhalb der Unterrichtszeit zu begeistern.

Häufig wird es jedoch so sein, dass einzelne Aktivitäten gar nicht delegiert werden können. Es ist eben Sechstklässlern nicht zuzumuten, alleine Gespräche mit Behörden zu führen oder gar verbindliche Abmachungen zu treffen. Wenn die Projektgruppe gerne Material von Firmen oder Schaustellern für ihr Projekt „Schul-Rummel" hätte, wird man in der Realität eben nicht umhin kommen, selber Gespräche zu führen und die Ausstattung abzuholen.

Trotz der Versuche engagierter Lehrer, gegen alle Widerstände wenigstens zeitweise nach den Prinzipien des Projektunterrichts zu arbeiten (s. Warwitz u. Rudolf, 1977), bleibt in der Schulpraxis häufig nur der Raum, wenigstens einige dieser Aspekte umzusetzen.

Wenn etwa eine Klassenlehrerin ihre Klasse dazu motiviert, einen gemeinsamen Sportnachmittag mit Eltern und Geschwistern eigenständig zu planen und durchzuführen, so ist das weder interdisziplinär noch selbstbestimmt in der Zielsetzung oder gesellschaftlich relevant. Produktorientiertheit und Eigenverantwortlichkeit in Planung und Durchführung werden jedoch verlangt.

Wenn es der Sportlehrer erreicht, dass im Werkunterricht Schläger für Speckbrettennis ausgesägt werden und dass die Klasse anschließend ein kleines Turnier organisiert, so ist fächerübergreifend bei zeitweiser Eigenverantwortlichkeit ein Produkt entstanden, ohne dass alle Anforderungen an ein Projekt erfüllt worden wären.

Man wird in der Schulwirklichkeit also nur selten von reinen Projekten sprechen können. Häufig können nur *einige Elemente* des Projektlernens in den Unterricht einfließen; man spricht dann im Sinne einer sauberen begrifflichen Trennung von projektorientiertem Unterricht.

Beispiele für einen projektorientierten Sportunterricht

Im folgenden werden einige Beispiele für projektorientierte Themen genannt, bei denen der Sportunterricht eine Funktion übernehmen kann.

Für alle Vorschläge gilt: Es handelt sich nicht um Projekte im oben charakterisierten Sinn, denn alle gehen von einem mehr oder weniger exakt vorgegebenen Produkt aus. Sie lassen den Beteiligten also keine echte Entscheidungsmöglichkeit über das Projektziel.

Bau von Sportgeräten

a) Mögliche Produkte:

- Klein und Handgeräte:
  Jonglierbälle, Speckbrett-Schläger, Laufstelzen, Familienski, Hockeyschläger, selbstentworfene Handgeräte,

- Großgeräte:
  Tischtennisplatten, Torwände, Klettergerüste, Skate-Board-Anlagen, Fahrradparcours, selbstentworfene Großgeräte,

b) mögliche Interdisziplinarität:

- Mathematik, Physik:
  Konzeption der Geräte, Materiallisten,

- Kunst:
  farbliche Gestaltung,

- Werken, Arbeitslehre:
  Bauausführung,
- Geschichte:
  Nachbau historischer Sportgeräte (Sprungtisch o. ä.),

c) mögliche gesellschaftliche Bezüge:

- Hinzuziehung von Statikern und Fachleuten für Unfallverhütung (Bau von Klettergerüsten),
- Materialbeschaffung bei Firmen,
- Mitarbeit von Handwerkern (Eltern),
- Einbeziehung der Lokalpresse.

Aufführung

a) Mögliche Produkte:

- Tanz-, Jazz-Dance-Vorführungen,
- Schulzirkus
- Bewegungstheater,
- Musicals,
- Choreographien mit beliebigen Geräten (Bällen, Bänken, Schläuchen, …) und Themenstellungen,

b) mögliche Interdisziplinarität:

- Musik,
- Kunst, Werken:
  Bau von Kulissen und Requisiten, Nähen von Kostümen,
- Geschichte:
  „Eine Sportstunde in einer Mädchen-Schule um die Jahrhundertwende", „Wehrsport im Dritten Reich", „Eine Übungsstunde bei Jahn", „Gladiatorenkampf im Alten Rom",
- Sozialkunde:
  durch spezielle Themenstellungen (s. Zielgruppen),

c) mögliche gesellschaftliche Bezüge:

- über Themenstellung:
  etwa ein zeitgenössisches Musical,
- über spezielle Zielgruppen:
  Jugendheime, Kinderheime, Seniorenheime, Heime für Asylbewerber, Ausländergruppen, Behindertengruppen,
- über die Materialbeschaffung,
- bei der Erarbeitung von Inhalten.

Sportveranstaltungen

a) Mögliche Produkte:

- Sportfeste ohne Wettkampf:
Schulrummel, Hallen oder Schulhöfe mit Spielangeboten,

- Sportfeste mit Wettkampf:
fast alle Sportarten, auch außerhalb der Schule (Waldläufe, Straßenläufe, ...)

- Aktionstage oder -wochen:
Die fitteste Klasse, täglicher Dauerlauf, tägliche Gymnastik, Sportvereine stellen sich vor, ...),

b) mögliche Interdisziplinarität:

- Werken, Kunst:
Bau und Gestaltung von Spielgeräten und Kulissen,

- Geschichte:
Einbeziehung historischer Spiel- oder Wettkampfformen,

- Mathematik:
Berechnung von Gewinnchancen und entsprechenden Preisen für Schulfeste, Kostenkalkulation,

- Biologie:
Leistungsmessung,

- Sozialkunde:
Gruppenwettkämpfe mit heterogenen Gruppen (verschiedene Klassen, verschiedene Schulen, Eltern-Schüler, Schüler-Lehrer, Behinderte-Nichtbehinderte, verschiedene Nationalitäten),

c) mögliche gesellschaftliche Bezüge:

- über die Materialbeschaffung,

- Absprachen mit Verwaltung und Polizei,

- kommerzielle Partner (Reisebüro, Vermieter, Busunternehmen),

- Sammeln für spezielle Zielgruppen,

- Einbeziehung spezieller Zielgruppen,

- Rahmenprogramme,

- Zusammenarbeit mit Sportvereinen,

- Zusammenarbeit mit Krankenkassen und anderen Gesundheitsorganisationen.

Ausstellungen, Informationsmaterial, Unterrichtsmedien

a) Mögliche Produkte:

- Ausstellungen und Informationsmaterial:
  zu historischen Themen (Sportgeschichte des Schulbezirkes, Olympische Spiele) und zu aktuellen Themen (Leistungssport, Doping, Breitensport, Sport und Gesundheit, Nikotin und Leistungsfähigkeit, Sport und Übergewicht, Ernährung, Sport mit Behinderten, Fair-Play, Fan-Verhalten),

- Unterrichtsmedien:
  Hefte oder Video-Bänder mit Spiel-, Übungs- oder Trainingsanleitungen, Arbeitsbögen zu Themen der Sporttheorie in der Oberstufe oder zur Trainingsdokumentation,

b) mögliche Interdisziplinarität:

- Kunst:
  Gestaltung der Ausstellungen und des Informationsmaterials,

- fast alle übrigen Fächer:
  bei entsprechender Themenstellung,

c) mögliche gesellschaftliche Bezüge:

- bei der Informationsbeschaffung
  (Interessenverbände, Betroffene, Behörden, Sportvereine),

- bei der Materialbeschaffung,

- Zeigen oder Verteilen der Ergebnisse bei den Themen entsprechender Zielgruppen.

- Einbeziehung der Lokalpresse.

Sportfahrten

a) Mögliche Produkte:

- Gestaltung von Klassenfahrten,

- Gestaltung von Gruppenfahrten mit überwiegend oder deutlich sportlicher Ausrichtung (Wintersport, Wassersport, Radtouren, Wanderungen, Trainingslager),

b) mögliche Interdisziplinarität:

- Geographie:
  Auswahl des Zielgebietes u.a. unter ökologischem Gesichtspunkt,

- Geschichte:
  Besuch historischer Stätten, Kenntnis der historischen Bedingungen im Gebiet,

- Mathematik:
  Kostenkalkulation,

c) mögliche gesellschaftliche Bezüge:

– Verhandlungen mit kommerziellen Anbietern (Reisebüro, Vermieter, Busunternehmen),

– Kenntnis von Strukturproblemen des Zielgebietes,

– Kontakt mit örtlichen Interessengruppen (Umweltschutzgruppen),

– Kontakt mit örtlichen Jugendgruppen, Schulen oder Vereinen.

Stoffverteilungspläne

a) Mögliche Produkte:

– Erstellung eines Stoffverteilungsplanes über einen längeren Zeitraum,

b) mögliche Interdisziplinarität:

– Biologie:
Trainingswirkung auf den Organismus,

– Werken, Kunst:
Erstellung und Gestaltung benötigter Sportgeräte,

– Geschichte:
Nachvollzug historischer Sportübungen,

– Fremdsprachen:
spezifische nationale Sportarten
(Englisch: Cricket, Französisch: Rugby oder Boule),

c) mögliche gesellschaftliche Bezüge:

– Auseinandersetzung mit der Funktion und den Inhalten von Rahmenplänen,

– Verhandlungen mit Schulämtern über abweichende Organisationsmodelle oder Bereitstellung finanzieller Mittel.

Wie weit bei diesen Beispielen das Prinzip der Eigenverantwortlichkeit der Schüler bei Planung, Durchführung und Auswertung des Vorhabens umgesetzt werden kann, hängt nicht von der Themenstellung, sondern von der Zielsetzung der Lehrer und den speziellen Voraussetzungen ab. Man kann einen Schulsporttag ebenso wie den Bau eines Fahrradhindernisparcours stark lehrerzentriert planen, man kann die Teilnehmer aber in beiden Fällen auch weitgehend frei über die Gestaltung entscheiden lassen. Es erübrigen sich hier also allgemeine Überlegungen zu den einzelnen Vorschlägen.

Literaturverzeichnis

Autorenkollektiv (Ltg. W. Knappe): Unterrichtshilfen im Sport. Klasse 1–3. (Knappe / Köhler). Berlin 1982.

Autorenkollektiv (Ltg. K. Rieling): Gerätübungen. 7. Aufl., Berlin 1979.

Autorenkollektiv (Ltg. G. Schmolinski): Leichtathletik. 9. Aufl., Berlin 1979.

Autorenkollektiv (Ltg. G. Stiehler): Methodik des Sportunterrichts. 4. Aufl., Berlin 1979.

Balzer, Peter: Projektunterricht für den Sport – eine Alternative. In: Emanzipation im Sport? Hartmann, Herbert (Hrsg.), S. 183–206. Giessen: Lollar 1975.

Bielefelder Sportpädagogen: Methoden im Sportunterricht. Schorndorf 1998.

Behr, K.: Das Ende der Fachdidaktik Deutsch. In: Projektorientierter Unterricht: Lernen gegen die Schule? Redaktion „betrifft erziehung" (Hrsg.). Weinheim, Basel 1978.

Boeckmann, Klaus (Hrsg.): Lernziele und Erfolgskontrolle. Bad Heilbrunn 1974.

Boeckmann, Klaus; Heymen, Norbert: Die Herstellung programmierter Lehrmaterialien. München, Wien 1973.

Boeckmann, Klaus; Heymen, Norbert: Einführung in die allgemeine Mediendidaktik. Paderborn: Feoll 1976.

Boeckmann, Klaus; Heymen, Norbert: Medien als technische Zeichensysteme und ihre Verwendung im Unterricht. In: Allgemeine Mediendidaktik. Armbruster, B.; Hertkorn, O., S. 95–149. Köln 1978.

Bonn, Peter: Projekt – Projektorientierter Unterricht – Projektstudium. In: Wörterbuch der Erziehung. Wulf, Christoph (Hrsg.), S. 470–474. München, Zürich 1976.

Bossing, C. Nelson L.: Die Projekt-Methode. In: Das Problem der Unterrichtsmethode in der pädagogischen Bewegung. In: Geißler, G. (Hrsg.). Weinheim, Berlin, Basel 1994.

Brodtmann, Dieter: Sportunterricht und Schulsport. Bad Heilbrunn/Obb. 1979.

Counsilman, James E.: Schwimmen, 5. Aufl. Bad Homburg v.d.H. 1978.

Cratty, B.J.: Motorisches Lernen und Bewegungsverhalten. Frankfurt/M. 1975.

Cube, Felix von: Erziehungswissenschaft. Stuttgart 1977.

Cube, Felix von; Tuoldziecki, Gerhard: Medien als vorgefertigte Bausteine und ihre Verwendung im Unterricht. In: Allgemeine Mediendidaktik. Armbruster, B.; Hertkorn, O. Köln 1978.

Czwalina, Clemens (Hrsg.): Methodisches Handeln im Sportunterricht. Schorndorf 1988.

Dannenmann, Fritz: Sportunterricht mit Medien. In: Zeitschrift für Sportpädagogik 1 (1978), S. 63–78.

Dassel, Hans; Haag, Herbert: Circuit-Training in der Schule. Schorndorf 1978.

Daugs, Reinhard: Zur Programmierung sensomotorischer Lernprozesse im Sportunterricht. In: Unterrichtsforschung und Unterrichtsgestaltung. Recla, J. u.a. (Hrsg.), S. 41–65. Schorndorf 1976.

Dietrich, Knut: Fußball – spielgemäß lernen – spielgemäß üben. Schorndorf 1984.

Dürrwächter, Gerhard: Volleyball – spielend lernen – spielend üben. 9. Aufl. Schorndorf 1993.

Fetz, Friedrich: Bewegungslehre der Leibesübungen. Frankfurt: Limpert 1972.

Fetz, Friedrich: Allgemeine Methodik der Leibesübungen. 8. Auflage. Bad Homburg v.d.H. 1979 und 10. Aufl. 1995.

Flechsig, Karl-Hein; Haller, Hans-Dieter: Einführung in didaktisches Handeln. Stuttgart 1977.

Funke, Jürgen: Unterricht öffnen – offener unterrichten. In: Sportpädagogik 2 (1991), S. 12–18.

Gaudig, Hugo: Die Schule der Selbsttätigkeit. Bad Heilbrunn/Obb. 1986.

Göhner, Ulrich: Bewegungsanalyse im Sport. Schorndorf 1979.

Größing, Stefan: Einführung in die Sportdidaktik. 5. Aufl. Wiesbaden 1988 und 7. Aufl. 1997.

Gudjohns, Herbert: Handlungsorientiert lehren und lernen: Projektunterricht und Schüleraktivität. Bad Heilbrunn/Obb. 1986.

Günzel, Werner: Probleme der Differenzierung und Organisation des Sportunterrichts. In: Taschenbuch des Sportunterrichts. Günzel, W., S. 164–182. 3. Aufl. Baltmannsweiler 1985.

Günzel, W.: Taschenbuch des Sportunterrichts. 3. Aufl. Baltmannsweiler 1985.

Haag, Herbert: Tests für die Übungspraxis: Haro Fitness-Test. In: Der Übungsleiter 4 (1974), S. 13f.

Hagedorn, Günter / Niedlich, Dieter / Schmidt, Gerhard (Hg.): Das Basketball-Handbuch. Reinbek b. Hamburg 1996.

Hecker, G.; Holter, G.; Kuhn, W.: Lehrstoffanalyse im Fach Sport als eine Grundlage für Lehrplanentscheidungen. In: Sportunterricht 12 (1977), S. 404–411.

Heimann, Paul: Didaktik als Theorie und Lehre. In: Die Deutsche Schule 9 (1962), S. 407–427.

Heimann, Paul; Otto, Gunter; Schulz, Wolfgang: Unterricht – Analyse und Planung. 4. Aufl. Hannover 1969.

Herlinghaus, Karl: Circuit-Training und Pulsmessung im Schulsport. In: Lehrhilfen für die Leibeserziehung 4 (1970), S. 41–43.

Heymen, Norbert; Boeckmann, Klaus: Didaktische Theorie und technische Medien. In: avpraxis 2 (1975), S. 11–19.

Heymen, Norbert; Leue, Winfried: Lernen im Sport mit methodischen Reihen – Analyse, Beurteilung und Empfehlung methodischer Reihen für den Schul- und Breitensport. Baltmannsweiler 1986.

Hildebrandt, Rainer; Laging, Ralf: Offene Konzepte im Sportunterricht. Bad Homburg 1981.

Hollmann, Wildor: Sportmedizin – Arbeits-, trainings- und präventivmedizinische Grundlagen. 4. Aufl. Stuttgart 1999.

Hossner, E. J.; Roth, Klaus: Von Typen und Phasen zu einem Basisprinzip für das Techniktraining. In: W. Schmidt (Hrsg.): Spiel – Sport – Forschung: Gestern – Heute – Morgen. Hamburg 2000 (dvs in Vorbereitung).

Jank, Werner / Meyer, Hilpert: Didaktische Modelle. Frankfurt/M. 1991.

Käsler, Horst: Handball – Vom Erlernen zum wettkampfmäßigen Spiel. 5. Aufl. Schorndorf 1980.

Kaiser, Franz-Josef: Projekt: In: Enzyklopädie Erziehungswissenschaft. Bd. 4. Methoden / Medien der Erziehung und des Unterrichts. Lenzen, D. (Hrsg.), S. 547–554. Stuttgart 1985.

Kerschensteiner, Georg: Begriff der Arbeitsschule. München 1950

Kerschensteiner, Georg: Texte zum pädagogischen Begriff der Arbeit und zur Arbeitsschule. Ausgewählte pädagogische Schriften. Bd. 2. Paderborn 1968.

Kirsch, August: Grundriß des Sportunterrichts. 3. Aufl. Bochum 1975.

Kirsch, August: Medien in Sportunterricht und Training. Schorndorf 1984.

Koch, Karl (Hrsg.): Visuelle Medien in der Praxis des Sportunterrichts. Schorndorf.

Koch, Karl; Meyners, Eckart: Unterrichtsplanung, Unterrichtsbeobachtung, Unterrichtsbeurteilung. 2. Aufl. Schorndorf 1977.

Koch, Karl; Mielke, Wilhelm: Die Gestaltung des Unterrichts in der Leibeserziehung. 5. Aufl. Schorndorf 1977.

König, Ernst; Riedel, Harald: Unterrichtsplanung als Konstruktion. Weinheim, Berlin, Basel 1970.

Kohl, Kurt: Zum Problem der Sensumotorik. Frankfurt/M. 1956.

Kohl, Kurt: Zur Theorie des motorischen Lernens im Gebiet des Sports. In: Beiträge zur Theorie der Leibeserziehung und des Sports. 2. Folge. Käsler; Kohl (Hrsg.). Pädagogische Hochschule Berlin 1972.

Kohl, Kurt: Grundlagen und Methodik des Basketballspiels. In: Taschenbuch des Sportunterrichts. 3. Aufl., Günzel, W., S. 543–567. Baltmannsweiler 1985.

Kramer, Klaus: Visuelle Lernhilfen im Sportunterricht. In: av-praxis 6 (1972), S. 5–11.

Kretschmann, B. Johannes; Haase, Otto: Planen und Gestalten von Vorhaben. In: Das Problem der Unterrichtsmethode in der pädagogischen Bewegung. Geißler, Georg (Hrsg.). Weinheim, Berlin, Basel 1994.

Kruber, Dieter: Die Sportstunde. Heinsberg 1995.

Kruber, D.; Fuchs, E.; Cords, J.: Straddle, Flop, Stabhochsprung, Lehrerbegleitheft: Schorndorf 1979; Programmheft: 3. Auflage. Schorndorf 1980.

Kurz, Dietrich: Wie offen soll Sportunterricht sein? In: Methoden im Sportunterricht. Bielefelder Sportpädagogen. S. 219–235. Schorndorf 1998.

Leue, Winfried; Roth, Peter: Die Auswahl kleiner Sportspiele als geeignete Inhalte für das Hallenhandballspiel. In: Taschenbuch des Sportunterrichts. 3. Aufl. Günzel, W., S. 499–511. Baltmannsweiler 1985.

Mager, Robert, F: Lernziele und Unterricht. Weinheim, Basel 1994.

Mager, Robert; Beach, Kenneth, M.: Kursentwicklung für die Berufsausbildung. Weinheim 1972.

Martin, Dietrich: Grundlagen der Trainingslehre. Teil I. Schorndorf 1979.

Martin, Dietrich: Grundlagen der Trainingslehre. Teil II. Schorndorf 1980.

Meinel, Kurt: Bewegungslehre. Berlin 1960.

Meinel, Kurt; Schnabel, Günter: Bewegungslehre. 2. Auflage. Berlin 1987.

Meinel, Kurt; Schnabel, Günther: Bewegungslehre – Sportmotorik. 9. Aufl. Berlin: Sportverlag 1998.

Meusel, Heinz: Das Prinzip der Zielstrebigkeit und sein Aktionsraum in der Methodik der Leibesübungen. In: Methodik der Leibesübungen. Recla, J. (Hrsg.), S. 80ff. Graz 1969.

Meusel, Heinz: Vom Purzelbaum zum Salto. 5. Auflage. Schorndorf 1975.

Meyer-Buck, Hartmuth; Leue, Winfried: Sport in der Sekundarstufe 1, In: Schulbauinstitut der Länder, Kurzinformation 7 (1976), S. 5–26.

Möller, Christine: Technik der Lernplanung. 5. Auflage. Weinheim, Basel 1976.

Moser, Heinz: Handlungsorientierte Curriculumforschung. Weinheim 1974.

Northemann, Wolfgang, Otto, Gunter: Geplante Information. Weinheim 1969.

Oberbeck, Heinz: Moderne Unterrichtsgestaltung, Sport in der Grund- und Hauptschule. Dornburg 1973.

Odenbach, Karl: Studien zur Didaktik der Gegenwart. Braunschweig 1970.

Oerter, Rolf: Moderne Entwicklungspsychologie. 16. Auflage. Donauwörth 1976.

Otto, Berthold: Ausgewählte pädagogische Schriften. Paderborn 1963.

Otto, Gunter: Das Projekt – Merkmale und Realisationsschwierigkeiten einer Lehr-Lern-Form. In: Integriertes Curriculum Naturwissenschaft der Sekundarstufe I: Projekte und Innovationsstrategien. Frey, Klaus; Bänsdorf, Klaus, S. 566–587. Weinheim, Basel 1974.

Petrat, Gerhardt; Steinforth, Harm; Timm, Jürgen; Wosniok, Werner: Prozeßorientierter Unterricht. München 1977.

Plößl, Walter: Lernziele, Lernerfahrungen, Leistungsmessung. Donauwörth 1973.

Preising, Wulf (Red.): Sportfilmtage '75 – Oberhausen. Schorndorf 1977.

Reichwein, Adolf: Schaffendes Schulvolk. Braunschweig 1993.

Rockmann-Rüger, U.: Laufen lernt man nur durch Laufen! In: Sportpsychologie 5 (1991) 1, 17–22.

Röthig, Peter (Red.): Sportwissenschaftliches Lexikon. 5. u. 6. Aufl. Schorndorf 1983/1992.

Röthig, Peter; Landau, Gerd: Video-Training im Sport. In: Taschenbuch des Video-Trainings. Allendorf; Krumm (Hrsg.), S. 94–105. Köln 1973.

Roth, Heinrich: Pädagogische Psychologie des Lehrens und Lernens. 14. Auflage. Hannover 1973.

Roth, Klaus: Methodisches Lernen und Übungsvariabilität. In: Sportpsychologie 4 (1990), S. 27–30.

Roth, Klaus: Wie lehrt man schwierige geschlossene Fertigkeiten. In: Bielefelder Sportpädagogen. Schorndorf: Hofmann 1998.

Roth, Klaus; Hossner, E. J.: Die funktionalen Betragungsweisen. In: Roth, K.; Willimczik, K.: Bewegungswissenschaft. Reinbek b. Hamburg: rororo 1999, S. 125–226.

Roth, Klaus; Willimczik. K.: Bewegungswissenschaft. Reinbek b. Hamburg: Rowohlt 1999.

Schmidt, R. A.: Motor control and learning: A behavioral emphasis. Champaign 1999.

Schmidt, R. A.: A schema-theory of discrete motor skill-learning. In: Psychological Review 82 (1975), S. 225–260.

Schmitz, Josef N.: Bewegungslernen im Sportunterricht. 3. Auflage. Schorndorf 1977.

Scholich, M.: Kreistraining. 2. Auflage. Berlin 1982.

Schröder, Jürgen: Ein deduktiv empirisches Modell zur Ableitung von Lernzielen für den Sportunterricht. In: Sportunterricht 12 (1978), S. 466–468.

Senator für Schulwesen (Hrsg.): Rahmenpläne für Unterricht und Erziehung in der Berliner Schule.

Söll, Hans: Psychomotorische Entwicklung im Kindes- und Jugendalter. Schorndorf 1982.

Söll, Wolfgang: Überlegungen zu einem Modell der Methoden des Sportunterrichts. In: Beiträge zur Didaktik und Methodik der Leibesübungen. Recla, J.; Koch, K.; Ungerer, D. (Hrsg.), S. 128–141. Schorndorf 1972.

Starosta, W.: Das Lehren der Technik und die Technikverbesserungen in den Individualsportarten. In: Leistungssport 18 (1988). 40–44.

Thieß, G.: Über das System der Methoden im Lernprozeß des Unterrichts. In: Körpererziehung 8/9 (1960), S. 432–444.

Ungerer, Dieter: Zur Theorie des sensomotorischen Lernens. 3. Auflage. Schorndorf 1977.

Ungerer, Dieter: Leistungs- und Belastungsfähigkeit im Kindes- und Jugendalter. Schorndorf 1977 u. 1988.

Volkamer, Meinhart: Bewegungsvorstellung und mentales Training. In: Motorisches Lernen – Üben – Trainieren. 2. Auflage. Koch, K. u.a. (Hrsg.), S. 139–153. Schorndorf 1976.

Volpert, Walter. Sensumotorisches Lernen. 3. Auflage. Frankfurt 1981.

Warwitz, Siegbert; Rudolf, Anita: Projektunterricht. Schorndorf 1977.

Wiemann, Klaus: Physikalisches Wissen, neurophysiologische Einsichten und eigenmotorische Kompetenz – Voraussetzungen für sportmethodisches Planen. In: Methodisches Handeln im Sportunterricht. Czwalina, Clemens (Hrsg.). Schorndorf 1988.

Wulf, Christoph (Hrsg.): Wörterbuch der Erziehung. München 1974.

Sachregister

Neues Taschenbuch des Sportunterrichts

Hrsg. von **Werner Günzel** und **Ralf Laging**

Band 1: Grundlagen und pädagogische Orientierungen.
1999. VI, 422 Seiten. Kt. ISBN 3896761838. FPr. DM 48,—

Band 2: Didaktische Konzepte und Unterrichtspraxis.
1999. VI, 426 Seiten. Kt. ISBN 3896761846. FPr. DM 48,—

Sonderpreis bei Abnahme beider Bände: DM 84,— (ISBN 389676182X.)

Das *Neue Taschenbuch des Sportunterrichts* bietet in 35 Einzelbeiträgen das gesamte Themenspektrum im Bereich der Bewegungserziehung, des Sportunterrichts und des Schulsports an. Auf der Grundlage sportwissenschaftlicher, sportpädagogischer und sportdidaktischer Beiträge im 1. Band werden im 2. Band die variablen Gestaltungsmöglichkeiten und innovativen Potentiale des Unterrichtens im Fach Sport reflektiert und didaktisch aufbereitet. Die sport- und spielbezogenen Darstellungen beschreiben verschiedene Möglichkeiten des Vermittelns von Bewegungs- und Handlungsmustern sowie eines vielfältigen Sporttreibens. Traditionelle, genuine Themen der Sportwissenschaft wie solche zum Trainieren, Erziehen, Bewegen, Sozialisieren werden ebenso berücksichtigt wie die neuen Entwicklungen in der Sport- und Bewegungskultur und ihre jeweiligen Auswirkungen auf die Schule. Dazu gehören die Themen „Bewegte Schule", „Naturerziehung", „Friedenserziehung", „Geschlechtererziehung" oder im praktischen Bereich auch „Bewegungskünste / Zirkuskünste" und „sanfte Körpertechniken". Daneben werden die derzeit aktuellen didaktischen Ansätze zu den eher klassischen Sportbereichen wie Turnen, Leichtathletik oder Basketball und Volleyball vorgestellt bzw. ein Überblick zu spieldidaktischen Ansätzen gegeben. Dieses Buch bietet Sportwissenschaftlerinnen und Sportwissenschaftlern sowie Studierenden auch außerhalb der Lehramtsstudiengänge eine Fülle von Informationen, Theorien und Anstößen. Für Lehrerinnen und Lehrer an allen Schulen ist es ein Fundus von Beispielen, Ideen und innovativen Anregungen.

Ruth Lindauer und Helga Schulte

Grundkurs Gymnastik

Eine Lehrhilfe zum Gymnastikunterricht in der Sekundarstufe

2. vollst. überarb. Aufl. VIII, 295 Seiten mit zahlr. Abb. Kt. ISBN 3871169773. FPr. DM 32,—

Dieses Buch versteht sich als eine praxisorientierte Lehrhilfe, die Lehrenden Lehrern und Studierenden des Faches Sport Sachorientierung und Anregungen zur Planung und Gestaltung des Gymnastikunterrichts in der Schule geben möchte. Gymnastik wird dabei schwerpunktmäßig als Mittel der rhythmischen Bewegungsbildung mit Hilfe der gymnastischen Grundformen GEHEN, HÜPFEN, SPRINGEN, FEDERN, SCHWINGEN und der Bewegungselemente mit den Handgeräten BALL, SEIL, REIFEN und BAND verstanden.
Einleitende didaktische Überlegungen beziehen sich auf die Lernziele der Gymnastik in der Schule und auf Fragen der Auswahl von Unterrichtsinhalten, Vermittlungsweisen, Lernhilfen und Organisationsformen, die bei Planungsentscheidungen von Bedeutung sind.
Der Schwerpunkt des Bandes liegt in der bewegungsanalytischen Darstellung und der methodischen Aufbereitung von Unterrichtsinhalten. Die Themenauswahl orientiert sich an den Anforderungen der Grundausbildung in der Sekundarstufe, die durch eine vergleichende Analyse der Rahmenrichtlinien der einzelnen Bundesländer ermittelt wurden.

 Schneider Verlag Hohengehren
Wilhelmstr. 13; D-73666 Baltmannsweiler